La Otra Mitad
de Nosotros

La Otra Mitad de Nosotros

F. RUBI

Para pedidos de copias adicionales de este libro, por favor contacte con:
Palibrio
1663 Liberty Drive
Suite 200
Bloomington, IN 47403
Llamadas desde los EE.UU. 877.407.5847
Llamadas internacionales +1.812.671.9757
Fax: +1.812.355.1576
ventas@palibrio.com
382843

INDICE

Para Celia

Lo que nos atormenta, lo que nos obsesiona y no nos permite vivir en paz, es aquello que no podemos conseguir.

MARTINIANO

NOTA: Martiniano es mi compadre y es albañil, pero... ¿Acaso una persona humilde no tiene derecho a filosofar?

PRESENTACION DE LA BANDA

George Harrison

Hace unos pocos años apenas, cuando el señor Carlos Salinas era presidente de México, en el último tramo de su mandato, empezaron a ocurrir una serie de hechos que pusieron en vilo al país. La aparición de un ente que masacraba al ganado en el campo mexicano, creó una sicosis de miedo e incertidumbre entre la población. La imaginación de la gente se desató, se establecieron teorías, se hicieron elucubraciones de todo tipo. El ente alcanzó, en poco tiempo, la categoría de personaje de leyenda, Incluso se le dio cuerpo y nombre y su imagen comenzó a aparecer impresa, en camisetas, calcomanías, logotipos y muñequitos de plástico, que se vendían en las esquinas de las ciudades; su nombre... El chupa cabras.

Pronto, el imaginario popular lo relacionó con el poder y los males que aquejaban a la nación.

Como buen personaje mítico, desapareció del mismo modo que había hecho acto de presencia, casualmente, justo después que el señor Salinas dejara su cargo. Ahora, nadie se acuerda de él (del chupa cabras, claro).

Por ese entonces, estaba concentrado en la lectura de un libro de cuentos maravilloso. Una colección de grandes cuentistas clásicos de todos los tiempos: El Panchatantra, Las Mil y una Noches. IL Novellino, El Decamerón de Boccaccio, Sacchetti, Don Juan Manuel, Melchior de Santa Cruz y su Floresta española de apotegmas y sentencias, Juan Rufo (no confundir con nuestro Juan Rulfo) etc.

Entonces, una inquietud empezó a anidarse en mi alma, una idea comenzó a florecer, incontenible, firme, absoluta... Escribir un libro; pero, al mismo tiempo que la idea magnífica, la desazón:

¿Cómo se empieza a escribir un libro? Digo, no una obra maestra de la literatura universal, no una novela o un cuento o un drama. Un libro nomás, simple y llano; como las cosas que me rodean, como mis actos, como mis pensamientos, como mi vida, como yo.

Se dice que la forma puede contener el todo. Siendo así, posiblemente fuera conveniente seguir a un escritor conocido, para ir a la segura, aunque, pensándolo mejor, dudo que la tutela en un alumbramiento literario sea la mejor solución ¿Es necesario ajustarse a una moda, a una corriente a un esquema, a un autor? ¡He aquí el verdadero dilema!

De ser así, pudiera entonces comenzar mi trabajo de un modo clásico, a la manera de Cervantes... "En un lugar de Tijuana, de cuyo nombre no quiero acordarme, hubo una vez un candidato que prometía la esperanza."

A la manera de Rulfo... "Vine a "Los Pinos" porque me dijeron que aquí vivía mi padre, un tal..."

A la manera de Heródoto... "Quiero dejar plasmados mis recuerdos en estas páginas, para que no se borren de la memoria de los hombres y no se pierdan en la noche de los tiempos."

Podría intentar un comienzo de muchos otros modos, sin embargo, la duda inicial persiste ¿Cómo se empieza a escribir un libro? ¿Cuál es la palabra clave, la frase acertada que nos ponga en camino para conseguir nuestro propósito con la seguridad plena de que lo estamos haciendo correctamente?

Debo reconocer que soy un hombre mayor; entrado en años, dirían unos; ruco, dirían otros. Ambos bandos tendrían razón, pero antes, me gustaría hacer una aclaración pertinente: Esperé todo éste tiempo para poder tener una visión un poco más clara y definida de lo que quiero contar aquí y el motivo de mi escrito no tiene nada que ver con ir en busca del tiempo perdido, a la manera de Proust, ni recorrer a trechos, dando saltitos ridículos, el viejo y conocido camino de Swan.

Tampoco es mi intención establecer un juego de exposiciones filosóficas, ni colocar bajo la lupa un enjambre de puntos y contrapuntos que me descubran los motivos de nuestra cotidianeidad; a la manera de Octavio Paz.

Hago la aclaración pertinente, de que solo me impulsa el deseo irrefrenable de escribir y nada más. Mi intención no puede ser más inocente que esto. No pretendo otra cosa que ser leído, porque las obras que no se leen, son flores que se marchitan en un rincón sin luz. Empero, tengo el presentimiento de que esta obrita, puede estar condenada a no ver la luz jamás. También sé que corro el riesgo de ser tratado por algunos doctos especialistas como un nuevo Spota, pero eso no me molesta ni me abruma, ni me quita el sueño.

El escritor Luis Spota siempre fue visto con marcado desdén por sus colegas escritores y por la crítica de su tiempo y su trabajo apenas mereció algunos comentarios de compromiso, de los eternos trepadores de la cultura nacional; de aquellos que sienten que los espacios y foros literarios les pertenecen por derecho. Así, el señor Spota fue un escritor solitario que tuvo que atenerse a sus propias fuerzas para hacer que su trabajo fuera conocido. Nunca dependió de nadie para hacer las cosas en las que creía y al morir, pocos se dieron por enterados.

No pretende este libelo parecerse a ningún otro, no intenta ser una crónica de tiempos pasados o presentes, ni una narración de sucesos inéditos que, por lo demás, están fuera del interés de la mayoría de la gente. Tampoco se trata de una autobiografía ¡Por Dios! Con tantos libros banales circulando por el mundo, lejos estoy de pretender semejante atentado.

Antes que nada, debo confesar que soy, en toda la extensión de la palabra, un Beatle ¡Por favor! No se rían ni me juzguen loco, permítanme explicarles. Soy un Beatle, no porque haya formado parte de ese grupo extraordinario, ni porque haya trabajado con o cerca de ellos, ni porque atesore autógrafos o recuerdos de inestimable valor, o los haya tocado o mirado en vivo n i una sola vez. Soy un Beatle, porque con su música y sus actos, me enseñaron, igual que a miles de otras personas de mi generación, que el mundo puede ser menos complicado de lo que nos han hecho creer, que puede ser mejor y más justo, más humanitario, si tan solo somos capaces de interesarnos un poco, por la persona junto a nosotros, en lugar de poner los ojos en las cosas insignificantes, que nos rodean y nos hacen olvidarnos constantemente, de quienes somos y la razón por la que estamos aquí. Que no importan esfuerzos, ni sacrificios ni malos ratos, si al final del camino logramos estar en paz con nuestra propia conciencia.

Vine al mundo de madrugada, lo que significa que ni la luz del día ni la oscuridad total me arroparon y esto marco definitivamente mi andar por la vida como un estigma irrevocable con el que he tenido que lidiar, pues fui al mismo tiempo, dos polos opuestos a mis propios intereses y principios; arriba y abajo, adentro y afuera, bueno y malo, cobarde y arrebatado, intelectual y mediocre.

Todos los días al levantarme, lo primero que hago es mirarme al espejo para comprobar que ese reflejo que miro me pertenece, que sigo siendo yo, por encima de todas las cosas y a pesar de todo, que mis ojos, mis labios y mi nariz, que mis manos, siguen siendo las mismas y mías a pesar que la imagen que observo se modifica a diario de un modo irreversible. Es mi imagen, soy yo, a no dudarlo. Acudo entonces a los diarios, a las revistas, a la televisión ¡Imposible! La huella del tiempo es una máscara mutante que se rectifica a sí misma con los años, es inestable e incierta, pero eficaz.

Empero, la pregunta inicial no ha sido respondida ¿Cómo se empieza a escribir un libro? A veces me parece encontrar la respuesta en las cosas más simples que me rodean. (A la manera de Balzac) otras por el contrario, me hacen pensar que las futilezas de la vida no tienen nada que ver con los mecanismos ocultos del destino y la filosofía se me aparece como una solución redentora, pero después de muchos y vanos intentos, termino por aceptar que el traje me queda demasiado grande. Entonces me concentro en la poesía tratando de convencerme de que esa es la mejor opción, pero tristemente me doy cuenta que carezco de las cualidades filosóficas del pensador, del desenfado mundano del literato y de la vena inspiradora del poeta. Así Pues, solo me queda atenerme a mis propios medios y a la benevolencia y comprensión de los demás.

Pero, ¿Quién es este hombre que así se expresa, cuáles son sus credenciales, con qué autoridad moral y académica se protege? ¿Quién lo aconseja? ¿Quién lo guía? ¿Cómo es que pide comprensión y benevolencia cuando no existe en el mundo, real o imaginario, ningún antecedente suyo? ¿Es un vago, un oportunista, un tinterillo, un perpetrador?

La respuesta a todas estas preguntas es más austera y conmovedora de lo que cualquiera creería. Soy muchos de los adjetivos con que pudieran calificarme y muchos otros que no se atreverían a expresar, sin correr el riesgo de ruborizarse. No faltará quien afirme que éste intento narrativo, es el acto desesperado de un patán o un cínico (o ambos), intentando escapar de las garras del anonimato. Es posible. Si hubiera sido contemporáneo de Mariano Azuela, probablemente habría dicho de mí que soy uno de los de abajo, que pertenezco a la plebe por derecho propio y que no debería tomarse demasiado en serio lo que pudiera decir porque mi filiación no es algo que pueda inquietar a nadie. De cierto, mis apellidos no son Sabater, ni Unamuno, ni Pujol; no son, tampoco, Borges, ni Cortázar o Vallejo, o Eliseo Alberto. A mi entender, soy algo más elemental que un nombre pomadoso; más sumiso que un asalariado y más altanero que un bribón sin oficio. No me seduce la idea de ser tachado de jactancioso, por afirmar ante ustedes que, dada la condición de mi origen, soy la palabra que no se escucha, la opinión que no se considera, la sombra que no se percibe, un eco que no prospera. Sin embargo, les puedo responder con toda la sinceridad que pueda ser capaz de expresar y como punto final de esta absurda discusión, que yo, soy simplemente yo y ¡basta!

Para los incrédulos, he de decir que no nací con alguna clase de bienes, físicos o materiales y las gracias personales que en mi juventud eran cualidades innatas, a estas alturas de mi vida se han convertido en torpezas desagradables y oscuras. Cada vez me es necesario escarbar más profundamente en los rincones más apartados de mi alma para poder rescatar los pocos tesoros que aún me quedan como persona; algo de constancia y un poco de amor por la verdad y la justicia y aún eso podría ser demasiado.

Fui amamantado con amor y desamor, con comprensión e intolerancia, con paciencia y desesperación, con sufrimiento y dolor ¡Con rabia y con soberbia!

No fui hijo único y ni el primero ni el último, como para remarcar de un modo irrecusable mi condición intermedia en todos los aspectos de mi vida. ¿Acaso eso es tan malo? Pudiera ser, de todos modos, la alimentación insuficiente del cuerpo me produjo también un hambre interior insoslayable y pertinaz que no logra aplacarse con la lectura copiosa de toda clase de libros.

Mentiría si dijera que no fui un niño feliz. Mi infancia estuvo adornada con todas las peripecias que pueden esperarse en un chiquillo sano y normal. Jugaba creando mis propios mundos y tenía también mis momentos de desencanto y desilusión. Mis dramas, mis miedos.

Un torrente de motitas iridiscentes, como pelusas, desplazándose parsimoniosamente en un haz de luz en medio de una obscuridad silente, es el más remoto recuerdo de mis primeros días. Buenas comidas, mimos, besos, caricias ¡Amor!

Ya éramos pobres, pero el abandono de mi padre nos hizo descender a una miseria y a un mundo que nunca hubiéramos imaginado y a una relación con los demás basada en la mentira y la desconfianza.

No tengo títulos universitarios, no pertenezco a ninguna sociedad ni soy miembro de sectas, grupos o clubes. Carezco de protectores o amigos influyentes que me pudieran ayudar a sobresalir. No desciendo de una familia de abolengo, ni mis antepasados se distinguieron por la realización de empresas de relumbrón, públicas o privadas. Entonces, soy un ente marginado y marginal, igual que millones de seres sin voz. Nunca he sido entrevistado por los medios de comunicación, ni se me ha pedido que opine o exprese mi punto de vista acerca de tal o cual cosa. Solo existo como cifra, como clave, como número. Formo parte de estadísticas sin cuento y solamente soy valioso como objeto y material de consumo. Consumo lo que otros me dicen y ellos me consumen a mí y todos en paz.

Mozart, Beethoven, Tchaikovski, son buena onda, lo son más, los Beatles, Cri-Cri, Los Panchos. Son muy buenos los museos,

el teatro, los conciertos de música culta y las temporadas de
ópera en Bellas Artes; más lo son las telenovelas, el futbol, la
lucha libre y las revistas de monitos. No me crean si no quieren,
tampoco se lo tomen muy a pecho ni se escandalicen antes
de tiempo, recuerden quien soy y de dónde vengo. Además,
los grandes señoritingos intelectuales siempre hablan de estas
cosas por encima del hombro, en cambio, nosotros las vivimos
cotidianamente y sabemos bien de que se trata. Somos la canalla
del mundo, la masa gritona y obsecuente que se desplaza como una
inmensa marejada multicolor. Nos fascinan las aglomeraciones,
los espectáculos multitudinarios, sobre todo si son gratuitos y nos
regalan con tortas y refrescos para engañar la tripa. Ora vamos
para allá, ora corremos para acá, ora aplaudimos o gritamos si se
nos indica.

Si asistimos a algún funeral importante, lloramos como si
el muerto fuera nuestro familiar o como si hubiéramos sido
íntimos con el difunto; si estamos en un mitin, silbamos,
aplaudimos, hacemos sonar matracas. O permanecemos
impasibles y serios si se trata de un acto solemne. Somos
la mancha oscura en el vestido de la sociedad, pero siempre
estamos ahí, para cuando nos soliciten, para lo que se
ofrezca. No esperamos consideraciones o gratitud porque
sabemos (intuimos) que hemos nacido para ser utilizados y
despreciados y más que por nadie, por aquellos que dicen que
nos cuidan y nos protegen.

¿Conciencia? ¿Quién la necesita, para qué sirve? Leo;
"Fulano de tal es un hombre bien nacido." Me dicen.... "¿No te
he tratado como a una persona decente?" Pienso; "Pus´qué,
entonces ¿En dónde encajo yo?" Medito, "Bien nacidos, bien
nacidos, deben ser el presidente de la República, Octavio
Paz, Julio Sherer, Jacobo Zabludovsky, Carlos Slim, todos
los magnates, los diputados, los senadores, sus cuates, sus
parientes."

Razono; "Sin duda, estas deben ser las buenas conciencias a las que alude Carlos Fuentes en su novela. Concluyo; "Entonces, yo debo ser un hijo de la chingada, que ni qué." Me rio.

Si yo fuera rico.... ¿Sería diferente de cómo soy? Dicen los que saben que la nobleza se mama con la leche, la verdad, que yo recuerde, a mí la leche de mi madre nunca me supo a nada raro, en cambio, la vida me dio a probar otras cosas que no siempre tuvieron buen sabor.

Cierto día, mirando el canal 22, vi la entrevista que le hacían a un joven escritor... X... Cuando el periodista le preguntó ¿Qué cosa era la que más le aterraba, con qué situación sentía que le era difícil lidiar? El joven escritor contestó, casi sin pensarlo, -Con una hoja en blanco. Verás, todos los días, después de despertarme, me levanto, me visto, voy al baño y me enjuago la boca, me peino y bajo a desayunar. Después del desayuno, reposo un poco los alimentos y enseguida me dirijo a mi estudio, me siento enfrente de la máquina de escribir y entonces veo, descubro la hoja que te digo, esa maldita hoja en blanco que no se con que llenar, es todo un reto y es también un suplicio diario, mano.

A ese escritor X, al que no conozco, al que nunca he tenido la oportunidad de leer, me permitiría darle un consejo; algo que aprendí del maestro John Lennon, hace muchísimos años: Resulta que una mañana, los ayudantes de maese Lennon, descubrieron y agarraron a un tipo joven, un vago, que merodeaba por los alrededores, en los jardines de la mansión desde hacía algunos días. A las claras se notaba que era un indigente, estaba sucio, desaliñado, con una barba incipiente cubriendo parcialmente su rostro.

Cuando John lo encaró, le preguntó que hacía en su propiedad y el vago contestó con una evasiva diciendo que admiraba a los Beatles y que, ahora que se encontraba de frente con uno de ellos, todo adquiría sentido, todo encajaba a la perfección.

Lennon le dijo que eso eran patrañas, que, especialmente él, no tenía nada que ver con la vida que el vagabundo había decidido seguir. –Entonces... -¿Qué quieres decir cuando cantas "Acarrea ese peso?" -Nada, le contestó John, es solo una canción y no es mía, es de Paul. Nos ganamos la vida cantando y eso es todo. -Pero... algo deben significar... -Absolutamente nada, son solo palabras.... Verás, piensas en algunas palabras, las juntas y ves si dicen algo y si es así, las escribes y ya está.

Al amigo escritor me permitiría hacerle la misma recomendación. Junta algunas palabras, ve si significan algo, si dicen algo; si es así, escríbelas en esa maldita hoja en blanco que tanto te perturba.... Y déjate de andar con mamadas.

Como no puedo permitirme el lujo de dar consejos que yo mismo no sigo, he pensado seriamente en escribir un libro que contenga, sino todos, por lo menos la gran mayoría de mis referentes literarios. No creo que salga peor que muchos de los libritos que venden en las tiendas de auto servicio y que no sirven para nada. Así, he decidido servirme de la receta literaria de Laurita Esquivel, con perdón suyo, para intentar mi propio guiso. Le pondré, primero, una pisca de Dostoievski, Kafka y Tolstoy: Algo de Dikens y Balzac. Tantito de Herman Hess, una cucharadita de Rulfo y G.G. Márquez. Para agregar sabor; tantito nomás de Henry James y Oscar Wilde. Puedo condimentarlo, creo, con dos dedos de R.L. Stevenson y Truman Capote. Para que no espese mucho, debe llevar algo de Ibargüengoitia, Usígli, José Agustín y P. I. Taibo II y como ingrediente principal, las sobras de todos los demás... ¡Buen provecho!

UNA LLUVIA DURA CAERA

(Bob Dylan)

"Construí un pilar contra la puerta de su ciudad y allí desollé a todos los hombres principales, cubrí el pilar con sus pieles y a algunos los emparedé dentro del pilar, a otros los empalé sobre estacas y cercené los miembros de los oficiales. A muchos cautivos de entre ellos los quemé con fuego, a algunos les amputé sus manos o sus dedos y a otros les corté la nariz y las orejas... A muchos les saqué los ojos."

"A sus mancebos y doncellas también los quemé con fuego. "

La descripción terrible de la barbarie ejercida en contra de los vencidos, data del año mil antes de Cristo aproximadamente y se atribuye al rey asirio Asurnasirpal II, quien heredó el imperio asirio, que ocupó el lugar en la historia, del imperio babilónico, destruido doscientos años atrás, por el asedio feroz de los elamitas, una tribu bárbara del sur de lo que hoy es Irán.

La tierra entre los ríos Tigris y Eufrates y que hoy abarca una porción importante de lo que conocemos como Medio Oriente, es considerada por los arqueólogos como "La cuna de la civilización." Con toda justicia, ya que ha sido en ese sitio donde se han descubierto las ruinas más antiguas e importantes de culturas e imperios que nuestra mala memoria tenía prácticamente olvidados y que, según los expertos, tienen alrededor de diez mil años de antigüedad. Protegidas por siglos y siglos de abandono, cubiertas con el manto protector de las arenas del desierto, una vez reencontradas, fueron dejando constancia de la brutalidad de los hombres por el control y sometimiento de otros pueblos, aunque también se hallaron indicios de su afán por explicar

21

su presencia en esos sitios remotos y por aplicar normas de conducta y preceptos legales que los rigieran, distinguiéndolos de los extraños y como una manera de justificar, hasta cierto punto, su derecho al control y dominio de los demás. Estos preceptos de legalidad fueron evolucionando con el correr del tiempo, hasta arribar a la idea primigenia de ley y derecho contenidos en el famoso Códice de Amurabi, precursor sin duda del concepto de democracia de la cultura helénica y del derecho romano del que derivaron los fundamentos legales que han regido a gran parte de las sociedades modernas.

La preocupación de los seres humanos por oponer barreras que limiten o impidan nuestra propensión al salvajismo es justa y noble, aunque casi nunca rinda los frutos que se quisieran. La animalidad de nuestros orígenes es como una mano invisible que nos empuja imperceptiblemente al crimen, muchas veces de manera inconsciente y muchas otras, con toda la premeditación y mala fe que seamos capaces de experimentar.

La religión ha constituido otro intento magnífico de los hombres por contener nuestros instintos predatorios, dado el contenido altamente moral de sus basamentos y principios, aunque también sirvió, en sus inicios, para tratar de comprender y explicar las fuerzas de la naturaleza que influían en la vida diaria de la población.

La evolución del hombre nómada y salvaje, recolector de frutos y raíces y cazador, a fundador de imperios y sociedades en las que el trabajo y las responsabilidades estaban debidamente repartidos, fue lento y difícil y se llevó por lo menos la mitad de esos mil años.

Siguiendo las ideas del experto en civilizaciones antiguas. Noah Kramer, podemos aceptar que tal vez, no fueron los hombres fuertes de las antiguas tribus primitivas, desacostumbrados a obedecer, los que iniciaron el camino de la civilización, no lo fueron aquellos que podían valerse por sí mismos y estaban satisfechos con su forma de vida los que comenzaron la construcción de rústicas viviendas que se convirtieron rápidamente en aldeas permanentes, ni los que idearon un sistema de escritura que perpetuara el relato de sus múltiples correrías o describiera con precisión los lugares donde acampaban a la espera de climas benignos que les permitieran continuar con su vida nómada y estéril.

Antes bien, fueron los menos fuertes los que hicieron posible tal milagro. Fueron aquellos que no se sentían capaces de seguir a sus líderes indefinidamente por lugares desconocidos y muchas veces hostiles, los que decidieron establecerse en un lugar fijo y seguro, apostando a la labranza y a la domesticación de animales, lo que indujo a la formación de pueblos y aldeas que después se transformaron en las ciudades e imperios que dejaron su impronta en el tiempo y fueron rescatados, a principios del siglo veinte por los herederos de esa sabia decisión.

En una escena maravillosa de la película 2001, ODISEA DEL ESPACIO, Moon-Watcher, el jefe de una tribu de primates errabundos del norte de África, que acababa de descubrir el daño mortal que podía causarle a sus enemigos utilizando los huesos de animales muertos como armas, lanza al aire, con la arrogancia de quien se sabe superior, el fémur que blandía en sus manos y con el que acababa de ultimar al jefe de una tribu contraria. El hueso asciende hasta lo más alto y después cae lentamente seguido por la cámara y en su caída se va transformando en un gracioso transbordador espacial. En la concepción de la película (y de la novela: Arthur C. Clark, 2001, una odisea del espacio) todo lo que ocurrió con el hombre, después de ese primer asesinato, es historia conocida.

En una conversación entre amigos, Albert Einstein comentó que no sabría decir con certeza con qué tipo de armas se pelearía la tercera guerra mundial, pero que en la cuarta, se utilizarían palos y piedras.

Triste pronóstico para todos, sin duda ¿Significa entonces que estamos condenados a matarnos, eternamente? Orgullosos de nuestra ciencia, ebrios de nuestros logros, no aceptamos concejos, no escuchamos razones, empeñados en seguir a pie juntillas los lineamientos del destino manifiesto que nos hemos inventado para satisfacer nuestra insultante vanidad (somos los reyes de la creación y no le rendimos cuentas a nadie) nos hemos olvidado que vivimos de prestado, que ocupamos un lugar en éste mundo que, en realidad, no nos pertenece. Orgullosos de la eficacia de nuestras máquinas, nos hemos dado a la tarea de transformar nuestro entorno sin preocuparnos por las consecuencias. Agredimos a la naturaleza de todas las formas imaginables y creemos que podemos salirnos con nuestro capricho, con apenas unos rasguños.

Pero la naturaleza es sabia, nos lleva millones de años de ventaja en experiencia, aunque, convencieros, pretendamos ignorarlo. Nos observa, nos tolera. Nos cuida; nos provee como una buena madre, conoce nuestra debilidad y nuestros afanes inacabables por someterla; pero su paciencia tiene un límite que podemos constatar de vez en cuando. Sabedora desde un principio de nuestro desmesurado amor por la violencia, nos deja hacer, esperando tranquilamente el momento de su revancha. El calentamiento global, con el consecuente cambio climático, es apenas una muestra de lo que se nos puede venir encima. Siendo autodestructivos, como nos hemos esmerado en demostrar, no deberíamos abrigar grandes esperanzas si no estamos dispuestos no solo a reconocer nuestra infamia, sino a hacer lo conducente para matizarla. Sin darnos cuenta cabal de ello, nos acercamos inexorablemente, con paso firme, al escenario pintado por Aldous Huxley en su excelente novela, o a las imágenes terribles de la película "Cuando el destino nos alcance", protagonizada por el legendario Charlton Heston, o a la sobrecogedora atmósfera de "Blade Runner". Aunque pudiera ser, también, que estemos más cerca de lo que creemos del mundo insensible e individualista de "Roller boll". Se establece entonces para nosotros, en esta era de tecnología y modernidad altaneras, un dilema de proporciones universales: ¿Es éste el único camino posible para la humanidad? ¿La lucha permanente y cruel en contra de nosotros mismos, es a muerte y definitivo? ¿Acaso la conclusión fatal es, o yo, o nadie? Las escuelas modernas de todos los signos y credos, estimuladas por los gobiernos, así lo están enseñando a las nuevas generaciones. Debemos ser más fuertes, más osados que los demás, si queremos sobresalir. Con sus prejuicios y su cortedad de miras, nos han hecho creer que todos son posibles enemigos de los que debemos cuidarnos o a los que debemos temer. Pretendiendo velar por nuestro bienestar, nos han dado las armas de la insensibilidad y el agandalle para conseguir nuestros propósitos, mientras señalan al de enfrente como un posible rival en la competencia por la subsistencia. Con infinita paciencia, con toda la delicadeza que son capaces de expresar; como el jardinero que cultiva un rosal que le es muy querido, nos han inculcado la noción del individualismo predador a rajatabla, pero ésta decisión de cambio en el modelo educativo no es obra de la casualidad.

Hacia finales de 1993, creo; un comité de sabios se reunió, con un comité de notables, en la suit presidencial de un hotel de lujo, en Washington D.C. para hacerles entrega de las sesudas conclusiones a las que habían llegado, después de larguísimas y exhaustivas cavilaciones: "La educación clásica, dijeron, ha muerto": Así como anunciaron la muerte definitiva de la poesía, la desaparición inminente del libro impreso, el deceso inobjetable del cine por chochez y por la aparición de las video caseteras y su uso masivo, así también, externaron su diagnóstico inapelable con respecto a la educación clásica. Sus argumentos eran simples y contundentes: "Puesto que la era moderna, dijeron, basa sus logros en la ciencia y en la tecnología, ya no necesitamos pensadores, sino técnicos, para llevar adelante las metas que nos hemos trazado. Debemos capacitar a las nuevas generaciones para que lidien con máquinas; para que las manejen, para que las reparen, para que las controlen. Un pensador, un humanista, no nos sirven.

A partir de ahora, la educación debe centrarse en el dominio total de las ciencias exactas: La física, las matemáticas, la química, la bio-mecánica."

-¿Qué pasará entonces con Rousseau, con Platón, con Spinoza, con Napoleón, con Julio Cesar? –Replicaron sin mucho entusiasmo los del comité de notables.

-Oh, vamos, eso no es ningún problema, contestaron los eruditos, convencidos de sus argumentos. No queremos echarnos encima a la opinión pública mundial, por lo menos, no de golpe. No pensamos que estos grandes hombres deban desaparecer totalmente, ni de un plumazo, de los libros de texto. Se les mencionará, por supuesto, pero de manera incidental, grosso modo. Ya no se hará hincapié en su labor, ni en su legado. Si algún estudiante quiere estudiarlos por su cuenta, que lo haga, pero nuestra atención debe estar centrada en el aprendizaje de la técnica y la ciencia por parte de los educandos.

-¿Lo aceptarán todos los países, los socialistas incluidos.... los comunistas?

-Ellos más que ninguno, si no quieren quedarse atrás en la cerrera tecnológica. Debemos dejar de pensar en el pasado y mirar hacia el futuro, es lo único que realmente importa. Que del pasado se ocupen los soñadores, los poetas.... Los que aun queden por ahí. Debemos entender que la era de Castro ya pasó, la era de Olof Palme, de Salvador Allende, la época de Noam Chomsky; al diablo con ellos. Esta es la era de Steve Jobs, de Bill Gates, de Lehman Brothers, de A.I.G, de Merryl Lynch, de ustedes... de nosotros.

Terminado su informe y satisfechos los notables con los resultados de su encargo, descorcharon botellas de champan y brindaron por el futuro promisorio al lado de sus nuevos amigos y la tertulia hubiera continuado hasta el día siguiente, de no ser porque, como a las dos horas de estar libando tan refrescante bebida, el presidente de los notables empezó, primero, a sudar copiosamente y después, a retorcerse como culebra tostándose al sol, producto de terribles e incontenibles espasmos. Todos los presentes estaban atónitos, no se imaginaban que podría estarle ocurriendo a tan magnífico personaje; empero y para no ser menos (para llamar la atención comentaron después algunos mal pensados) el presidente de los sabios azotó como res cuando intentaba ir al baño por unas compresas húmedas. Una ambulancia fue llamada de emergencia, aunque discretamente, para que trasladara a los desdichados al mejor hospital de la ciudad. Pero era tarde, después de un violento vómito de color negruzco y que olía a caño de sanitario, el gentil presidente de los notables estiró la pata. Al presidente de los sabios le fue un poco mejor, murió cuando trataban de resucitarlo en el quirófano con fuertes descargas eléctricas en su maltrecho corazón.

Como el acto inusitado que era, el gobierno ordenó una pronta y, por supuesto, discreta investigación, empezando por las autopsias de rigor.

   Cuando el forense abrió en canal al presidente de los notables, se quedó sin habla: Todos los órganos vitales del sujeto; el corazón, los pulmones, el hígado, los riñones estaban tumefactos y deformados por las metástasis de un tumor maligno de origen a determinar. La muerte sobrevino, diagnosticó el galeno, por bronco aspiración a causa de una fistula traqueo-esofágica debida al mismo cáncer que se lo estaba comiendo vivo. No había nada que se pudiera salvar, que pudiera servir más que para la basura. El desánimo de los familiares fue tremendo, tenían la esperanza de donar partes del difunto para que su espíritu se perpetuara en otras gentes. Así pues, una vez cubiertos los trámites necesarios, lo cremaron y enterraron sus cenizas, siempre de manera discreta, en el cementerio más próximo.

Con el presidente de los sabios la cosa fue más escabrosa todavía, no solo por lo inexplicable de la muerte, pues sus allegados aseguraron que siempre gozó de una excelente salud, sino por la sorpresa mayúscula del médico legista que, en un principio, no supo cómo debía clasificar al occiso. Resulta que al practicar el primer corte, la hoja del bisturí se quebró, y lo mismo pasó con otras cinco hasta que, fastidiado, el médico decidió utilizar una sierra. La evidencia demostró que no se trataba en absoluto de un ser humano, sino de una I.A. una inteligencia artificial; un ente cibernético hecho con una extraña y desconocida aleación metálica, ¡Un pinche robot, pues! Llamados a junta de emergencia, sus colegas, los otros sabios del comité, decidieron que, pues, no podría tener familiares por tratarse de un ser artificial creado en algún obscuro y desconocido laboratorio, lo que procedía era desarmarlo y rescatar las valiosas piezas que pudiera contener, pero ¡Oh, decepción! Los alimentos que por fuerza había tenido que consumir a lo largo de su muy corta pero fructífera existencia, para no ser detectado por los humanos, hicieron que sus circuitos se fueran atrofiando por un sinfín de cortos habidos en sus tabletas de control, el champan fue solo la gota que derramó el vaso. No había nada que hacer, ni que rescatar. Se procedió de cualquier manera a la desarticulación del individuo, para que no quedara evidencia de su paso por el mundo de los humanos. Solo se pudo salvar el micro-chip del habla y ahí mismo se decidió que podría utilizarse en la fabricación de los nuevos teléfonos celulares, que se estaban vendiendo como pan caliente, el resto, fue llevado a un deshuesadero de autos donde terminó como chatarra.

Pero el mal estaba hecho y a pesar de la enorme tristeza que produjo entre sus íntimos, la desaparición de sus respectivos colegas, el plan se echó a andar sin tropiezos.

En México, por ejemplo, se eliminó de un plumazo la materia de filosofía de las escuelas de enseñanza media-superior y la historia del país, se cuenta al gusto del presidente en turno, pero no han salido los grandes físicos o matemáticos que se esperaba, sino camadas de muchachos mal preparados que ignoran sus deficiencias académicas hasta que intentan conseguir un empleo.

Este nuevo planteamiento educativo universal; odioso, nefasto y vil, que ha pretendido suplantar el humanismo y controlar el pensamiento racional de manera tan burda, encaminándolo por rumbos ajenos y extraños a la natural condición humana, ha rendido frutos muy pronto, pero no como se esperaba.

La falsa teoría de lo supra humano, adoradora del yo, por encima de todo, no ha tomado en cuenta algo elemental y simple... El hartazgo. ¿Cuánto puedes estirar una liga hasta que te reviente en la cara? ¿Cuánto tiempo puedes estar pretendiendo engañar a la gente, antes que la gente tome conciencia de que lo estás haciendo? Nuestras escuelas, nuestras universidades, escupen muchachos sin esperanza y sin futuro por todas partes. Los preparan para tomar el control, les llenan la cabeza con un sinfín de quimeras, para después arrojarlos a una realidad que no esperaban y contra la que no están preparados. Terminan de taxistas, de taqueros, de vendedores ambulantes. ¿Y el tiempo empleado en su preparación? ¿Y el dinero gastado inútilmente en ellos? Hay otra cosa que estos genios de la elucubración tampoco tomaron en consideración: La sociedad, como una entidad conformada por seres emocionales y pensantes, tiene sus propias miras, sus propios argumentos, sus propias necesidades insatisfechas y, cuando el vaso se desborda, después de tantas falacias e iniquidades, toma su propio destino entre sus manos. Así ha quedado demostrado con las protestas multitudinarias en los países del Norte de África y Medio Oriente; pienso en Egipto y Libia, por ejemplo, pero también en Tunes, en Siria, en España, en Chile, en Inglaterra, en Grecia, en Los Estados Unidos, en donde, principalmente los jóvenes, han hecho manifiesta su inconformidad por el recurrente abandono social del que han sido objeto.

Las trilladas soluciones de los entusiastas del Libre Mercado, que nunca consideran a la clase trabajadora como una prioridad y antes obligan a los gobiernos a tomar medidas draconianas en contra de los ciudadanos para evitar que el control financiero se les escape de las manos, cuando las "brillantes" maniobras que implementan empiezan a salirse de control, o no resultan como lo tenían planeado y le endilgan los costos de sus malos manejos económicos a las clases más desprotegidas, sin que les tiemble la mano y aún tienen la desvergüenza de darse bonos millonarios, por su "notable desempeño", importándoles un bledo la suerte de todos aquellos a los que dejan en la ruina o en la calle, argumentando que esas son las leyes del sistema financiero y que todos debemos acatarlas sin chistar, porque no hay otro camino para solucionar los problemas que el sacrificio colectivo, está llegando a su límite, por el incuestionable daño social que tales medidas provocan.

La llamada globalización, no solamente no nos ha liberado en ninguna forma, antes bien nos ha atomizado en nuestras aspiraciones de una mejor calidad de vida y en la participación social a la que todos deberíamos tener derecho, pero que, a través de los medios masivos de comunicación, nos han vendido como algo imposible de conceder.

Los seres humanos requerimos de muy pocas cosas para vivir dignamente: Dos comidas al día, por lo menos; algo de ropa para cubrirnos y un techo en donde guarecernos de la intemperie, algún tipo de distractor para relajarnos y nada más. El resto son frivolidades innecesarias, superfluas y prescindibles, que no sirven más que para mantenernos encadenados a la correa sin fin del consumismo, haciéndonos creer que sin ellas, nuestra vida no tendría sentido.

El siglo veinte se inauguró con una tragedia de proporciones épicas; el hundimiento del Titanic fue como una premonición de lo que vendría después. El estallido de la ilógica y sanguinaria Primera Guerra Mundial y su continuación en la Segunda Gran Guerra, con sus caudas de dolor, desesperanza y destrucción, no nos hicieron mejores. NI más justos, ni más humanos. En la década de los cincuentas, la guerra inútil de Corea, en la que los gringos regresaron a casa con muy magros resultados y los chinos y los soviéticos reculaban de sus intenciones de dominación de todo el territorio, mientras unos y otros insistían en repartirse el pastel mundial y metían a la población de los países oprimidos en un puño sin que nadie pudiera hacer nada para remediarlo, porque la consigna era: O con Dios o con el diablo y no había forma de escapar a la ecuación. Francia se daba vuelo estallando bombas atómicas en el Atolón de Mururoa, en el pacífico sur con la complacencia de los países del mundo libre. En los setentas, con la brutalidad y el salvajismo de la Guerra de Vietnam en todo su apogeo, empezó una etapa de psicosis colectiva mundial, tras el anuncio de la creación de la temible Bomba "H"; la bomba atómica hecha a base de hidrógeno que estaba pensada para destruir ciudades enteras, sin dejar ni siquiera escombros tras su estallido. Recuerdo que en algún periódico de circulación nacional, un artículo mencionaba que el gobierno chino estaba construyendo enormes refugios subterráneos para proteger a su población, si por casualidad a algún demente se le ocurría apretar el botón maldito. En todas partes, las dictaduras de todos los signos políticos se daban vuelo oprimiendo a la población y grupos independentistas se hacían notorios por la brutalidad de sus acciones, tan salvajes e ineficaces como las que decían combatir.

El comienzo del siglo veintiuno, no ha sido mejor que aquel. El nuevo siglo de oro, acaudillado por la tecnología, con vehículos auto-controlados, aéreos y terrestres transportando a la gente, con robots a nuestro servicio para que se hicieran cargo de las cuestiones domésticas y los viajes al espacio como una cosa común, incluso recreativa, era el cuadro que nos habían pintado en las escuelas de la generación anterior. La mesa estaba puesta para que los seres humanos despegáramos hacia rumbos más elevados y justos que los que estábamos dejando atrás. Los hechos nos han confirmado, una vez más, que esto no era verdad. Con la caída del sistema financiero internacional, en 2008, comenzó una crisis económica que, tres años después, parece no poder tocar fondo. La paradoja aquí, que podría ser cómica si sus resultados no fueran tan funestos, es que dicha crisis comenzó en los países ricos; en los países que durante muchos años nos obligaron a apretarnos el cinturón, con sus recetas económicas inmisericordes, mientras nos espetaban con el índice en alto "pórtense bien" o nosotros nos encargaremos de ustedes.

Era cosa común, que cuando una crisis financiera se producía en algún país sub-desarrollado, los "expertos" se apresuraran a bautizar el fenómeno, con una designación, con claros tintes peyorativos, propia del país en cuestión: El efecto dominó, el efecto dragón, el efecto Tango, el efecto tequila. Pero, cosas del estatus; ahora que la gran crisis de los dineros se produjo al interior de Los Estados Unidos y que arrastró con ella a los países comprometidos con el sistema capitalista, han guardado un silencio más que ominoso y se han olvidado de darle un nombre que designe la catástrofe; será que de pronto se quedaron sin imaginación. Podríamos echarles una mano, proponiendo algunos apelativos: El efecto "jamanegs", por ejemplo, o el efecto "Perro caliente", aunque podrían agregarse varios más. No faltará quien diga que estas expresiones son muestra clara de un pensamiento comunistoide. No habría nada más alejado de la realidad. Sucede que el sistema capitalista, sin control, sin candados, sin normas que lo contengan o le amarren las manos, es tan criminalmente dañino, que puede acabar en un abrir y cerrar de ojos con la economía de un país <Grecia es el mejor ejemplo en el que puedo pensar>; pero los vencedores de la Guerra fría se apresuraron a echar las campanas al vuelo, sin darse cuenta que era solo cuestión de tiempo, antes que el globo de sus múltiples transas financieras reventara, llevándose por delante todo lo que estuviera a su alcance. También, a finales del siglo pasado, alguien aseguró que aquellos que tuvieran el poder económico, tendrían el control político internacional y el resultado de tan desafortunada ocurrencia fue la criminal proliferación de mega-fusiones corporativas, en las que, como siempre, el pez grande se come al pez chico. Lo malo de estas fusiones escandalosas, por los montos inconcebibles de dinero que manejan, es que no producen nuevos empleos, como cabría esperar; antes bien, se deshacen de la mayor cantidad de trabajadores que les es posible, para volverlas, dicen los nuevos dueños "competitivas". Uno de los grandes males del capitalismo salvaje, es que ven en todo una posible mercancía, susceptible de comprarse o venderse al mejor postor. Para estos parásitos inmisericordes todo tiene un precio: La educación, el trabajo, la cultura, la salud, el arte y hasta la religión. No discriminan nada porque todo representa una posible ganancia y si esa ganancia puede obtenerse un el corto plazo, tanto mejor. Para muchos despistados esto podría ser válido, porque refrenda, dicen, su derecho a ejercer la libertad sin cortapisas... No lo es, la derechización de la política internacional está creando un enorme "TSUNAMI" social que no podrán contener más que con sangre. Los defensores a ultranza del libre mercado, bien porque les ha rendido algunos dividendos, o porque están intelectualmente incapacitados para mirar otras opciones, deberían echarle un ojo, por lo menos y para no hablar de cuestiones de sociología o economía política, a los enormes problemas de salud con los que dicho sistema suele cobrarse tales ganancias: Gastritis, colitis, ulceras de todo tipo, acaudilladas por el insidioso estrés, han tomado carta de naturalización en un sector cada vez más amplio de la población mundial de todas las edades, de tal manera que ya no sorprende que dichos trastornos se presenten aún en jóvenes en edad escolar. Y esto solo como botón de muestra, para no hablar del aumento en el número de suicidios y otras conductas derivadas de la falta de perspectivas y esperanza en el futuro inmediato.

Por sus características digestivas, los fisiólogos han dicho del estómago, que es el único órgano capaz de comerse a sí mismo si tuviera oportunidad de hacerlo. Con el sistema económico de libre mercado ocurre algo semejante. Es tan voraz, tan glotón, que puede llegar a tragarse a sí mismo si se lo deja a su libre albedrio. Probablemente, la comunidad económica internacional haga, nuevamente, un esfuerzo extraordinario para paliar la situación y devolverla a su estadio original; pero está visto (está ocurriendo cada vez con mayor frecuencia) que éste sistema mezquino no tiene remedio porque su misma naturaleza impide que pueda ser reformado a profundidad para que no vuelva a ocasionar más desastres, pues la codicia está profundamente arraigada en su génesis: El que tiene quiere siempre más y más, hasta el infinito y en esa evolución, en esa espiral odiosa de amasar grandes fortunas a costa de lo que sea, los daños que se van produciendo son cada vez más difíciles de controlar, hasta que sobrevenga la debacle. El remedio, entonces, parece fácil; consistiría en cambiar el sistema económico en su totalidad por otro menos dañino, donde las ganancias legítimas no representen un insulto cotidiano para los desposeídos. Lo más seguro, si se intentara semejante cambio, es que los grandes capitalistas se opongan con toda la fuerza de sus recursos (que no ideas) a medidas de control que los acoten y se establezca una lucha difícil y sin cuartel entre las grandes corporaciones financieras y los gobiernos que busquen el cambio; pero es, será, una lucha que no se puede postergar por mucho tiempo, so pena de que todo se desmorone sin remedio.

Los países que tienen la desgracia de verse inmiscuidos en éste tobogán político- financiero, deben constreñirse forzosamente a los dictados emanados del Fondo Monetario Internacional, que es el fiel mastín que cuida con celo del gran capital que lo alimenta, so pena de verse aislados y acosados por los acreedores que no se tientan el corazón para recuperar, del modo que sea, las jugosas ganancias que les significan los prestamos hechos a estados necesitados de un constante flujo de divisas para apuntalar su desarrollo.

Este tipo de presiones, aderezadas siempre con una buena cantidad de chantajes, en los que el dinero es solamente una parte de sus objetivos, es un caballo de Troya sobre la mesa de negociaciones: en el trasfondo se esconde, casi siempre, la intención de hacerse con otra clase de recursos de los países deudores: Petróleo, oro, plata, cobre, productos de la agricultura, mantos acuíferos, etc. Esta es una posición cada vez más insostenible y cada vez más peligrosa, porque las poblaciones de los países implicados en tales maniobras, son las que pagan siempre los platos rotos; aunque nos han demostrado, a veces con inusitada violencia, que ya no están dispuestas a continuar haciéndolo a costa de su supervivencia. Sin embargo, los dueños de los grandes capitales argumentan que sin ellos, el mundo se detendría, provocando un caos mayor que el que las sociedades del mundo denuncian.

A fuerza de un gasto significativo en publicidad, pretenden que los ciudadanos comunes aceptemos sus designios sin inconformarnos, o con apenas un mohín de disgusto en nuestros rostros.

Pero las teorías de Goebbels, hace muchos años dejaron de tener vigencia; entre otras razones, porque no se pueden controlar ni el pensamiento ni la angustia, alimentada ésta por la incertidumbre de millones de personas alrededor del mundo que miran como su familia puede morirse de hambre mientras les restriegan infundios por la televisión. La presencia magnífica de la Internet en nuestras comunidades, que nos permite comunicarnos de inmediato y sin cortapisas con nuestros congéneres, establecer puntos de vista y tomar acciones en conjunto para las que los gobiernos no están preparados porque no tienen manera de evitar o controlar la ira colectiva, es otra de las herramientas con las que la población mundial cuenta para organizarse y defenderse en caso de ser necesario. Pero esto no lo quieren ver los que detentan el poder, porque su necedad los ciega a tal grado, que piensan que el pueblo, en su pasividad, es ignorante y que ignorancia es sinónimo de imbecilidad. Como los buenos déspotas que son, no están dispuestos a dejar sus cargos que tantas ventajas les proporcionan: tienen la desfachatez de decir, en muchos casos, que fueron las armas las que los llevaron al poder y que solamente las armas podrán sacarlos de sus cómodos y placenteros palacios.

Estamos asistiendo, indudablemente, a un cambio importante en el concierto mundial, en el que los países del Medio Oriente tendrán un papel significativo, dejando de ser los simples espectadores que hasta ahora han sido en la toma de decisiones que les incumben y afectan directamente. Por supuesto, su relación con el estado de Israel tendrá que modificarse también. El papel de policía que hasta ahora ha jugado en la región, debe llegar a su fin, pues está visto que dichos países no están dispuestos a seguir siendo señalados como los malos de la película; principalmente el pueblo palestino, que ha tenido que pagar un precio demasiado alto por lograr su reconocimiento como estado libre y soberano en el plano internacional. Es demasiado pronto aún para saber o sospechar si estos cambios van a ser llevados a cabo de forma más o menos pacífica, o si por el contrario, el derramamiento de sangre se agudizará, llevándose por delante a la población indefensa que no tiene otro modo de demostrar su inconformidad más que por medio de protestas. Pero Israel está acostumbrado a jugar con fuego, a hilar muy fino en lo que a su comportamiento y al trato con sus vecinos se refiere, porque argumenta, como excusa para la mayoría de sus actos bélicos, el resguardo de su propia seguridad. Piensan, como algunos peleadores callejeros, que el descontón es válido en cualquier circunstancia y que el que pega primero, pega dos veces, razón por la cual, no se tientan el corazón para atacar a sus adversarios de manera casi siempre sorpresiva, causando pánico y estupor entre los atacados. Pero generando también una buena dosis de rencor y agravios que se van acumulando en el ánimo de sus víctimas, por lo cual los conflictos en esa maltratada región parecen no tener salida. Si los cambios que se dibujan en el horizonte son pacíficos, la humanidad habrá dado un paso muy importante hacia adelante; de lo contrario, las consecuencias pueden ser terribles para todos.

Otro cambio que se está produciendo y que es ya evidente, es la disminución de la influencia de Los Estados Unidos, en las zonas en conflicto, no solo en el Oriente Medio y en una buena porción del Continente Americano, sino inclusive en aquellos países que hasta hace muy poco tiempo, se sentían comprometidos con la política exterior norteamericana. El gasto excesivo en sus materiales de guerra y en la manutención de un ejército cada vez menos efectivo y contundente y por contra parte, caro, voluminoso y exigente, han minado paulatinamente pero de modo irrecusable, las arcas del imperio que anteriormente se consideraban inagotables. Como consecuencia, el déficit en su producto interno bruto ha alcanzado, en los últimos años, visos de catástrofe nacional abonada por los excesos de un sistema financiero que centró, desde siempre, su mira en las ganancias escandalosas e inmediatas sin rendirle cuentas a nadie. El fardo económico que arrastran desde hace años, les ha ido restando credibilidad y confianza a los ojos de los países que antes los miraban con envidia y como el único modelo a seguir. Incluso sus tan cacareados logros tecnológicos se han visto rebasados de manera apabullante por los conseguidos en otras latitudes del mundo.

El primero de diciembre de 2006, los mexicanos asistimos al espectáculo bochornoso de la transmisión de poderes en nuestro país. Bochornoso, no porque dicha transmisión se hubiera llevado a cabo en la tranquilidad de un sistema auténticamente democrático, sino porque lo que se presentó ante nuestros ojos, fue la ejecución puntual, de una maniobra con un fuerte tufo a golpe de estado, ejecutado de manera cínica y desaseada, por un grupo de élite del estado mayor presidencial, que inopinadamente se encontraba en el interior del congreso y con la ayuda premeditada de legisladores del PRI y sus aliados de la coalición con los que había participado en las elecciones de julio .¿De qué otra manera podría calificarse un acto, en el que el ejército interviene directamente para asegurarse que la persona designada se haga con el poder? ¿Quién armó el operativo? ¿Como los convencieron de llevar a cabo tal atentado? ¿Qué les prometieron? Los días previos al operativo, el palacio legislativo fue brutalmente aislado por medio de enormes vallas metálicas soldadas con atingencia, para evitar que pudiera manifestarse algún acto de inconformidad por parte de la población. Las fuerzas del orden se encargaron de vigilar que nadie, ajeno al acto se acercara por el lugar; así, el Palacio de San Lázaro fue convertido en un abrir y cerrar de ojos, en una fortaleza inexpugnable. Adentro, el caos.

Los partidos de izquierda trataron de evitar la toma de protesta del supuesto ganador de los comicios presidenciales, apoderándose del estrado y clausurando las principales puertas de acceso al recinto: Pero legisladores priistas lograron abrir una puerta lateral, para dar acceso a la comitiva que llevaría a cabo el acto protocolario. La operación (que no ceremonia) no duró ni siquiera diez minutos.

Todo, bajo fuertes sospechas, por parte de una buena porción de la opinión pública, de un escandaloso fraude electoral.

Por supuesto, todas estas maniobras estuvieron dictadas por la desconfianza y el miedo.

Miedo a la reacción de la ciudadanía, si se llegaban a descubrir, tempranamente, las trampas y las ilegalidades con las que se estaba actuando y, por lo mismo, a que las cosas se salieran de control y el poder se les escapara de las manos. ¡Ah, el poder!

De todos modos, el cochinero electoral, las maniobras sucias, fueron saliendo a la luz pública poco a poco, en el transcurso del sexenio del señor Felipe Calderón.

Enelcochinerodelaseleccionesintervinierontodos, principalmente, la institución encargada de ejecutar y vigilar el buen desarrollo de los comicios. Ante lo cerrado de las votaciones, se negaron, una y otra vez, esgrimiendo razones y tesis francamente ridículas, a un nuevo conteo de las papeletas electorales, lo que exacerbó los ánimos hasta límites inconcebibles. (El país de los absurdos volvía por sus fueros). El candidato perdedor, echó mano de todos los recursos que se le ocurrieron, incluyendo un plantón en El paseo de la Reforma, con lo que consiguió que la prensa y los poderes fácticos, se le fueran al cuello una vez más, acusándolo de prepotente, necio, vil y todos los adjetivos denigrantes que se les ocurrieron.

El nuevo presidente, acotado, disminuido, dejó a la población estupefacta, al sacar al ejército a las calles, para luchar, dijo, contra el crimen organizado, que campeaba en buena parte del territorio nacional. Todo, sin un plan debidamente estructurado, sin una coordinación efectiva, creyendo tal vez, que al ver a los soldados en sus feudos, los maleantes iban a recular, escondiéndose en sus madrigueras. Las consecuencias de tan terrible decisión no se hicieron esperar; el suelo patrio se llenó de muertos: "Sobre sangre se estampe su pie". Muy pronto aparecieron las quejas, las denuncias por malos tratos a la población. Por detenciones ilegales y arbitrarias de gente inocente, por asesinatos "por equivocación" de personas y aún familias enteras sin relación alguna con la delincuencia, por los abusos indiscriminados y cada vez más frecuentes, perpetrados no sólo por el ejército y la marina, sino por elementos de las corporaciones policiacas inmiscuidas en el asunto.

El señor presidente aprovechó la situación para darse un bono extra por "riesgo profesional" y al cabo de muy poco tiempo, en el ejercicio de sus funciones, los mexicanos pudimos comprobar que teníamos, de nueva cuenta, un presidente prepotente, ciego y necio, ante las evidencias de un país que se desmorona a pasos agigantados, sin que haya nada que pueda evitarlo. En verdad, el nuestro, es un país excepcional: vive, se mueve y se desarrolla; evoluciona, dando tumbos y todo, a pesar de sus gobernantes, porque desde hace muchos años, nuestros políticos nos han demostrado que lo único que verdaderamente les importa es el poder... y solamente el poder; luchan tanto por el, se afanan tanto por conseguirlo, invierten tanto tiempo, tantas energias, que cuando por fin lo obtienen, ya se les olvidó para que lo querían: entonces, lo malbaratan lastimosamente con ocurrencias inútiles y pueriles que llaman pomposamente "proyectos de nación". Así, las campañas electorales son atiborradas, en cada periodo, con una cantidad ingente de esos proyectos, que en realidad son una sarta de incongruencias demagógicas apartadas por completo de la realidad nacional, porque no tocan, ni por equivocación, los puntos más sensibles de nuestras aspiraciones más inmediatas. El resultado de dichas ocurrencias pseudo políticas, ha sido el completo divorcio entre la sociedad y nuestros gobernantes, en donde cada quien tira para un lado distinto buscando su propio beneficio.

La degradación sostenida de nuestro concepto de civilidad y convivencia, tanto en el ámbito local como en el nacional, impide avances efectivos y duraderos en la ejecución de planes de desarrollo cualquiera sean sus objetivos, porque la mayoría de la población los ve como algo ajeno a sus intereses. Ahora bien, la persistencia en este tipo de contratiempos, se alimenta de la torpeza y/o necedad de nuestros gobernantes que optan por proyectos de relumbrón que los pongan en la primera página de los diarios o en las pantallas televisivas, en lugar de proponer proyectos con los que la sociedad se sienta no solamente tomada en cuenta sino también comprometida. Esto se debe, primordialmente, a que, casi desde el inicio de su mandato, nuestros notables mandatarios claudican de su deber sin apenas darse por enterados, pues están más preocupados por pagar los favores que los pusieron en el cargo, que por desarrollar verdaderos planes de gobierno, que lleven al país por rumbos menos accidentados que los que nos obligan a recorrer. En ésta pobrísima disyuntiva, poco o nada importan los votos de los electores. El resultado es una larga cadena de agravios y frustraciones que nos sujetan y nos roban el aliento impidiéndonos avanzar. Nuestra historia reciente está ahí, no es casual que seamos su resultado.

Nuestra galería presidencial de los últimos tiempos, no es nada de lo que podamos sentirnos orgullosos. Hurgando un poco en la memoria, encontraremos que, para nuestro infortunio, los mexicanos hemos padecido tres presidentes hematófagos al hilo; un presidente banal y fatuo, que nos enseñó cómo se administra la riqueza (personal). Un presidente que, preocupado por la proliferación de obesos, nos mantuvo a dieta por seis años. Otro, un megalómano obsesionado con el poder, que no puede aceptar que su tiempo ya pasó. Si tuviéramos la fortuna de contar con un Suetonio, seguramente diría de éste hombre que es un pequeño Nerón intentado incendiar su Romita para poder reconstruirla a su gusto, según su muy personal y caduco "proyecto de nación". Para no demeritar nuestra tragedia, también tuvimos un presidente que se daba gusto destruyendo libros de texto de educación primaria, nomás para quedar bien con su patrón y que, ya siendo el macizo, llegó a la conclusión, tardía, que nuestro sistema ferroviario no servía para nada y prácticamente lo regaló. Su nacionalismo era tanto y tan marcado, que no tuvo empacho en acomodarse, una vez concluida su administración, en una de las compañías extranjeras a las que favoreció con su sucia maniobra. No podía faltarnos, en ésta lista infamante, un presidente que le rinde culto a la necedad y a la ignorancia cada vez que le arriman un micrófono y uno más, que decidió que la sobrepoblación nacional debía ser controlada con balas. Por supuesto, nuestros presidentes no están solos; en el mundo a la Lewis Carroll en el que viven, los acompañan todos los miembros del estado mexicano: Los secretarios de estado, los gobernadores, los miembros del poder judicial, los integrantes del poder legislativo, los consejeros del IFE, los miembros del TRIEFE, todos, en fin, sin que haya alguno que se salve. No importa que atiborren las pantallas de televisión con anuncios en los que intentan convencernos del buen resultado de sus acciones. Todos sabemos (hemos podido comprobarlo una y otra vez), que mientras más publicidad se hagan en los medios, más ineficaces, corruptos y mentirosos son.

Para la gran mayoría de los mexicanos, la caída del Imperio Azteca es, todavía, un trago amargo, difícil de digerir, tanto por la forma como por el modo en que se dieron esos acontecimientos, pero sobre todo, por los resultados con los que hemos tenido que lidiar desde entonces. Si fueran menos obtusos, nuestros gobernantes, todos, sabrían que el Imperio Mexica se construyó a base de constancia, congruencia y determinación. Sabrían, que los errores se pagaban de inmediato, cuando estos ponían en peligro la integridad de la nación.

Cuando un emperador fallaba en el desempeño de sus funciones, alguien se le acercaba entonces y le hablaba con palabras dulces y tiernas y le decía: -Hijo mío muy querido, príncipe magnífico y valiente, amado por tu pueblo y por los dioses... ¿Has ido recientemente a Chapultepec? Verás, hay ahí unas peñas bellas y enormes. Ve, escoge una, la más grande, la más hermosa entre todas, para que nuestros excelentes artesanos labren tu figura de cuerpo completo y el pueblo tenga un recuerdo magnífico de ti.

El desdichado rey obedecía, a sabiendas de lo que significaban esas palabras; si le había fallado a su pueblo, debía pagar por ello con su vida y lo aceptaba. ¡Cómo cambian los tiempos! Si en esta época mantuviéramos ésa sana costumbre, es seguro que pronto nos quedaríamos sin gobernantes.

Nuestros presidentes de ahora, los aspirantes a serlo, hablan de "PROYECTOS DE NACIÓN" como si aún estuvieran en la escuelita, como si se tratara de un concurso, en el que el ganador es el que le lleva el "proyecto de nación" más bonito a la maestra.

Y los presentan a la población con tanta candidez, con tanta bonhomía, que tal pareciera que en verdad están inventando el hilo negro.

Siendo honestos, debemos admitir que México nunca necesitó de un comité de sabios para iniciar, desde hace ya muchos años, su propio camino a la degradación. En ese sentido, nuestros políticos de todos los signos son unos verdaderos genios adelantados a su época. Con la tenacidad de un gambusino, han estado minando, sin que les importe, los soportes que alguna vez nos dieron sustento e identidad nacionales. Más preocupados por seguir las consignas de sus partidos, se han olvidado por completo de las demandas más sentidas de la sociedad. La justicia, la ley, no les importan. Las carencias educativas, de salud, de trabajo; no les interesan: la cultura, el deporte, les son ajenos. Lo único que realmente les preocupa, lo que los mantiene atentos, es que la burbuja en la que se mueven y que los pone a salvo de contratiempos y contingencias inesperadas, se mantenga incólume. Todo lo demás puede esperar... el hambre de comunidades enteras puede esperar; el abandono social de las clases desprotegidas, puede esperar. Ellos son la luz que ilumina nuestras esperanzas; son la llama que mantiene vivos nuestros deseos cada periodo electoral. La promesa eterna que no se cumplirá nunca, porque el nuestro es un país que vive de ilusiones.

¿Por qué? Pregunta simple, sin matices... ¿Por qué? ¿Quién les dio ese derecho, esa prerrogativa? ¿En qué momento decidieron que las cosas tenían que ser así? ¿En beneficio de quién? ¿Hasta cuándo?

Después de tantos años de desidia, de abandono, de miopía intelectual y política, los resultados están a la vista y se pueden palpar, se pueden sentir. Ahora, no solamente la clase dirigente, el pueblo todo puede aquilatar la magnitud del desastre. Somos un país enfermo; enfermo de suspicacia, de rencor, de incredulidad, de desesperanza. La pregunta lógica que se antoja es, debe ser ¿Estamos hechos al mal? ¿Huitzilopochtli se impuso por fin a Quetzalcóatl?

Por la magnitud de la violencia con la que nos están acostumbrando a vivir y que se ha incrementado exponencialmente en los últimos años, se puede deducir que la vida humana ha perdido valor a los ojos de ciertos grupos delincuenciales conformados no solamente por matones ignorantes y procaces, sino por personajes encumbrados en los ámbitos más elevados de nuestro país, tanto políticos como económicos. La dignidad humana también ha sido degradada en forma monstruosa y en ésta vorágine sangrienta no importan la edad de las víctimas, ni su condición, ni su género, ni su implicación o no, en actos que los perpetradores piensan reivindicatorios. ¿A quién acudir? No es ningún secreto para nadie, el que en muchos casos de tortura, violación, desapariciones forzadas y asesinatos en masa, el gobierno está directamente implicado, ya sea que utilice a la policía, al ejército o a gatilleros que se dedican a despachar indeseables sin despertar sospechas. Somos una población indefensa, desprotegida, lista para ser escarnecida o masacrada cuando se juzgue necesario. El mal en todo su esplendor denigratorio, el mal en todo su apogeo infamante, el mal como principio y fin de los motivos siniestros que impulsan un acto criminal, aparte la enorme cantidad de dinero manchado con el sufrimiento y la sangre de sus víctimas. Tanto dolor, tanta demencia, tanta impudicia conductual, deben tener una causa, un origen y por supuesto, una finalidad. Si el objetivo primario de estas acciones es el terror, los perpetradores demuestran una supina ignorancia; deberían saber que el terror no es un ente duradero, que es tan lábil como los métodos utilizados para conseguirlo. "El valiente vive hasta que el cobarde quiere" reza la conseja popular. El terror puede conducir a reacciones insospechadas cuando desborda la barrera de su máxima tolerancia y la gente sometida a tal calamidad dice ¡basta! La prueba contundente de éste aserto es la poco civilizada costumbre de linchamientos inmisericordes, cuando los habitantes de una comunidad logran atrapar a algún delincuente y no lo entregan a la justicia, porque la misma no les inspira confianza. También hemos visto, cada vez con menos asombro, la proliferación de cadáveres entre bandas rivales, todos con la intención de crear terror en el ánimo de los contrarios... Sin conseguirlo. A una acción deleznable, se responde con otra de la misma magnitud, en la lógica del absurdo donde todos pierden. Si como estrategia, ésta tesis también exhibe puntos flacos evidentes, pues sus resultados dependen en gran medida de la casualidad o de la suerte; de no ser así, no habría necesidad de tantos muertos. Tenemos los ejemplos de Guantánamo y Abu Ghraib, que no lograron detener la violencia por medio del terror, sino que la incrementaron en los países del Medio Oriente a donde estaban dirigidas sus acciones.

Cuando los grandes jefes, los Aihuateteo, amos del dolor y la tortura; cuando los terribles Teopixqui, sanguinarios y crueles, se queden sin hombres ¿van a empezar a reclutar civiles para continuar con sus fechorías? Y cuando éstos civiles se maten unos a otros, en virtud de pertenecer a grupos contrarios, según ésta lógica del terror infértil, ¿van a gobernar el desierto? La intención comprobada en algunos municipios norteños del país, de crear pequeños burgos, al estilo medieval, en donde los sicarios sean los amos absolutos y sus jefes, pequeños reyezuelos egocéntricos, eleven su autoestima por el poder que otorga el decidir sobre la vida y la muerte de sus enemigos, tampoco es una buena idea, porque el resultado es la proliferación de pueblos y pequeñas ciudades fantasma de las que los habitantes han huido en busca de su propia seguridad y la de sus familias. Magnanimidad, piedad, misericordia, son palabras que están fuera del vocabulario de las bandas criminales y sus contra partes, porque, según su primitiva forma de razonar, son muestra de debilidad. Pero el poder del que se envanecen, el poder que los hace sentirse omnipotentes está sustentado en gran medida en el poder de sus armas. Quítenle a un asesino sus armas y su poder se reducirá a poco menos que cero; luego, pónganlo en una situación comprometida en la que esté en juego su propia seguridad y entonces se podrá calibrar el talante real de dicho individuo. No que todos los sicarios sean cobardes; en verdad, hay muchos realmente valientes entre ellos, tanto, que pueden llegar a la temeridad. Pero la inmensa mayoría son cobardes por naturaleza, al grado de poder establecer que la magnitud de su cobardía es directamente proporcional al tamaño de sus vilezas. Es triste reconocerlo, pero tres mil años después de la masacre perpetrada por Asurnasirpal no hemos cambiado en nada, nuestros instintos criminales siguen intactos. Seguimos siendo igual de sanguinarios, déspotas y crueles como siempre hemos sido, lo único que ha cambiado son las herramientas con las que ejecutamos nuestras fechorias.

Durante la última etapa del Imperio Romano de Occidente, hubo un senador, tan inmensamente rico, que él solo podía sostener un ejército, equipado, vestido y alimentado de su propio peculio; pero ni todo su dinero, ni todo su poder, impidieron que Roma fuera asolada por los hunos, ni por las tribus bárbaras del norte, ni evitaron su caída final a manos de los invasores, ¿alguien se acuerda ahora del nombre de ése senador ejemplar? ¿Alguien sabe a dónde fueron a parar su fortuna y sus bienes? Solo los necios se empeñan en caminar senderos tan espinosos y de resultados tan magros creyendo que el poder y el dinero lo puede todo, siempre. La evidencia alarmante de esta locura asesina en tiempos de paz, cada vez más incontrolable, está debidamente documentada, aunque los gobiernos y los medios de comunicación se empeñen en ocultarla o maquillarla. Ciertamente, México no es el único país en el mundo que padece este flagelo. La historia de la humanidad está sembrada de cadáveres, de injusticias, de atrocidades, muchas de ellas, cometidas en nombre Dios y de la ley. Pero debemos al menos, como una obligación moral, intentar comprender nuestros motivos, las causas de nuestra proclividad por lo insano y con ello, la némesis del mal que nos domina y es casi una obsesión en muchos de nosotros. No es cosa vana decir que debemos intentarlo, antes que la noche aciaga se abata sobre nosotros.

La literatura está repleta de historias que versan sobre la maldad: La Biblia, Donatien Alphonse de Sade, Marlow, Sthendal, Bram Stoker, Goethe, Robert L. Stevenson, Oscar Wild, Dostoievski, Patrick Süskind ¡uff! ¡Son tantas y algunas tan conmovedoras! Todas empero, con un motivo específico, todas con razones y causas divergentes, todas distintas y todas parecidas entre sí, todas señalando las flaquezas y las debilidades de la condición humana, todas alabando o denostando a Dios. En lo particular, dos obras extraordinarias me sedujeron y me marcaron para siempre: "Las flores del mal" del poeta francés Charles Baudelaire y "Pedro Paramo" del escritor mexicano Juan Rulfo.

No en ese orden necesariamente, supe de Pedro Paramo por primera vez por el cine, en una película en blanco y negro con Narciso Busquets en el papel principal, mi mamá me llevó y no supe jamás como logró convencer a la taquillera de que me permitiera pasar, pues yo contaba con cinco años en ése tiempo y la película estaba clasificada para mayores de edad. Ese charro impresionante con su voz de trueno haciendo de vidas y haciendas lo que se le pegaba la gana fue como un flashazo en mi mente y en mi conciencia y, al terminar la proyección, recuerdo que le pregunté a mi madre, - mamá ¿Cómo puede alguien ser tan malo?

- Es solo una película- respondió sin mucha convicción, pero lo que más me conmovió fue la muerte inaudita del personaje.

"Las flores del mal" vino a mí de manera fortuita, ya adulto y casado y con cosas más triviales en que ocuparme, en lugar de estar meditando en un libro de poesías que tal vez no valiera la pena ni abrir. Sin embargo, el simple titulo era como una voz mágica que me llamaba insistentemente sin que pudiera evitarlo, así ocurrió varias veces hasta que por fin, un día me decidí a ojearlo para poder tirarlo por ahí lo más pronto posible sin remordimiento alguno de mi parte.

Lo primero que me sedujo fue la dedicatoria: AL POETA IMPECABLE

AL PERFECTO MAGO DE LAS
LETRAS FRANCESAS
A mi muy querido y muy venerado
Maestro y amigo
THEOPHILE GAUTIER
Con los sentimientos
De la más profunda humildad
Dedico
ESTAS FLORES ENFERMIZAS.

Ch. B.

"¡Aaah, cuánta sensibilidad! ¡Cuánta ternura y devoción incondicionales manifestadas de manera tan hermosa y simple! Sin aspavientos, sin arrogancia, ni falsa modestia.

Solo los seres de pensamiento superior son capaces de expresarse con palabras tan bellas.

O tal vez también, los corazones agobiados y las almas atormentadas.

Después de ése comienzo, todas mis reticencias fueron vencidas y la lección aprendida fue como una sonora

LA OTRA MITAD DE NOSOTROS 49

bofetada atizada en lo más profundo de mi estúpido orgullo autocomplaciente.

Al terminar ésa primera lectura, busqué como un desesperado todo lo que pudiera encontrar del maestro Baudelaire y todo lo que encontré avivó mi entusiasmo y mi curiosidad.

Lo llamaron "El poeta maldito" y tal vez el calificativo debió parecerles ingenioso, porque describía, según ellos, a un personaje voluble y odioso, acreedor sin duda de todos los epítetos e insultos que se le pudieran endilgar y es que, Las flores, habla de la bajeza humana, de las pasiones mal disimuladas y mal encaminadas, del estupro, de la embriaguez, del asesinato, de todas aquellas cosas que somos capaces de realizar de noche, amparados en el alcohol y las drogas y olvidar durante el día, en el cobijo protector de nuestra casa. Tanto fue el escándalo desatado con la primera edición, que el libro fue retirado de los estantes y condenado a no ser vuelto a publicar y al poeta lo acusaron de practicar todas las cosas de las que había escrito y fue maldecido y vilipendiado durante buena parte de su corta y azarosa vida. Baudelaire se justificó tibiamente: "Lo único que pretendí fue demostrar la belleza del mal." Cierto, el mal, por sí mismo, posee una belleza tan sutil y embriagadora, que nos cautiva sin que apenas nos demos cuenta, como un perfecto flautista de Hamelin, nos hipnotiza con la dulzura de sus notas y nos hace seguirlo por los vericuetos más intrincados e infamantes de sus obscuros dominios y una vez sometidos, nos empuja al abismo sin que podamos evitarlo, para después regodearse en su obra infame.

Alrededor de mil ochocientos cincuenta y... un editor valiente, pasados los estragos y el furor de la primera vez, se atrevió a desafiar el veto y publicó, corregido y aumentado el poemario. Para el efecto, le pidió al maestro Baudelaire, un escrito a manera de introducción, en el que explicara las razones y el método de su creación. Cuenta el poeta que después de varios intentos fallidos desistió y el argumento esgrimido para tal determinación fue simple y contundente: "Para los necios y los imbéciles, ninguna explicación será nunca suficiente, en cambio, las personas de espíritu noble, de mente abierta y despejada no necesitan ninguna para comprender y entender." ¡Bien por Baudelaire!

Con "Las flores del mal" se inició un estilo que revolucionó la literatura y que involucró también a la pintura, llamado simbolismo, ambos fueron juntos por un buen tiempo dejando constancia de sus logros, en tanto, el poeta traducía por primera vez a otro escritor atormentado y poco valorado de su época, cuyos escritos llegaban allende el mar; Edgar Allan Poe, iniciador de la novela policiaca, autor del excelente poema "El cuervo" "Las aventuras de Arthur Gordon Pym" "Narraciones Extraordinarias" etc.

Baudelaire fue un amante desastrado y desastroso y su comportamiento canalla le granjeó una buena parte de las críticas mal intencionadas que se le hicieron en vida, fue precisamente a causa de una de esas relacione infamantes, que contrajo la sífilis, enfermedad que lo llevaría prematuramente a la tumba, pero su legado es inobjetable y representa, sin duda, un latigazo permanente a la moral chapucera de las buenas conciencias de todos los tiempos.

"Vine a Comala, porque me dijeron que aquí vivía mi padre, un tal Pedro Páramo".

Nuevamente estamos ante un comienzo literario magnífico, simple y llano, sin palabras rebuscadas ni frases estrambóticas, de esas que son utilizadas con bastante frecuencia para atrapar la atención del lector incauto. En estas líneas, pareciera que el personaje nos habla para explicarnos el motivo de su presencia en ése lugar, en realidad, está hablando consigo mismo para justificarse, para darse ánimos y no renegar de la empresa que le fue encomendada. El autor no necesita hacer una descripción detallada del personaje, tampoco intenta que sepamos la ubicación geográfica del lugar, todo lo deja a nuestra imaginación y el resultado es admirable.

Si alguien me preguntara que pienso de ésta novela, que he leído innumerables veces, le respondería, tal vez, que es como un magnífico banquete que uno no se cansa nunca de disfrutar, aunque, pensándolo mejor, tal vez diría que Pedro Páramo es una sinfonía, si, una bellísima y magnífica sinfonía literaria llena de estampas e imágenes cautivadoras..

Hace algunos años ya, un crítico comentó con respecto a ésta obra, que, a su entender, nunca se había dicho tanto con tan pocas palabras. Cierto, la novela, el relato que cubre la novela no es extenso ni voluminoso y por ese motivo, no cansa, no aturde, no abruma con una cantidad indiscriminada de datos difícilmente verificables y que pueden olvidarse con facilidad, y es que, en realidad, Juan Rulfo, no escribe palabras sino que pinta escenas. Como un maestro renacentista, bosqueja personajes y situaciones que son verdaderamente impactantes, más fáciles de retener en la memoria que cientos de líneas escritas para llenar espacios. Hablar con los vivos y con los muertos, ir del presente al pasado a un mismo tiempo, señalar con destreza la miseria moral de los personajes, y la pérdida total de su auto estima, describir el paraíso que fue y el infierno que es, solamente podía hacerse con un estilo literario deslumbrante, original, en el que convivieran a un tiempo lo real y lo fantástico sin perder su credibilidad y frescura. Ese estilo fue bautizado con el nombre de Realismo Mágico y fue utilizado por el maestro Rulfo, por primera vez, en un igualmente excepcional libro de cuentos llamado "El llano en llamas". En sus magníficas obras, el autor no toma partido por ninguno de sus personajes, no trata de entenderlos o justificarlos, los exhibe a la luz de sus actos sin severidad ni complacencia, como un observador imparcial y lúcido. Es una tarea delicada, frágil, que solamente unos cuantos son capaces de ejecutar sin tropiezos, una obra maestra de la literatura solo puede ser fruto de la genialidad del narrador, en ése sentido, Juan Rulfo es la quintaescencia de la sobriedad y ecuanimidad narrativas.

Muchas veces me pregunté ¿Qué era Pedro Páramo? Tal vez una novela de terror, tal vez un cuento de fantasmas y aparecidos hablando con seres vivos, de carne y hueso, tal vez una narración poco ortodoxa de la gesta revolucionaria, tal vez....Como ocurre muchas veces en la vida, por pura casualidad, una tarde que no tenía nada en que ocuparme, me vino a la mente, como un relámpago, la respuesta que tanto había perseguido: Pedro Páramo es una novela de amor. Corrijo, es una extraordinaria aunque infortunada y triste novela de amor. Es la historia de un amor castrado desde sus orígenes, de un amor truncado, incomprendido. De ésa clase de amores por los que se da todo sin esperar otra cosa que el milagro de la correspondencia: De esos amores etéreos por los que se puede vender el alma al diablo sin reparar el precio que deba pagarse; a la manera del Fausto de Goethe. No es ésta la historia de un amor amelcochado y cursi como el de Romeo y Julieta, ni la trágica y predecible narrativa de Ana Karenina, se asemeja más, por sus implicaciones, a la terrible y devastadora historia del amor del príncipe Drakul por Nina. En efecto, cuando el siniestro personaje volvió a su casa, después de la mal hadada guerra contra los moros, encontró a su ser amado sin vida y su enojo y decepción fueron tan grandes que encaró a Dios y le reclamó su mal pago por los servicios que le había prestado en beneficio de la causa cristiana, renegó de él y juró que se vengaría. Como consecuencia de esas palabras, se convirtió en un insepulto, en un ser condenado a no encontrar el descanso eterno jamás, teniendo que beber la sangre de los otros para sobrevivir.

Desde siempre, por lo menos desde que tenía memoria, Pedro Páramo estuvo enamorado de Susana San Juan, se bañaban juntos en el rio, se contaban sus sueños, sus anhelos, sus secretos. Un buen día, sin embargo, sin que mediara explicación alguna, sin que le dieran oportunidad siquiera de despedirse, Susana San Juan fue arrancada de su lado para llevársela a vivir a otro lugar.

Pedro Páramo quedó devastado, dolido en lo más profundo de su ser, sobre todo, porque nadie sabía de su inmenso amor por la muchacha, aunque algunos en su familia lo sospecharan. Por eso se escondía en el baño, para recordarla, para pensar en ella a sus anchas sin que nadie lo molestara, aunque su abuela no dejaba de importunarlo a cada rato diciéndole que le iban a salir golondrinos de tanto meterse allí.

Hasta ése momento, el joven Pedro era un bueno para nada, un inútil sin oficio ni beneficio y su familia no cifraba muchas esperanzas en él, pero esto no parecía importarle en absoluto, ocupado como estaba en hacer planes para el futuro. Cuando su padre fue asesinado, Pedro Paramo supo que había llegado su oportunidad.

Nadie se lo propuso, nadie se lo indicó con un gesto, con una palabra, pero él sabía muy bien lo que tenía que hacer y a diferencia de sus años más tiernos, en los que se mostraba holgazán y remiso, de pronto se volvió impaciente e imaginativo para solucionar los problemas que se le acababan de echar encima y que, bien mirado, eran muchos y complicados. Lo primero, era conocer la situación económica de la casa, saber con qué recursos contaba y cómo los podría utilizar. La respuesta, por parte del administrador no dejaba lugar a dudas, se debía todo y había que vender el rancho para salvar lo más que se pudiera. Pero eso no entraba en los planes del nuevo patrón que discurrió de inmediato una solución atrevida y práctica que lo pusiera a salvo de cualquier eventualidad financiera. Así pues, se casó con la mujer a la que más se le debía.

Después, ajustó cuentas con los asesinos de su padre y empezó a apoderarse, por las buenas o por las malas, de grandes extensiones de terrenos fértiles y productivos, por supuesto, con la ayuda de las autoridades del pueblo que hacían la vista gorda ante tantos atropellos. Su esposa lo dejó al poco tiempo, cansada de sus menosprecios y desamor, pero a él, no le importó, Dolores Preciado no era un fin, sino un instrumento para ese fin y no sentía por ella ni siquiera el vago impulso del agradecimiento; por el contrario, la animó a largarse lo más pronto posible, pero siendo un hombre en plenitud, pronto sintió la necesidad de las mujeres. A veces una alcahueta se las conchababa, otras, las mismas mujeres se iban con él por gusto, para poder presumir que se habían acostado con el patrón, otras veces, en cambio, la violación era la forma de aplacar sus urgencias. Tantos abusos, tantas canalladas dejaron su impronta en el sentir de la gente ¿Quién es Pedro Páramo? Preguntó Juan Preciado a su interlocutor ¡Un rencor vivo, fue la respuesta!

Al cabo de algunos años, cuando se sintió lo suficientemente rico y poderoso, mandó buscar a Susana San Juan, costara lo que costara y se llevara el tiempo que se llevara. Ahora lo tenía todo para poder ofrecérselo a su amada, no iba a carecer de nada, todos sus caprichos serían satisfechos con prontitud y ella estaría agradecida y feliz de poder regresar al terruño y vivir con un hombre que la quería tanto y que era tan temido y respetado en la región. Pero cuando por fin ocurrió lo que tanto había deseado, lo que tanto había perseguido en sus sueños, aquello por lo que se había esforzado a lo largo de tantos años, se transformó rápidamente en una cruel desilusión.

La Susana por la que había mentido, engañado, robado, asesinado, no era la misma que tenía ahora frente a él y la resignación fue el único recurso que se le ocurrió para acallar la amargura por su fracaso, pues supo en ése mismo instante que el amor inconmensurable que sentía por ella, no sería correspondido jamás.

No, ésta Susana, que le entregaron a las puertas de su casa y para la que había preparado un recibimiento digno de una reina, era otra, ésta, estaba "tocada." Tocada, en el espíritu literal de la palabra. Tocada por su padre, tocada por una pasión desmesurada y ambigua, tocada por la muerte. A diferencia de la que el recordaba con un amor idílico y benevolente, ésta era una marioneta, una muñeca de trapo que se dejaba tocar, que se dejaba hacer, que apenas respondía con incongruencias a los besos, a las caricias, a las palabras tiernas y cariñosas y supo entonces que tenía que pagar, por todo el odio, por la maledicencia, por todo el mal que había sembrado a su alrededor. No le importó; también sabía que todo en la vida tiene un precio y que tarde o temprano ese precio debe ser pagado, como cuando murió su hijo Miguel y el balbució para sus adentros: "Mejor empezar a pagar temprano, para acabar más pronto."

Cuando Susana murió, las campanas de la capilla de la hacienda empezaron a tocar a duelo y fueron replicadas por las campanas de la iglesia del pueblo y éstas, por las campanas de las iglesias cercanas y el pueblo se confundió con tanto escándalo y pensó que se trataba de una fiesta y armó un jolgorio y se puso una feria y por un momento todo fue borrachera y alegría y Pedro Páramo se enojó y fue tal su furor y su odio por la falta de respeto de la gente por su difunta, que juró que se iba a vengar: "Me cruzaré de brazos y Comala se morirá de hambre". Y así ocurrió, en efecto. Al darse cuenta del desastre, la gente poco a poco empezó a abandonar sus casas, dejando encargados sus trebejos en cualquier parte, el pueblo empezó a llenarse de adioses y de suspiros, de conversaciones apagadas que venían de ninguna parte, de susurros. Don Pedro se encontraba sentado en un equipal a la entrada de La Media Luna, cuando vio aparecer por el sendero, a un hombre que caminaba trastabillando, nunca supo que era uno de sus múltiples hijos bastardos el que lo acuchillaba, el que le quitaba la vida con sus propias manos de borracho, de campesino, de pobre. Ante los gritos desesperados del ama de llaves, Pedro Páramo se levantó, intentó alzar un brazo para alcanzar algo en la distancia pero se desplomó como un montón de tierra seca.

Solamente puedo guardar silencio, emocionado, ante tanta belleza descriptiva y pensar, pensar mucho acerca de las cosas que me rodean, pensar en el porqué de ésas cosas y en cómo nos afectan sus consecuencias. Pedro Paramo se desmoronó frente a su obra igual que se habían desmoronado sus sueños, como se desmoronó su amor idílico por Susana San Juan, igual que se desmoronan las obras de los hombres que se sustentan en el dolor ajeno. Si fuéramos ligeramente perceptivos, tal vez podríamos comprender la enorme futilidad de muchas de nuestras acciones, pero somos necios por naturaleza y a esa necedad, a esa terquedad le llamamos convicción, solo para tener un argumento que nos permita seguir adelante con nuestra añagaza.

Si Octavio Paz nos encerró en un laberinto de la soledad desde el que nos observó con tanto tino, Juan Rulfo nos ha enseñado cómo es ese laberinto por dentro, cuáles son sus pasadizos, sus recovecos, sus rincones más obscuros e insanos. Todos somos hijos de Pedro Páramo, dijo el arriero que acompañaba a Juan Preciado en el camino hacia el pueblo. Es verdad, todos tenemos algo de mentirosos, de manipuladores, de malditos, lo único que necesitamos es que se nos presente una oportunidad para demostrarlo.

ASI ES COMO LO PLANEO DIOS

Billy Preston

Señoras y señores; con ustedes... ¡Los Beatles!

"She loves you, yeah, yeah yeah

She loves you, yeah, yeah, yeah

She loves you, yeah, yeah, yeah, yeaaaah" Toin, to-to-toin, tatá tatá.

(No se rían, son los primeros acordes de la guitarra de Harrison para éste tema) Al fondo, en el estadio donde se llevaba el programa, una multitud estridente enloquecía, gritaba, gemía, se desmayaba. La gran bestia amorfa ensayaba su propio espectáculo retorciéndose como una gigantesca culebra herida, aullando, gimoteando con un delirio casi sexual. Cualquier ademán, cualquier gesto, eran un buen pretexto para la histeria colectiva, como si el caos fuera el orden efectivo y natural de las cosas. Una nueva visión del mundo se anunciaba ante nosotros con más energía y determinación que nunca. Si la música es el reflejo del estado de ánimo de una sociedad, entonces, puede decirse que hasta la aparición de Los Beatles nuestras sociedades llevaban algún tiempo adormiladas; plácidamente acurrucadas en el nicho autocomplaciente de sus tabús, sin querer mirar a otro lado, sin querer enterarse de nada, ni aceptar otra cosa, que no fueran sus propias chatas ideas acerca de todo lo que las rodeaba, anestesiadas casi, por la fuerte resaca producida después de la borrachera que significó su triunfo en la segunda guerra mundial. Si los primeros padres del Rock and Roll habían casi desaparecido, agotados sus argumentos musicales, o cooptados por los viejos esquemas sociales, (Recordemos si no, el sometimiento eficaz de Elvis Presley cuando le "sugirieron" y el aceptó, sin oponer mucha resistencia, no mover las caderas de manera tan obscena durante sus presentaciones personales). Los Beatles significaron una fuerte sacudida a la modorra con la que nos estábamos acostumbrando a vivir. El mundo había sido salomónicamente dividido entre el norte y el sur, entre el este y el oeste, entre el bien y el mal y si es cierto que nos considerábamos a nosotros mismos como parte del bando de los buenos, también lo es que del otro lado del planeta los otros pensaban exactamente la misma cosa de ellos. Los Estados Unidos se vendían como el país de la libertad y la democracia, pero esa letanía, diseñada y pregonada para consumo externo, solo era efectiva, dentro de ese país, para aquellos que fueran blancos, tuvieran los ojos azules y el cabello rubio. Los negros, los indios nativos, los mexicanos y latinos, los escasos asiáticos de ese entonces, eran gente de ínfima categoría que no se merecía las gracias del sistema que nos restregaban en la cara como un invento maravilloso que les perteneciera, o, en el mejor de los casos, como una condición sine-qua-non de la naturaleza humana.

Apenas un poco de tiempo atrás, John F. Kennedy había sido masacrado en Dallas Texas, utilizándolo como tiro al blanco, porque a los verdaderos dueños del poder les resultaba odioso tener como presidente a un hombre con tantos defectos como estadista, que según ellos tenía. Algunos de los más graves que le achacaban consistían; primero, en ser católico y presumir de ello; otro más, haberse opuesto con toda la fuerza de sus convicciones a una invasión armada a la Isla de Cuba, patrocinada y secundada por el gobierno. La ultra derecha conservadora gringa; mocha, altanera y reaccionaria, se sintió fuertemente agraviada por esa negativa, les resultaba intolerable que un grupo de barbudos subversivos, encabezados por el facineroso Fidel Castro y sus secuaces: Camilo Cienfuegos, Ernesto Che Guevara, Abel Santamaría y Raúl Castro, entre muchos otros, los hubieran

LA OTRA MITAD DE NOSOTROS

desalojado tan malamente de su paraíso caribeño, expropiando los bienes que tantos esfuerzos les costara obtener, avalados por el insustituible perrito faldero al que llamaban Fulgencio Batista. Como todo abusivo que se respete, nunca han querido aceptar que fueron ellos, los gringos, en su inconmensurable miopía, los que arrojaron a la revolución cubana en brazos de los soviéticos al negarse a reconocer un hecho que era irreversible y que tendría que haber ocurrido tarde o temprano, por la enorme insatisfacción que provocaba en el pueblo cubano la cauda interminable de abusos y raterías perpetradas por los güeros y sus aliados isleños. Ya se sabe que la historia universal está plagada de hipócritas y mentirosos y en éste sentido, el Tío Sam se daba vuelo, saludando con la izquierda y asesinando con la derecha, pues ¿Quién podría decirles algo? ¿Quién se atrevería a reclamarles cualquier cosa? Eran los dueños de la mitad del mundo y podían hacer con ella lo que se les ocurriera, pero que un puñado de desarrapados se hubiera atrevido no solo a desafiarlos, sino a quitarles sus tesoros cubanos, era algo que no se podía, que no se debía permitir. Había que hacer algo y pronto, antes que el mal ejemplo cundiera y su dominio sobre su mitad del planeta presentara más fisuras. Como no pudieron convencer a los Kennedy de una acción armada directa, aparentaron que se conformaban con el bloqueo propuesto por los consejeros presidenciales. ¡Maldito Kennedy, malditos Castro y compañía! ¡Maldito el resto del mundo si no se dejaba mangonear! Alguien debía pagar por el crimen de la rebelión cubana, pero ¿Quién? Otro defecto terrible del presidente, al que tildaban de cobarde, era el pretender cambiar el estatus-quo imperante al interior de su propio país, pero el peor de todos esos defectos, sin duda, fue intentar que el mundo se comportara de una manera más civilizada y menos salvaje que como lo había hecho hasta hacia bien poco y así nos lo hizo saber a todos en su histórico discurso pronunciado en los jardines de la Casa Blanca, apenas pasado el susto de los misiles rusos instalados en Cuba. ¡Craso error intentar acotar el salvajismo! ¡Pecado capital, tratar de detener las guerras, sobre todo la del sudeste asiático, que se anunciaba aterradora e inmoral, pero que significaba ventas multimillonarias en armamento para el ejército norteamericano! La etapa más negra en la historia moderna de ese país empezaba a escribirse y se escribía con sangre, para que no quedaran dudas de lo que estaba por venir. La sevicia gringa se extendió rápidamente al resto del Continente Americano, que fue azolado por una epidemia de dictaduras en cadena. Algunas de esas dictaduras eran francas y desafiantes, como las que se posesionaron en los países del cono sur; otras eran menos evidentes, pero igualmente brutales y abusivas. La gran diferencia entre unas y otras es que todas se parecían entre sí como gotas de agua. El parecido entre ellas, era que todas, sin excepción, movían la cola en cuanto los gringos tronaban los dedos. Una anécdota de la época, relata que un asesor del presidente Nixon le comentó que Anastasio Somoza, el dictador nicaragüense, era un hijo de puta; la respuesta de Nixon, como casi todas sus respuestas, fue lacónica y lapidaria: "Cierto, pero es nuestro hijo de puta." En México, gobernaba la infamia. Todas las aspiraciones republicanas en nuestros países hispanoamericanos, los anhelos democráticos, el clamor por verdaderos estados de derecho, el reclamo popular por salarios justos y el trato digno por parte de autoridades y patrones, chocaron una y otra vez contra el muro del autoritarismo levantado en nuestro sub-continente, tan feroz y eficiente como la cortina de hierro que no se cansaban de criticar a los comunistas y que era solapado, cobijado, estimulado por los intereses del Tío Sam, al que en realidad le importaban un bledo la democracia y la libertad con los que se maquillaba la cara. La llegada de los Beatles a territorio estadounidense, entonces, fue algo así como la llegada de una brisa refrescante venida del otro lado del océano, una brisa que nos despertó del letargo, motivando que empezáramos a reaccionar. No traían armas de fuego consigo, ni ideas políticas de ninguna naturaleza, traían en cambio, un maletín cargado con música nunca antes escuchada y un deseo enorme de que el mundo las aceptara y las cantara con ellos.

¿Quién le teme a Virginia Wolf? ¿Quién puede temerle a cuatro jovencitos vestidos elegantemente y que nos dicen que quieren estrechar nuestra mano con la más encantadora de las sonrisas?

Fue esa sonrisa, franca, sincera, abierta, carente de malicia premeditada o de poses acartonadas, la que acabó por rendir a los críticos más escépticos. Su vestimenta también influyó: elegante pero informal, completamente juvenil, marcaba una diferencia evidente con los rockeros del momento, estancados en moldes antiguos y sin futuro y ni hablar de la moda que impusieron con su sorprendente corte de pelo, que pronto echó raíces en el gusto de los varones de todas las edades, para disgusto y aprehensión de los peluqueros que pensaban tendrían que buscarse otro oficio. Todo el conjunto confirmaba la novedad, formaba parte, sin duda, de la estrategia diseñada por Bryan Epstein para salvar escollos y vencer reticencias, poco precisas, pero profundamente arraigadas en nuestras culturas occidentales en la primera mitad del siglo veinte, avasalladas por los atavismos, encadenadas a sus propias limitaciones morales, acotadas por toda clase de convencionalismos políticos y sociales. Siempre es mejor recibido un tipo acicalado, que viste de traje, que aquel que se presenta con el cabello peinado de cualquier modo y con trapos pasados de moda encima. Por supuesto, su encanto personal hizo el resto. Como quiera que sea, la brecha generacional abierta por el rebelde sin causa James Dean y que tanta inquietud despertara entre las personas de bien de su tiempo, por su cauda inaudita de enchamarrados y copetudos, con desplantes de niños malos y procaces parecía estar cicatrizando gracias al cauterio amelcochado de las baladas de Terry Stafford, Edie Chrokan, Fast Domino, Paul Anka, Johnny Tillotson, Glenn Campbell, Los Everly brothers, Los Seekers y tantos y tantos otros, que hoy escapan a mi memoria, que es tan flaca, que difícilmente distingo ayer de ahora.

Los de Liverpool, llegaron al relevo generacional sin muchas expectativas a su favor. Eran solo otro grupo, cantando tonaditas intrascendentes y cursis que presagiaban más de lo mismo para los entendidos en la materia. No durarían más allá de dos o tres éxitos y después se extinguirían como muchos otros, ¡Gracias a Dios!

La máscara del aparente continuismo desempeñó su función a las mil maravillas, ayudando a una fácil aceptación del grupo. Pero detrás de la máscara se escondía una versión diferente de los esquemas, un modo distinto de ver la vida, sin el estorboso fardo de la solemnidad (algo realmente sorprendente, siendo ellos ingleses). Su chispa, su talento evidente y el gracioso desenfado de su comportamiento, significaron una inyección de vitalidad para los jóvenes de todo el mundo. Fueron mis favoritos desde el principio, lo mismo que para millones de chavos iguales a mí.

La primera vez que los escuché en la radio tendría diez años de edad, más o menos, mi madre había conseguido que un compadre suyo me llevara con él para trabajar en una panadería, por el rumbo de San Ángel, en la colonia Tizapán, limpiando las charolas para el pan recién hecho y hacerle mandados a los panaderos. Entraba a trabajar a las cuatro de la mañana y el maestro panadero me dejaba salir a las doce del día para ir a la escuela, a la que asistía al turno vespertino. Entrabamos a la una y media y salíamos a las seis de la tarde y de la escuela a mi casa se caminaba aproximadamente media hora, cuesta arriba, casi en el lomo del cerro, en la colonia "las Águilas." Era llegar, hacer la tarea del día siguiente, cenar y dormirme temprano para levantarme a las tres y media de la madrugada, hora en la que el maestro iba por mí para irnos al trabajo. A esa hora no había transporte, esperábamos en la parada del camión a que pasara el primero de ellos, recién sacado del corralón, para comenzar sus corridas. Ingresar por primera vez al lugar donde se producía el pan, fue como trasponer las puertas de otro mundo, poblado por seres absurdos e irreales, escapados de un circo o venidos de otra dimensión. Todo era fantástico e increíble; todo era absurdo y ruin. Sin embargo, el olor del pan recién cocido saliendo de los hornos, era envolvente, embriagador. La multitud de aromas entremezclados; el huevo, la mantequilla, el azúcar, la levadura, la vainilla, las conservas, producían la sensación de estar en un lugar maravilloso, casi paradisiaco. Trabajar las diferentes masas para después darles una forma definida y definitiva, la preparación tan especial del feitee, para las orejas, los volovanes, los condes. La masa elástica que se producía luego de mezclarle una gran cantidad de manteca vegetal y harina, para evitar que se pegara, mientras era enrollada en un palo engrasado, del calibre y tamaño de una macana de policía y al cual nos referíamos como "el campechanero" estirándola hasta dejarla como manguera de jardín y luego cortarla en trocitos para hacer las campechanas, que al final se bañaban en azúcar para que, al ser introducidas al horno, adquirieran esa corteza dorada, cristalina y crujiente, de múltiples capas, que son tan deliciosas. La hechura del pan danés; los cuernos, los bigotes, las corbatas. La preparación especial de la masa para los cocoles de anís, con piloncillo como endulzante. La agilidad y gracia de los tahoneros para hacer las conchas, las novias, los alamares, el pan de manteca, los besos, los polvorones, las galletas, los ingleses, las donas, las chilindrinas, las ojaldras.... Looos bísquets. También tenían, encima de una repicita de madera, una joya que siempre me sedujo, incluso en mis años más tiernos... ¡Un radio! Un radio marca "Majestic" que por lo visto, alguna vez fue de color crema, pero que ahora aparecía sucio, empolvado, con tecatas de masa reseca y grasa en los botones, pero que permanecía encendido las veinticuatro horas del día.

Tiempo más tarde comprobé que los panaderos escuchaban con respeto cualquier estación que se seleccionara; cualquier tipo de música que se transmitiera, no había envidia ni arranques posesivos por el aparato, como pudiera esperarse, nadie se quejaba o pedía que se sintonizara otra cosa. A los diez años de edad, yo era... cómo decirlo... bastante inocente, desconocía la malicia como tal, las palabrotas de todo tipo, las señas obscenas y su significado, menos aún entendía de albures o frases de doble sentido, si bien es cierto que los pleitos entre mis padres, en mi casa, eran espantosos y nosotros, los hijos, los habíamos visto y oído insultarse de fea manera, mi asombro no tuvo límites al escuchar por primera vez palabras cuyo significado era incomprensible para mí. Los panaderos se ofendían y se insultaban con tal parsimonia, con tal desparpajo y naturalidad, que eso fue lo que más me conmocionó.

El primer día de mi trabajo, apenas llegar, el maestro Antonio, que así se llamaba el compadre de mi mamá, me entregó una charola limpia y me ordenó que me quitara el chaquetón con el que me protegía del frio de la madrugada y lo pusiera encima, después, sacudió con fuerza un costal de harina vacio y me lo enredó en la cintura a modo de delantal. Nunca nadie me dijo de qué se trataba todo, mi madre solo me amonestó la noche anterior diciéndome: -Hijo, acuéstate temprano porque mi compadre Antonio va a venir por ti muy de mañana, le haces caso en todo lo que te diga, quiero que te portes bien.- El maestro Antonio, sin embargo, no me dijo nada durante el trayecto a la panadería. En silencio me esperó afuera de mi casa hasta que salí, en silencio nos fuimos a la parada del camión, en silencio pagó los pasajes, en silencio caminamos hasta entrar por el despacho (donde se expende el pan) rumbo a la tahona. Fue hasta que me dio la charola para mi abrigo que se dignó hablarme. Mucho tiempo después, rememorando ese primer día, llegué a la conclusión de que probablemente no le había hecho ninguna gracia el pedido de mi mamá de que me llevara con él a trabajar, pero éramos tan pobres, estábamos tan jodidos. Mi padre se había ido de la casa, tal vez para siempre y mi madre se había quedado sola con la carga (siete hijos) y no había nadie que nos ayudara, había que arrimar el hombro, de alguna manera y, pensándolo mejor, quizás aunado a la molestia que significaba mi presencia, era el hecho de tener una responsabilidad que no había solicitado, lo que hacía que maese

Antonio se mostrara tan parco conmigo al principio. No es que luego fuera distinto, que cambiara radicalmente su trato hacia mí, ni mucho menos. Él era bastante introvertido, en realidad, hasta brusco, pero pude comprobar que su comportamiento era igual con todos sus subordinados; como un general que se limita a dar sus órdenes sabiendo de antemano que las mismas van a ser obedecidas sin chistar. No era muy alto, pero era esbelto, casi atlético, tenía el cabello negro y rizado, como el de un bucanero escapado de alguna historieta de aventuras; de labios finos y delgados y frente despejada y amplia, imponía respeto con su sola presencia, no necesitaba de aspavientos para hacerse obedecer.

Una vez colocado el mandil en mi cintura, arrimó un taburete a una artesa cubierta con maderos y puso una enorme pila de charolas sucias encima, me acercó una espátula y un trapo limpio y doblado y me enseñó lo que tenía que hacer. Obedecí mecánicamente, porque, aunque parezca increíble, aún no comprendía de que se trataba todo aquello, sin embargo, a las dos horas de estar limpiando charolas, me dolían los brazos y me temblaban las piernas, pero no protesté ni dije nada, recordando las recomendaciones de mi madre y por el temor a que los otros señores se fueran a burlar de mí.

Como a las diez de la mañana, maese Antonio me quitó el delantal y acercándome una caja de cartón, de regular tamaño, me ordenó que acompañara a uno de los panaderos a la calle, para que me enseñara lo que tenía que hacer y cómo. El tal panadero, se llamaba Ignacio, creo, se acercó a cada uno de sus compañeros y les preguntó que iban a encargar para el almuerzo. Uno quería tacos de suadero; otro, un caldo de pollo; aquel, un caldo de pescado, chicharrón prensado y recaudo, bisteces de corazón de res; sopes, del puesto de doña Lucia, enfrente de la panificadora, queso, refrescos, aguas frescas, tepache. No paraba de maravillarme por todas las cosas nuevas que se me iban mostrando a cada momento; al estupor inicial por el descubrimiento de ese sub-mundo donde se hacía el pan, se agregaba la nueva, desconocida sensación de recorrer las calles en total libertad: El mercado de Tizapán, los comercios, las tiendas, el barrio todo. Nuevos colores, nuevos aromas, nuevos rostros, nuevas enseñanzas. A mí me compraron una torta de jamón y un refresco "Jarritos" de piña y juro por Dios que hacía mucho tiempo que no comía tan rico.

La panadería "San Ángel" era una construcción rectangular; al frente, dando plenamente a la calle, el despacho o expendio donde se vendía el producto; tenía una puerta amplia y grandes ventanales que abarcaban todo el ancho de la pared y permitían a los transeúntes ver al interior. Detrás del despacho, otra puerta, ésta de madera con un "ojo de buey" en la parte superior de la misma, para poder vigilar el ajetreo de los tahoneros. La parte que correspondía al amasijo, estaba dividida en dos secciones muy bien diferenciadas una de otra: Entrando y a la derecha, la parte que correspondía a los franceseros; la parte de la izquierda, ocupada por los bizcocheros. Los franceseros hacían el pan blanco: Bolillos, teleras, pambazos y pan español, que era un pan de figura pero de sal; ojos de pancha, rehiletes, cañones, cuernitos, bollos, eran muy raras las panificadoras que hacían baguets, que empezaron a ponerse de moda hasta muchos años después. Cada bando tenía su mesa de trabajo; grande, ancha, maciza y nunca, por ningún motivo, interferían en el trabajo de uno u otro. El respeto por la chamba, ante todo. Había cuatro turnos en total, dos en la mañana y dos en la noche; a su vez, los turnos matutinos se subdividían, los bizcocheros entrabamos a las cuatro de la mañana, los franceseros a las seis. Los turnos vespertinos eran; a las dos de la tarde, bizcocheros, a las seis, franceseros, para salir ambos al día siguiente, de tal manera que, por esa situación de los horarios, todo el personal se conocía a la perfección, el caso es que nunca se dejaba de producir. Era raro que hubiera algún altercado entre pananos de turnos diferentes o, más aún entre panaderos de la parte contraria, lo habitual, eran las broncas entre compañeros del mismo grupo, por las bromas que acostumbrarse gastarse entre sí y solo que el ofendido no estuviera de humor para soportarlas. Las mesas de trabajo tenían entrepaños en la parte inferior, en donde cada grupo guardaba sus implementos de trabajo, u objetos propios del mismo, tales como moldes, palos, espátulas, brochas. Cada sección tenía sus propias artesas, en donde reposaban las masas que se utilizaban como levaduras para casi todo lo que se hacía ahí, principalmente los panes que esponjaban.

Nunca supe cuanta gente trabajaba en ese lugar, pero pienso que, en realidad, a nadie le importaba. Ninguno tenía seguro social, tampoco nadie recibía aguinaldo, ni reparto de utilidades, nadie sabía a ciencia cierta si podría trabajar o no, ni por cuantos días lo haría, antes que lo mandaran a descansar para darle oportunidad a alguien más. Los únicos que tenían la chamba segura eran los maestros y sus segundos, los demás, éramos carne de cañón, como quien dice.

El dueño era un español bajito, de cuerpo de barril, déspota el ingrato, a más no poder. Cuando iba a la panadería, para comprobar el estado de su negocio y quería verificar las existencias de la bodega, entraba como remolino seguido por un séquito de lambiscones, perdón, de ayudantes, saliéndose lo más pronto que le era posible, sin saludar a nadie, sin voltear a ningún lado. Seguramente el tipo pensaba que con darnos trabajo era más que suficiente.

Cuando regresamos de la calle, después de comprar el almuerzo, cada quién se preparó sus cosas a su propio gusto y comieron mientras seguían trajinando, no había horario para la comida ni tiempo para disfrutar los alimentos, por lo menos en los turnos matutinos.

El radio aún tocaba en la estación programada y, en nuestra ausencia, el periodiquero había hecho sus entregas. Puntual como reloj, a las doce del día maese Antonio me quitó el mandil, me ordenó que me lavara la cara y los brazos y me dio un peso para los camiones de regreso. ¡Nada más! Ninguna recomendación, ninguna indicación, lo único que recordaba era que me tenía que bajar en el mercado de Mixcoac y tomar otro camión que dijera "Las águilas" y eso, porque anteriormente acompañé a mi mamá varias veces a Tacubaya, a la casa de mi tía... O al cine, o a mandados diversos aquí y allá, mi madre tuvo el buen tino de llevarme con ella siempre, a todas partes, desde muy chiquito, era como su talismán, como su amuleto de la buena suerte y también su ayudante, su brazo derecho para todo lo que tuviera que hacer, porque era el mayor de los hombres y porque nunca me quejaba. Estaba acostumbrado a caminar, a recorrer grandes distancias sin chistar. Ya no cantaba como antes, cuando era más pequeño, ahora no tenía ningún motivo para hacerlo, el mundo se me había venido encima de sopetón y yo no sabía qué hacer con él.

Por la noche, cuando mi madre llegó de trabajar, corrió a abrazarme y me preguntó cómo me había ido, cómo me habían tratado, si me había gustado mi trabajo. A todo le contesté que sí, que bien; después, me le quedé mirando y le dije -.Pero no me pagaron nada, maese Antonio solamente me dio para el pasaje.- No te preocupes por eso, me contestó, tu sueldo me lo van a dar a mí. -¿Y cuánto me van a pagar?- Cinco pesos diarios, me dijo, -¡Ah!

A la mañana siguiente, se repitió la escena; golpes en la puerta, mi madre zarandeándome ligeramente para despertarme, vestirme aprisa, abrigarme con mi cotón, la bendición de mi mamá, un beso, maese Antonio saludando con una mueca, ir a la parada, esperar el primer camión, llegar a la panadería, despojarme de mi ropa, de la cintura para arriba, ponerme un costal de harina de trigo como delantal, empezar a limpiar cientos y cientos de hojas, sin descanso. Ese día, sin embargo, habría otra novedad, me enseñaron a preparar el café para todos y me mandaron a deshojar, esto es, recibir con dos trapos gruesos las charolas que sacaba el hornero con una pala ancha y larga, tan rápido como le era posible, para que yo las acomodara en las jaulas lo más aprisa que pudiera evitando que el pan que aún permanecía dentro del horno se pasara de cocción o se quemara.

—Tenga cuidado nomás, no se vaya a quemar — me recomendó el maestro. Desde el principio, desde la primera vez que se dignó hablarme, el maestro Antonio siempre me trató de usted, nunca me tuteo, nunca permitió que existiera entre nosotros mayor confianza que la habida entre un patrón y su subordinado y yo nunca pude cruzar ese círculo, romper esa barrera que él puso entre nosotros sin que mediara motivo para ello. Aunque era muy pequeño para formalidades, su trato frio, distante hacia mi persona, fue como una espinita que tuve clavada durante muchos años, hasta que el tiempo y la distancia hicieron que me dejara de doler. Ese día de limpiar charolas, preparar café, deshojar en el horno e ir por el almuerzo, me trajo también otra novedad. El radio estaba puesto en una estación desconocida para mí, "Radio Chapultepec" la primera a la izquierda del dial, como pude comprobar más adelante. Solo música instrumental; excelente y magnífica música instrumental, con la voz gruesa y educada de un locutor que informaba el nombre del tema, el nombre del compositor y el nombre de la orquesta. Ese día, ningún incidente, ningún trato frio y distante podría haberme quitado la sensación de gozo que estaba experimentando, por primera vez, en la panadería San Ángel.

Chamaco al fin, muy pronto me acostumbré a la rutina diaria de mi nueva actividad. Los panaderos, creyéndome al principio hijo del maestro, no se metían conmigo para nada, me ignoraban, en el mejor de los casos, como lo hacía nuestro jefe. Pero ese estado de tranquilidad, de beatitud casi, en el que me hallaba inmerso y que debido a mi ausencia de malicia pensé eterno, pronto se transformaría en un alud de agravios que tuve que aprender a tragarme lo más rápidamente que pude, para poder sobrevivir en el mundo real, en el mundo descarnado y difícil, a veces cruel, del oficio de panadero.

No sabría explicar cómo fue que ocurrió, ni cuál fue el motivo; llevaba varias semanas ya con mi labor y, aunque no era de mucho mérito, pienso que lo estaba haciendo bien, pues nunca supe que alguien se quejara, ni me llamaron la atención tampoco por algún descuido o negligencia que hubiera cometido, el caso es que, esa mañana, súbitamente, mientras estaba preparando el café, algunos panaderos se me acercaron moviendo el cuerpo como si estuvieran en un redondel y citaran al toro con un capote imaginario, esperando su embestida, me empezaron a ofender al tiempo que dos de ellos me sujetaban, uno por los pies y el otro por los brazos, un tercero me bajó el pantalón y las trusas mientras el cuarto procedía a untarme un buen puño de manteca y harina en el sexo. Yo me retorcía gritando, pidiendo, rogando que me dejaran en paz, pero cada grito, cada intento por zafarme de esos canallas solo les producía más risa, reían a carcajadas mientras yo me perdía en un mar de vergüenza y desesperación. Maese Antonio observaba la escena de reojo, sin intervenir, sin decir una palabra, hacia como que trabajaba, pero en realidad estaba atento a mis reacciones, a mis gritos a mis plegarias. Como acto final, ya que me hubieron soltado y mientras trataba de subirme el pantalón, uno de los agresores cogió un palo con el que se aplanaban las bolitas de masa para las empanadas y me asestó dos garrotazos en las nalgas. Abrí los ojos desmesuradamente, tanto por el dolor inaudito, como por la sorpresa y estaba sintiendo cómo las lágrimas empezaban a escurrir por mis mejillas, cuando un costal de harina se estrelló en mi rostro impidiéndome cualquier tipo de reflejo. Estupor es la palabra correcta para describir todo el cúmulo de sensaciones que estaba experimentando en ese momento aciago. Ciego, realmente espantado por el ataque, no atinaba a moverme de mi lugar, estaba petrificado.

Uno de los agresores me tomó paternalmente de la mano y, llevándome al baño, me lavó la cara, después, con una toalla sacada de alguna parte, me secó el rostro y con el mismo trapo procedió a limpiarme la grasa y la harina que tenía desde la cintura hasta abajo de los genitales, me subió los calzones y el pantalón y con el mismo cuidado con el que me condujo al sanitario, me llevó de vuelta a mi puesto. Un silencio ominoso se había apoderado del amasijo, el radio había sido apagado y todos los panaderos, sin excepción, me observaban. De pronto, un francesero que no había perdido detalle de lo ocurrido, exclamó en vos alta -¡Miren que chapotas tan grandes se le hicieron, hasta parece una manzana! -Una manzanita, corrigió otro- Y ese fue mi apodo, desde entonces, mi nombre de batalla, el nombre con el que me acababan de bautizar mis compañeros. Ya no lloré, pero continuaba pasmado, tratando de comprender lo ocurrido, sobre todo, porque esperaba que alguien me consolara, que me reconfortara con alguna palabra tierna, que me explicara lo que acababa de pasar, pero nadie se me acercó ni me dijo nada y mi incredulidad fue mayor porque vi cómo, después de lo que me habían hecho, los panaderos seguían trabajando y platicando entre ellos como si nada hubiera ocurrido, como si todo siguiera igual, pero algo en mi interior me decía que, a partir de ese momento, formaba parte de un mundo muy diferente al que yo estaba acostumbrado, un mundo al que mi padre nos había condenado con su negligencia.

Empecé a sacudirme la harina que aún me quedaba en el pelo, en los brazos, en el pantalón, pero era tal la cantidad que tenía encima, que se me figuró imposible poder quitarla toda; además, con el costalazo en la cara, también tragué una buena dosis y por más esfuerzos que hacía para echarla fuera, por un momento me pareció que no lo iba a conseguir jamás. Estuve mucho rato tosiendo, intentando aliviar la sensación de tener algo atorado en la garganta, aunque sin mucho éxito; con gran angustia comprobé que no solo me salía polvo por la boca, también por la nariz y hasta por las orejas (te las mocho y te las dejo parejas) por todos lados, valga la expresión.

Después del bautizo, maese Antonio empezó a llamarme compita, nunca se dirigió a mí con mi nuevo mote, pero el trato distante siguió siendo el mismo. Como a los dos días del incidente, un panadero, al que no conocía, se me acercó furtivamente y, agachándose para que pudiera escucharlo, me dijo casi en secreto –Si quieres, te puedes desquitar y como quieras hacerlo, no hay pedo. - Y se alejó, para seguir con su labor.

El radio estaba puesto, cada día, en una estación diferente. Ora escuchábamos música tropical, ora escuchábamos boleros, rancheras, instrumental, mi máximo placer era cuando sintonizaban Radio Éxitos y podía escuchar a los Beatles, que cada vez me gustaban más, había algo en ellos que era como un imán, algo mágico que me atraía con una fuerza desconocida, algo que me invitaba a querer estarlos oyendo a diario, sin parar. La claridad de sus voces, la limpieza de los sonidos, los acordes nítidos de las guitarras. No era solo la novedad de su presencia gratificante, ni el hecho de que fueran ingleses, según supe por los periódicos, la causa de su seducción entre los chavos, sino algo más, algo... Reconfortante, si, esa es la palabra correcta, la descripción justa de lo que significaban, al menos para mí, eran algo reconfortante, espléndido, digno de disfrutarse una y otra vez, hasta el infinito.

¡Radio éxitos! Tenemos con nosotros al grupo que es la sensación musical del momento, el cuarteto de Liverpool, con ustedes.... Los Beatles y su tema, "La vi allá" ¡Que la disfruten!.... ¡Uuuutah que chira canción, me cae, ojalá que la vuelvan a poner! No la pusieron, pero me quedó la sensación de que estaba escuchando algo maravilloso, como nunca antes lo había hecho en mi muy corta edad.

En ese tiempo no había frecuencia modulada en nuestro país, ni existían las grandes corporaciones radiales que se formaron después, la variedad era el común denominador. Habían estaciones de música para todos los gustos y, cuando llegó a México la marejada del rock, el abanico se completó; primero, con las versiones al español de las rolas gringas y después, con estaciones que programaban los temas originales en inglés. Destacaba, por supuesto la XEW "La voz de la América Latina desde México" la W era cosa aparte con una programación variada e interesante que mantenía cautivo a su auditorio: "La hora del Panzón Panseco", "La hora del aficionado", "El doctor I.Q.", "Apague la luz y escuche", "Noches Tapatias", "Así es mi tierra", la eterna "Chucho el Roto," con Manuel López Ochoa en el papel estelar y el Vals Capricho, como música de fondo. "El cochinito", "Felipe Reyes", box, futbol, beisbol, de todo había en la viña del señor (del señor Azcárraga, claro). Tampoco nos perdíamos los capítulos del héroe favorito de todos los chavos de ésa época "KALIMAN, EL HOMBRE INCREIBLE".

A parte de mí, dos mozalbetes más trabajaban en la San Ángel, como aprendices. Eran mayores que yo, uno andaba por los dieciséis años y el otro por los diecisiete, el primero, Miguel, era robusto, casi gordo, estaba cacarizo por secuelas de viruela y eso lo hacía sentirse incomodo, apenado, cuando hablaba, evitaba mirar a la cara a su interlocutor y aunque participaba como todos a la hora de echar relajo, prefería más bien abstenerse. No le gustaba la escuela, de plano, así lo hizo saber en su casa, cuando, escandalizados por sus bajas calificaciones, fue cuestionado severamente, su padre decidió entonces, que no quería mantener holgazanes y se lo encomendó a su hermano Alfonso, que era francesero. El otro muchacho, Marcos, era todo lo contrario, era alto y delgado, muy ágil, despierto y vivaracho, ponía un gran empeño en todo lo que hacía porque filosofaba que no valía la pena, nunca, hacer dos veces la misma cosa, si podía hacerse bien desde el principio; era de cara angulosa, barba cerrada y nariz recta y varonil. A Marquitos si le gustaba el estudio, pero en su casa no tenían los recursos para costearle una carrera y hubo de conformarse con la secundaria, sin embargo, no perdía las esperanzas y nos decía que pensaba seguir estudiando, aunque fuera una carrera corta – De licenciado o doctor, para que salga la lana.- Hablaba mucho de su hermano José, que tocaba el tololoche con un mariachi, en Garibaldi; se refería a él como su carnal. Nos decía; mi carnal esto, mi carnal lo otro y no es que fuera un devoto de su hermano, porque en esa época todos nos referíamos a nuestros propios hermanos como carnales, hasta Tin-Tan, pues, lo que sucede es que el tal José, le contaba a Marquitos un sinfín de anécdotas de su trabajo y Marquitos nos las contaba a nosotros al día siguiente y le ponía tanto salero a su plática, adornada con graciosos movimientos corporales y gesticulaciones tan increíbles que nos hacía pasar siempre, un buen rato. Marquitos no tenía apodo porque al parecer, a nadie le interesó iniciarlo como parte del gremio, pero no lo necesitaba, era Marquitos, a secas, y ya. Marcos no estuvo presente cuando me bautizaron, porque lo habían descansado tres días, pero se enteró pronto de mi apodo y me llamaba por él, nunca supo ni quiso saber mi nombre verdadero, pues no le importaba, decía que lo que cuenta es la persona, no el nombre. Nos caímos bien desde el principio, a pesar de la diferencia tan marcada de edades, me decía: - Esele, Manzanita, cuando crezcas un poco te voy a llevar a conocer la vida nocturna; nos vamos a ir al dance al Califa, o al Colonia o al Los Ángeles, ya verás que diferente de la vida en el día, es otra cosa, otro mundo, hasta podemos ir a "gatear" de vez en cuando, para que no te me vayas a empachar, o si quieres vamos al teatro, al Blanquita que es el mero-mero ¿Ya conoces el teatro, no? No te preocupes, yo te voy a enseñar, vas a ver, nomás. ¿Qué, te gustaron los Beatles? Sale, en Radio Éxitos los ponen a cada rato, tienen varias rolas bien chiras, me cai. Yo me voy a encargar de que los oigas hasta vomitar.

Tiempo después, Marquitos cumplió su promesa, entre los dos había nacido una amistad sincera y profunda, de ésas que se dan nomás de vez en cuando, aunque yo lo veía más como mi hermano mayor, me daba cuenta de que había decidido tomarme bajo su tutela, si bien no supe nunca por qué. La primera vez que nos fuimos de farra, andaría cerca de los trece años, un bigotillo incipiente se dibujaba en mi boca y el vello púbico me hacía cosquillas debajo de la cintura. Le llegamos al California Dancing Club, un sábado por la noche, nunca se me hubiera pasado por la cabeza que un lugar así pudiera albergar a tantísima gente, pero lo realmente sorprendente, fue descubrir que se trataba de un conjunto abigarrado de personas de todos los estratos sociales que se reunían tan solo para bailar. Había pachucos, con sus pantalones abombados y ceñidos hasta arriba de la cintura, con sus sacos exageradamente largos y sus camisas de colores chillones y llamativos, que llevaban por pareja a mujeres con vestidos ajustados en el pecho y faldas amplias y zapatos de tacón alto de charol.

Muchos varones, nostálgicos de la década pasada, vestían sus clásicos pantalones de barril con sacos de botones cruzados al pecho y camisas de manga larga blanquísimas y pulcras, adornadas con mancuernillas con chapa de oro. Había gente bien trajeada, gente de medio pelo, que delataban sus trajes de casimir corriente y mal cortado y sus mocasines que no hacían juego con nada. De entre las damas, las sirvientas y las de clase baja se reconocían desde lejos, muchas de ellas mascaban chicle sin recato y otras trataban de darse aires, pero sus ropas las delataban, sobre todo los zapatos que por lo regular eran las chanclas de uso diario, aunque ellas alegaban que las llevaban para no cansarse. El Califa era un galpón enorme, profusamente iluminado, sin adornos de ninguna especie, salvo los enormes cartelones enmarcados en los que se anunciaba a las orquestas que tocarían esa noche. Al fondo, el entarimado donde se acomodaban los músicos y eso era todo. Los baños, sucios y pestilentes, estaban cerca de la entrada principal y el ambiente era alegre y bullicioso, cobijado por una espesa capa de niebla producida por el humo de los cigarros cuyas colillas alfombraban el piso con el correr de las horas. Esa noche tocaron, si mal no recuerdo, El rey de los timbales, Acerina y su danzonera; Los grandes Lobo y Melón y el maestro Carlos Campos. Como yo nunca en mi vida había bailado, esa primera vez me dediqué a observar a pesar de la insistencia de una mucama más o menos entrada en años que me decía que ella me enseñaba por lo menos a no perder el compás.

¡Heeeyyyy, familiaaa; Danzón dedicado a las chamaconas de la Portales y copetudos que las acompañan! Una rechifla del respetable, recordándole a su progenitora al anunciador, fue la respuesta inmediata a la invitación, pero seguido de la rechifla, el sonido atronador, envolvente y cadencioso de TELEFONO A LARGA DISTANCIA, ejecutado por la orquesta del maestro Carlos Campos. –Aguántame, Manzanita, fue lo único que pude escuchar de mi amigo antes de que éste se deslizara a un lugar de la pista, arrastrando tras de sí a una joven un tanto esmirriada, pero con una enorme sonrisa de felicidad pintada en su rostro. Sin duda, fue un descubrimiento asombroso para mí, ver como los cuerpos podían juntarse, hasta formar casi uno solo, para después separarse dibujando arabescos gráciles y cadenciosos en un cortísimo espacio, sin molestar apenas a la pareja de al lado.

A pesar del número impresionante de concurrentes, los borrachos escaseaban, porque la idea no era embriagarse, sino bailar, <hasta que el cuerpo aguante>, según la consigna. Se podía ingerir casi cualquier bebida, pero lo que realmente imperaba era la cerveza, mucha cerveza, tanta, como el calor y el cansancio lo exigieran.

Muchas parejas se lucían en la contra danza ejecutando pasos asombrosos, como el paso del ganso en el danzón o bailando con tanta delicadeza y precisión, que sus pies no rebasaban el espacio de un mosaico.

Ese primer sábado, después del dance, como a las tres de la mañana y mientras caminábamos por Calzada de Tlalpan en busca de un taxi que nos arrimara a la avenida Revolución, me topé con otra novedad; con dos, mejor dicho, los famosos Caldos de pollo de Indianilla, que para entonces tenía sucursales en varios rumbos de la ciudad y las vendedoras de hojas y café con piquete, para los trasnochados y los crudos. En estos puestecitos callejeros, se formaban grupitos, principalmente de hombres que se arrimaban al calor del brasero mientras se avispaban con una bebida harto reconfortante, antes de seguir la farra o largarse a sus casas a dormir.

Adivinando mis pensamientos, Mi amigo me introdujo en un local extrañamente lleno de gente para la hora que era, pedimos permiso a una pareja, un matrimonio, pensamos, para sentarnos a su mesa y pedimos sendos caldos de pollo, con pierna y unas enchiladas de mole bien picoso. Una sinfonola tocaba sones de mariachi y en los rostros de los comensales se adivinaban el cansancio y la alegría por una noche quizás inolvidable. Marcos estaba en lo cierto, la vida nocturna en la capital era otra cosa, principalmente porque, en contraste con la salida del sol, en donde las diferencias sociales estaban más que definidas, en la noche, como dice el refrán, "Todos los gatos son pardos" y por algunas horas al menos, se establecían lazos de verdadera comunión y democracia entre gente tan disímbola y extraña entre sí como podrían serlo la obscuridad y la luz.

Con algunas dificultades, por mi torpeza, aprendí a bailar, guiado siempre por mi mentor y por algunas señoras que eran asiduas, como nosotros, a los salones de baile. La primera vez que me atreví a hacer el ridículo, Anita me tomó a su cargo. – Lo que menos debes hacer es ponerte tenso; ponte flojito, pero recto, erguido, no balancees los hombros; en el danzón, lo que se mueve son las caderas y los pies, el danzón es un baile elegante y mover todo el cuerpo sería degradarlo: además, debes mantener a tu pareja cerquita de ti, para que la controles, para que la lleves, ella hará lo que tú quieras con un simple gesto, con una pequeña insinuación, como si la enamoraras con la cadencia, debes sujetar firmemente su mano y enlazar su cintura con suavidad, como si la estuvieras acariciando, el baile es una caricia y un juego y debes estar en posición de decidir cómo se debe jugar.

Anita me decía todas estas cosas hablándome con una voz muy cálida y sensual y repegando su cuerpo al mío de un modo tan insinuante que me inquietó como nunca imaginé que podría ser posible. Era alta y robusta sin ser gorda, tenía unas caderas anchas y redondas y unos muslos macizos que se antojaba acariciar, su voz era profunda y timbrada y hablaba con parsimonia y decisión, sin titubeos: De su cuerpo emanaba un aroma a perfume barato pero agradable y sus ojos grandes y negros cobijados por unas pestañas enormes, posiblemente artificiales, prometían el cielo y el infierno, al mismo tiempo. No sé si sería su propósito, pero, para mi sorpresa, logró que tuviera una erección como nunca antes la había tenido, al tiempo que me sentía arder por dentro y por fuera sin poder evitarlo. Ella se dio cuenta de inmediato, pero en vez de retirarse un poco, se estrechó aún más a mí, provocándome un ligero temblor de cuerpo. No lo sé, a lo mejor no la convenció el paquete, el caso es que, después de un rato de estarme toreando, me pidió que la llevara a su mesa para descansar y al poco tiempo me di cuenta que se había marchado sin despedirse de nadie. ¡Pinche Anita! Sin embargo, tratando de consolarme pensé. –De todos modos, era mucho jamón para dos huevitos.

Cierta ocasión, habiendo salido del salón Los Ángeles, nos topamos con un grupito de bravucones que nos cantaron el tiro nomás, de puros puntos. Marquitos no era ningún maneado y sin decir agua va, le tiró un soplamocos al más enjundioso que cayó al piso cuan largo era. Sus carnales se abalanzaron como perros contra nosotros y me tiraron un mamporro que me apagó una linterna, pero casualmente nos habíamos sacado una cerveza cada quien del salón y sin pensarlo mucho las empezamos a utilizar como armas defensivas sorrajándolas donde cayeran, pero los putos eran como seis y empezaron a tomar ventaja de su superioridad, por lo que no nos quedó más remedio que correr como almas que lleva el diablo, sin fijarnos en calles ni en nada, más que el pendiente de que nos fueran a alcanzar. Como a la media hora nos detuvimos y nos dimos cuenta que estábamos en la Avenida Hidalgo, cerca de Avenida Juárez; sofocados, nos recargamos en un pared jalando aire como desesperados, Marquitos, ya más repuesto, dijo –Para andar en la Guerrero hay que chingarse ¿Verdad Manzanita?

–Simón, respondí.

Que recuerde, mi amigo y yo nunca estuvimos en desacuerdo por alguna cosa, nunca nos enojamos por nada, jamás nos faltamos al respeto de ninguna manera. Como si fuera un pacto explicito, jamás hablábamos de nuestras familias ni de nuestras broncas familiares. Hablábamos, y mucho, de música, de teatro, de cine, de salones de baile, recordando nuestras correrías nocturnas y en las que no nos cansábamos de bailar, sacando mucamas de aquí y de allá y cómo más de una nos echó los calzones a la cara diciendo que quería con alguno de nosotros. – Como crees, les respondía Marquitos, éste todavía está verde, todavía no sabe jalarle el pescuezo al ganso. –No le hace, respondía la interesada, yo le enseño. ¡Maaadres, pus que! Aunque a solas y en serio me preguntaba ¿Manzanita, te hubieras animado? Marquitos era una especie de intelectual frustrado, un muchacho que no pertenecía de ninguna manera, por sus expresiones, por su carácter, por su sapiencia, al sitio en el que trabajaba, por su voluntad o en contra de ella, como yo; vaya usted a saber, pero sabía adaptarse

rápidamente a las circunstancias y ponía siempre la mejor cara
que pudiera a los malos momentos, pertenecía a ese grupo de
personas que, sabedoras de su potencial, tienen que conformarse
con lo que hay a su alrededor porque no tienen manera de encarar
la vida de otro modo. Las cadenas que nos sujetan a nuestro sino
son a veces indestructibles y eternas.

Muchas cosas habían pasado, antes de que Marcos y yo
empezáramos a jalar juntos para todos lados; en primer lugar, yo
estaba aprendiendo a hacer pan blanco, porque veía muy difícil
que me permitieran, en el corto plazo, ser otra cosa que simple
ayudante, si me quedaba con los bizcocheros. Ya no ganaba
cinco pesos, sino quince y por supuesto, mis obligaciones en
la panadería habían aumentado. Tampoco trabajaba de lunes
a viernes, como al principio, sino solamente los días en que
buenamente hubiera chance. Mi sueldo, ahora me lo pagaban a
mí, pero yo seguía entregándoselo todo a la jefa, porque, aunque
la situación en la casa había mejorado discretamente, seguíamos
estando jodidos a más no poder y nuestras carencias seguían
siendo abrumadoras. Sin darme cuenta cabal de cómo o cuando
ocurrió, me volví mal hablado, alburero, insensato. Por su parte,
mi amigo había dejado de ser admirador de los Beatles, para
serlo de Los Doors. Admiraba vehementemente a Jim Morrison
y hasta se había arreglado la melena como la que traía el Rey
Lagarto, usaba chamarras de mezclilla por no poder comprase
una de piel pero nunca trató de imponerme sus gustos o sus ideas
musicales y respetaba mi inclinación por los genios de Liverpool,
como ya eran designados en los medios, pero ambos estábamos
en desacuerdo con la falsa polémica creada por las revistas
especializadas en torno a la supuesta ambivalencia entre Los
Beatles y Los Rolling Stons. Decían que los unos, eran los niños
bonitos, los niños fresa, los niños buenos de la música pop, los
otros en cambio, eran los niños malos, los rebeldes. Unos hacían
música tranquila, relajada, baladitas inofensivas; los otros hacían
música gruesa, brava, retadora, sin convencionalismos, casi

oscura. ¡Qué bueyes, decíamos nosotros! A mí, particularmente, esos artículos me parecían necios, superficiales, faltos de un verdadero espíritu analítico; completamente intrascendente y tonto, pero el infundio se arraigó con tal fuerza, que pronto, entre los chavos de todas partes, se formaron dos bandos aparentemente irreconciliables: los que seguíamos a los Beatles y los que preferían a los Stones.

Los "expertos" nunca se enteraron, o se quisieron enterar, que Mike Jagger, el líder de los Rolling Stones, asistía regularmente a las sesiones de grabación de Los Beatles. Tampoco mencionaron, porque no quisieron hacerlo, la evidente influencia Beatle en varias de las rolas que cimentaron su fama y fueron grandes éxitos en su momento: "Ella es como un arcoíris," "Píntalo de negro," "Martes de rugby por la tarde," "Juntos y felices," "La última vez," etc. Por supuesto, ya encaminados en la ruta fructífera del divisionismo, omitieron señalar que a los Rolling Stons les costó bastante trabajo sobresalir, sobre todo en el mercado de Los Estados Unidos y que no fue hasta la aparición del tema "Satisfacción," cuando empezaron a disfrutar realmente las mieles de la fortuna, sin embargo, reconozco que siempre fueron un grupo excepcional.

Con el fenómeno Beatle, ocurrieron dos hechos a los que tampoco se les ha dado la importancia debida; sacaron a Inglaterra de la crisis económica en la que estaba sumida después de la segunda guerra mundial, por las enormes ganancias que representaba la venta de sus discos y toda clase de souvenirs y condicionaron un movimiento musical sin precedentes llamado "La ola inglesa." En efecto, como consecuencia inmediata del triunfo avasallador de los Beatles en Estados Unidos y el mundo, una cantidad impresionante de grupos británicos se dejó hacer sentir, opacando completamente a los grupos gringos, que no supieron nunca por donde les pasó el tren.

La maravilla de los Beatles en su primera etapa, era que tenían un éxito tras otro de manera sorprendente en algo que parecía no tener fin. Era increíble cómo, apenas escuchar una rola que pensábamos nueva, ya estaban sonando en la radio varias más, pero lo realmente extraordinario, era que todos sus temas eran distintos, agradables, rítmicos, pegajosos, fáciles de tararear, por lo menos: ELLA TE AMA, QUIERO ESTRCHAR TU MANO, QUIERES SABER UN SECRETO, ANA, MICHELL, CADA COSITA, LA NOCHE DE UN DIA DIFICIL, UNA PROBADA DE MIEL, OCHO DIAS A LA SEMANA, YESTERDAY, LA NOCHE DE ANOCHE, CADENAS. En nuestro país, varios grupos de rock-and-roll los tradujeron y cantaron en español, pero sin duda, el éxito de mayor resonancia fue TWIST AND SHOTS, que grabó la regiomontana Vianey Valdez con el título de MUEVANSE TODOS. En verdad, no necesitabas conocer el idioma para comprenderlos, los simples nombres de las canciones eran suficientes para imaginar lo que podría decir la letra. Por ese entonces, circulaba en nuestro país un pequeña revista llamada "Notitas Musicales" que traía reportajes y artículos relacionados todos con el mundo de la música y que en sus páginas centrales contenía una joya de inapreciable valor para sus lectores; las letras en inglés de las rolas que esa semana ocupaban el primer lugar del ranking internacional. Pude entonces entender la pronunciación y algunas palabras básicas de mis canciones favoritas. Los Beatles eran tratados como un bien internacional sin que nadie lo objetara, al menos públicamente. En la marejada impresionante de su éxito arrasaron con todo lo que se les ponía enfrente, rompieron records de venta de discos grabados y por grabar, fueron los primeros que abarrotaron estadios y clubes, ellos solos; sus fanáticos se multiplicaban por todas partes. En tal avalancha de acontecimientos, no solo influyó su extraordinaria capacidad creativa, sino su complemento ideal; el estilo. En efecto, se puede colocar cualquiera de sus temas bajo la lupa y desmenuzarlo con toda parsimonia y el estilo permanece intacto, no se desdibuja ni se diluye. El estilo Beatle, esto es, el sonido Beatle era su sello de garantía. Ahora bien, su innata simpatía, su ingenio para responder a las preguntas más absurdas o necias que les pudieran hacer, con elegancia y sentido del humor, los colocó desde el principio en una esfera distinta del mundo del espectáculo. Eran osados, intuitivos, muy seguros de sí mismos, como si hubieran nacido Beatles, como si hubieran estado juntos toda la vida y el éxito alcanzado no fuera sino una consecuencia natural de ser ellos.

Escuchándolos, estudiándolos, comparándolos una y otra vez, se puede llegar a la conclusión, rápida y simple, que fueron el mejor grupo de rock que hubiera existido nunca. Maestros del tempo y la cadencia, poseedores de un sentido poco frecuente de la métrica. En toda su producción no hay una nota que se exceda, una frase que desentone, una armonía que no cuadre. Los coros son sobresalientes por la perfecta sincronía de las voces, que en ocasiones son un susurro casi imperceptible. Nunca, ningún otro grupo ha podido reunir tanta capacidad creativa, tanta plenitud en la forma, tanta variedad instrumental.

La sencillez es su característica primordial y también, su más esplendida aportación. Cada canción es un pequeño universo sonoro lleno de vitalidad y contrastes en el que no sobran ni faltan elementos, tanto si se acompaña con órgano, con guitarras, con piano o con orquesta. Ningún sonido se agrega si no es necesario y los ensayos se repiten obstinadamente hasta lograr que el tema suene como debe sonar, ni más, ni menos.

El piano, por ejemplo, es el mismo y es diferente al mismo tiempo, no suena igual en DEJALO SER que en HEY JUDE o en OB- LA- DI, OB- LA- DA. La batería no es monótona ni estridente, sino rítmica; no desborda jamás la línea melódica y es sobresaliente en rolas como ALGO, EL FINAL, REGRESA, LA BANDA DEL SARGENTO PIMIENTA, etc. Y qué decir del elegante juego de contrapuntos bordado con las guitarras en temas como AHÍ VIENE EL SOL, POR TU TRISTEZA o DOS DE NOSOTROS. Tenían la magia y nos la transmitían, hacían volar nuestra imaginación, nos sublimaban, nos hacían pensar:

"Dices que quieres una revolución,
Bueno, tú sabes, todos queremos cambiar el mundo.
Me dices que eso es la evolución,
Bueno, tu sabes; todos queremos cambiar el mundo.
Pero cuando hablas de destrucción no sabes que
Yo me mantendré al margen.
No sabes si estas en lo correcto, correcto, correcto."

El portento de los Beatles como banda, no se circunscribía solamente a sus rolas, a las poses, a los desplantes. Estaba más allá, en su extraordinaria capacidad de darle sentido al mundo en el que vivíamos y decir las cosas que nosotros mismos no podíamos decir, no, al menos, con la misma claridad y desenfado. Si tuviéramos que elegir una sola palabra que los describiera por completo, sería sin duda ¡Perfección! Eran unos perfeccionistas innatos, no descansaban hasta conseguir el máximo aporte melódico, la mayor calidad posible, en la grabación de la idea musical, aquella que no admite modificaciones o enmendaduras. Era tanto su afán perfeccionista, que algunas de sus rolas fueron grabadas dos o tres veces, antes de conseguir el resultado ideal que buscaban. Esa obsesión por lo perfecto los mantuvo siempre a la vanguardia y les ganó el reconocimiento de los demás grupos que descollaban con ellos en el firmamento musical de los sesentas.

La grandeza puede medirse de muchas formas y Los Beatles dieron muy pronto muestra de ello, después de su primera visita a Estados Unidos, el maestro Bob Dylan los criticó acremente diciendo de ellos que sus canciones eran sosas y cursis y que no decían nada.

Otro grupo, tal vez, se hubiera sentido ofendido por tal declaración y es muy posible que, en adelante, hubieran evitado todo contacto, directa o indirectamente con su crítico. No los Beatles. Demostrando que eran un grupo de muchachos nobles, sensibles, dispuestos a escuchar y aprender, empezaron a componer rolas con más sentido y profundidad en las letras. Se hicieron buenos amigos de Dylan, al que admiraban.

Como ya se ha mencionado, casi desde el principio, fueron llamados "Los genios de Liverpool" y en México, una emisora de la capital "Radio éxitos" les dedicó una hora de su programación, por más de treinta años ininterrumpidamente, obviamente, los conductores del programa eran unos expertos en todo lo relacionado con el cuarteto. Nosotros, sus seguidores, simplemente nos entregamos sin condiciones y después del impacto inicial de los primeros años, no los escuchábamos para bailarlos o pasar el rato, lo hacíamos para disfrutarlos, para entenderlos, para seguirlos a donde quiera que nos quisieran llevar. Fuimos creciendo con ellos, evolucionando con ellos, mirando al mundo como ellos nos lo mostraban. George Harrison dijo en una ocasión, que si bien, sus fans, nos dejamos nuestro dinero en sus discos, ellos, el grupo, se habían dejado los nervios en su trabajo y que esto no tenía precio. A destiempo lo quiero corregir, no les dimos nuestro dinero, solamente, les dimos también nuestro cariño y admiración, nuestra alma, nuestro corazón y eso tampoco tiene precio, entonces, estamos a mano.

Ahora que lo pienso con calma, ya viejo, cuando los achaques tocan a mi puerta para venderme sus inútiles cháchoras, reconozco que fue Marquitos quien me inculcó la veneración por mis ídolos, fue Marcos quien me llevó de la mano para enseñarme la mejor manera de evadir las acechanzas. A falta de un padre que me aconsejara, el fue mi guía, mi mentor, el que me hizo caminar, sin tropezarme, por el delgado hilo que separa la razón de la estulticia e impidió, de muchas formas, que me precipitara en el abismo sin fondo de la indecencia y la mediocridad. Sé, en el fondo de mi alma, que no se trataba de una persona común, que tal vez ni siquiera era terrenal. Creo, de veras, que era un ángel, un ángel de la guarda que me protegía de las continuas acechanzas de nuestro medio; me mostró el camino de la superación, enseñándome todo lo que pudo para conseguirlo, a pesar de su corta edad. A lo mejor, el conocimiento de sus propias limitaciones, condicionadas por factores que estaban fuera de su control, en su ámbito familiar, lo hizo que me tomara bajo su tutela, dándome las armas que a él no le servían de gran cosa. Aprovechando los muchos días de descanso obligatorio en la panadería, al que estábamos sujetos, nos íbamos de farra; cierto, aunque esto que digo parezca poco creíble, así fue. Por obra de esos extraños imponderables que ocurren tan a menudo, siempre me dejaron entrar en todas partes sin apenas alguna pequeña objeción, siempre tuve la suerte de poder introducirme en todos lados, primero, acompañando a mi madre, después, siguiendo a Marcos a todos lados y aunque él me llevaba siete años de diferencia, nuestros gustos y aficiones siempre fueron los mismos. Así, fuimos muchas veces a Garibaldi, al teatro Blanquita, a los salones de baile de moda en esa época. Algunas veces nos equivocábamos, como cuando fuimos al teatro de los Insurgentes a ver una obra con todos los Sergios de la farándula nacional; Serio Kleiner, Sergio Corona, Sergio Bustamante, la obra se llamaba "Los chicos de la banda" y nosotros, tontamente, creímos que se trataba de un tema relacionado con gangsters; error. La trama giraba en torno a un grupo de gays, todos adultos, todos con problemas existenciales por su propia condición de inadaptados en un mundo que no los reconocía. ¡Qué mala onda, ñero, me cai! Después del fraude, nos acercamos por Chapultepec, para recorrernos toda la avenida Reforma hacia el centro, caminando, por el puro placer de caminar.

Por ese tiempo ya había terminado la primaria y estaba a punto de empezar la secundaria. Siempre me gustó el estudio, si bien nunca fui un alumno sobresaliente, pertenecía al club de los macheteros y estudiaba y estudiaba para que se me quedara grabada la lección. Pero era un lector voraz, leía todo lo que caía en mis manos: Periódicos, revistas, las novelitas de Marcial La Fuente Estefania y, aunque no era nunca suficiente, la lectura me fue dejando una serie de conocimientos de los que después hacía gala en la panadería, dejando boquiabiertos a mis camaradas.

El hecho de que supiera tantas cosas, hacía que Marquitos se sintiera orgulloso de mí y cuando se presentaba alguna discusión entre los panaderos, Marcos me impulsaba a dejar las cosas en claro. –Diles, Manzanita, diles, enséñales como son las cosas, a ver si así se les quita lo ignorantes. Yo le obedecía, haciendo gala de mi sapiencia, ante la incredulidad de los pananos que no sabían cómo respondernos y mejor se quedaban callados, nos respetaban por eso, diciéndonos simplemente, -Ni modos, el que sabe, sabe-. Los maestros panaderos que nos escuchaban con interés, también nos veían como sus mascotas preferidas, aunque no por eso nos dieran más días de trabajo ni nos pagaran mejor.

Era cosa común, que a la panadería, se presentaran todo tipo de personajes, algunos falaces y anodinos, otros, por lo menos, pintorescos. Los primeros casi siempre se apersonaban por ahí para tratar de vender toda clase de objetos robados: Ropa, relojes, loros, bicicletas, zapatos. Nunca faltaba quien les comprara sus cosas y se quedaban un rato, platicando con el comprador para hacer tiempo, por si alguien los anduviera buscando, trataban de hacerse los graciosos contando chistes malos o haciendo comentarios impertinentes acerca de nuestro oficio. Los otros, los pintorescos, eran raros. Entre los habituales destacaba uno al que apodaban "El tiricias." Este tiricias era un alcohólico irredento, de edad indescifrable, era chaparrito y muy delgado, producto de su afición por la bebida y su escasa o nula alimentación. Vestía con andrajos, pero su traje gris claro, remendado por todos lados y sus modos, delataba a una persona que alguna vez tuvo cierta clase social. No decía palabrotas y siempre se dirigía a nosotros con un marcado respeto. El apodo le venía de que, según la especie, los alcohólicos consuetudinarios sufrían temblores incontrolables. Tiene la tiricia, decían los panaderos, entonces este hombre (o lo que quedaba de él) sufría tanto de este trastorno, que el mote le quedó que ni mandado hacer.

Puestos de acuerdo Marquitos y yo, un buen día esperamos en el amasijo hasta las seis de la tarde para hablar con Don Chon, el maestro francesero del turno nocturno. Abrigábamos la esperanza de que nos diera chance de trabajar con él, pues nos enteramos por casualidad, que en los últimos días le había hecho falta personal incumpliendo la cuota de producción, para disgusto del encargado, que tuvo entonces que rechazar pedidos. El maestro Encarnación era un hombre bajito, algo maduro ya, estaba casado con una tal Ludovina o Leovigilda, creo, una mujer de su pueblo, por el rumbo de Contreras y eran padres de tres chamacos, dos varones y una mujercita, todos en edad escolar. Don Chon era de piel cetrina, tenía el cuerpo de una matrona con un vientre ligeramente abultado y pies tan diminutos que casi ni se le notaban, caminaba anadeando y era dicharachero y platicador, era afable y tranquilo y jalaba parejo con sus cuates, aunque le encantaba empinar el codo, sobre todo, después de los partidos de fut-bol los domingos, con el equipo de su barrio y esto era siempre, ganaran o perdieran. A partir de ahí, todo le valía madres, como el mismo decía. Por ese motivo su turno era un desastre, pues su segundo, Flavio, "El ojitos", no era mejor; también él era un bebedor empedernido .y también el faltaba mucho al trabajo. La razón por la que no los despedían era que, a pesar de todo, eran buenos trabajadores y no había mucha tela de donde cortar, para qué es más que la verdad, -los panaderos, decía el encargado, son como los mocos: a veces hay muchos y a veces hay pocos. Al ojitos le decían así, porque era bizco y cuando hablaba nadie le hacía caso pues no se sabía si se estaba dirigiendo hacia uno u otro de sus subalternos, de tal manera que, cuando platicaba, debía ponerse de lado para que sus interlocutores le pusieran atención. El ojitos era alto y flaco como una espiga, tenía la manzana de Adán muy prominente y el cuello largo y delgado, lo que le daba más un aire de zopilote que de persona; sufría de ataques epilépticos y en más de una ocasión nos asustó con sus caídas inesperadas, pues al hacerlo, se golpeaba la cabeza contra lo primero que se le atravesara.

Una vez apalabrados con el mero-mero, nos presentamos con él al día siguiente para trabajar, aunque primero hubo de lidiar con dos panaderos, que, habiendo faltado a las jornadas anteriores, pretendían que se les incluyera en el grupo en esa ocasión. Aceptaron a regañadientes las explicaciones que les dio el maestro y se largaron pronto, para ver si en la panificadora de más arriba, "La espiga de oro," los admitían. No es por nada, pero desde esa primera vez, Marquitos y yo nos destacamos haciendo bolillos y teleras a discreción. Los pambazos pasaron por nuestro palo como un suspiro y el pan español no nos sirvió ni para el arranque. El secreto estaba en que, mientras el resto de los panaderos hacían las piezas de pan de una por una, nosotros las despachábamos de dos en dos, además, éramos jóvenes y ágiles y el cansancio nos hacía los mandados.

Durante la jornada de ese primer día como franceseros, nos topamos con algunas pequeñas diferencias que nos agradaron: La primera; como a las diez de la noche, una vez preparadas la masas para el resto del turno, cortadas, pesadas, enrolladas hasta dejarlas como bolas de boliche, debidamente acomodadas, listas para ser utilizadas y una vez bajadas las cortinas del despacho y encerrados como en un arca enharinada, ambos bandos, bizcocheros y franceseros, paraban para cenar. La mayoría de los tahoneros llevaban su propia comida que calentaban en los hornos encendidos a esa hora, para que estuvieran a punto cuando se tuviera que cocer el pan, debidamente reposado. Los menos y sobre todo los nuevos como Marcos y yo, hubimos de encargar alguna cosa sencilla, tacos, creo.

La segunda diferencia; no siempre se servía café negro, sino con leche y en algunas ocasiones preparaban atole Maizena, de fécula de maíz de diferentes sabores. Pero la diferencia que más me agradó, por sobre las otras, fue que el radio se sintonizaba al gusto de los maestros o sus segundos y descubrí, gracias a esa costumbre, estaciones de radio y música desconocida para mí hasta entonces, que me cautivaron desde el principio, no que realmente no supiera de su existencia, pero jamás había experimentado la muy agradable sensación de escuchar música, por tantas horas, sin interrupciones molestas de todo tipo.

Toc-toc-toc, "Si alguien toca a su puerta, abra y si le preguntan ¿Qué estación está escuchando, conteste y si contesta – Oigo Radio Centro– ¡Gracias, muchas gracias por estarnos escuchando!"

¡Ah, boleros! Boleros de todo tipo, cantados por una cantidad inimaginable de voces; masculinas y femeninas: por duetos, por tríos, empezando por Los Panchos, Los Dandys, Los 3 Diamantes, Los Montejo, Los Tecolines, Los 3 Ases, Los Bribones. Por "crunners," como Fernando Fernández, Emilio Tuero, Marco Antonio Muñiz; por intérpretes de ranchero como Javier Solís, Pedro Infante, José Alfredo Jiménez, Lola Beltrán, Lucha Villa, La Torcacita, Eva Garza, Amalia Mendoza "La tariacuri," Los Hermanos Saizar, Francisco Charro Avitia... "Radio Centro, música ligada a su recuerdo." Y, si, verdaderamente eran melodías de antaño, disfrutables todas, porque mantenían intactos su frescura y su vigor. Melodías de los años treinta, cuarenta y cincuenta del siglo veinte, en sus versiones originales: Toña La Negra, Amparo Montes, Agustín Lara, Lupita Palomera, Lucha Reyes, Carlos Gardel, Libertad Lamarque, Pedro Vargas, Jorge Negrete, Mario Alberto Rodríguez, El trío Garnica Asencio, Nicolás Urseláin, Antonio Badú, Lucho Gatica, Hugo del Carril, Mario Ruiz Armengod, Chelo Silva, María Victoria, Sara Montiel, Ana María González, Los Churumbeles de España, Juan Arvízu, María Luisa y Avelina Landín, Las Hermanas Huerta, Sonia y

Miriam, Los Huasos Quincheros, Los Hermanos Silva, chilenos. Los Cinco Latinos, de Argentina. ¡Uuuff!

Es imposible para la mente humana poder retener por mucho tiempo una cantidad tan abrumadora de nombres, fechas, datos, anécdotas, sin correr el riesgo de equivocaciones, de alteración involuntaria de lo que buenamente intentamos recordar, pero es un hecho que esa música me prendió y se quedó guardada en mi memoria para mi deleite personal muchos años después.

"X-E-B, la B grande de México, presenta.....¡ Caaasino de Mediaaa Nocheee!" La voz forzada del locutor, modulada para darle una entonación costeña, nos hablaba desde el otro lado del cuadrante, para presentarnos a toda una pléyade de intérpretes y rolas tropicales de todos los estilos. ¡Qué maravilla! Mambos, Cha-cha-chas, Rumbas, Huarachas, Danzones, Son Montuno, Cumbias, de moda entonces: La Sonora Matancera con todos sus intérpretes, empezando por Celia Cruz, Carlos Argentino, Bienvenido Granda, Celio González; Toni Camargo, Nelson Pinedo. La Sonora Santanera del inolvidable Carlos Colorado, con La Chamaca de Oro Sonia López y sus cantantes, Mike Laure y sus cometas, Albertico Beltrán, Los Corraleros de Majahual, el inigualable Acerina y su danzonera, Carlos Campos, Los Xochimilcas, Emilio B. Rosado, La Orquesta Aragón, La Orquesta América, Ramón Márquez, Lobo y Melón, otro ¡Uf! Verdaderamente inconcebible la cantidad de música que me chuté durante mis años en la Panificadora San Ángel, toda magnifica, toda de insuperable calidad y faltaba aún otra sorpresa. Al maestro bizcochero del turno nocturno le gustaba un programa realmente digno de ser recordado para siempre: -Señores y señoras, Radio 6-20, tiene el placer de invitarlos a todos ustedes a una deliciosa... "Reunión de Etiqueta" con la música insuperable de las grandes bandas ¡Que la disfruten!- Por si algo faltara, el complemento ideal de una educación musical que yo ni siquiera sospechaba se me estuviera inculcando: Glenn Miller, Tommy Dorsey, Beny Goodman, Cole Porter, Xavier Cugat, Luis Arcaraz.

Eran doce horas diarias de pura música; escuchada, saboreada, disfrutada durante más de ocho años en un torbellino que parecía no tener fin, en una fiesta inacabable de letras, voces, sonidos, ritmos. Si alguno está pensando que con eso fue suficiente... ¡Se equivoca! Cuando no me tocaba trabajar y aprovechando que el hermano de mi mamá nos regaló un radio, me daba vuelo con mis carnales escuchando estaciones de rock and roll en español y nuevamente, todas las canciones, todos los intérpretes, hasta el hartazgo, pero, por encima de todo y de todos. Los Beatles, siempre Los Beatles y nada más que ellos; grandiosos, sublimes, extraordinarios.

Estos programas en la radio que menciono, comenzaban todos a las doce de la noche, aunque su duración era variable, Radio Centro tenía otra característica peculiar para esa hora. A las doce de la noche, en punto, se hacía un pequeñísimo silencio y entonces, como salido desde el fondo del alma de la estación, un tema coral magnífico "El día que llegaron las lluvias" nos anunciaba que era la media noche y que, a partir de ahí, y hasta las seis de la mañana, solamente música, sin interrupciones comerciales.

Pero la música no lo era todo, ni siempre; los sábados por la tarde escuchábamos la narración de los juegos de beisbol de la liga mexicana y en la noche, las peleas de box, desde la Arena Coliseo o desde La Arena México y ni hablar si se trataba de peleas internacionales o de campeonato mundial, en ese entonces había una notable efervescencia por el deporte de las guantadas y los panaderos éramos verdaderos aficionados. El radio fue nuestro distractor principal, sobre todo los fines de semana, en los que no nos perdíamos la transmisión de los partidos de futbol y, si había modo, "El ojo de vidrio" en R.C.N. también sintonizábamos La L-Z (Mira, mira, ni que fueras la L-Z) y Radio Sinfonola (La estación del barrilito) para chutarnos música ranchera a discreción.

¿Saturación, enajenación? No, nada de eso, información, he preferido llamarle siempre, información personal para consumo interno de mi espíritu, para mi auto-satisfacción. La música fue y ha sido mi musa verdadera, mi aliciente, mi bastión, mi segundo yo, la otra mitad de mi. Mi imaginación adormilada, esperando pacientemente, como una novia sumisa, poder darse a conocer. Por lo menos durante dos décadas, México fue la verdadera meca internacional de la música. No los Estados Unidos, no España, ni Italia, ni Gran Bretaña, ni Francia, ni Brasil, que acababa de presentar al mundo un sonido llamado Bossa Nova. ¡México! Aquí convergieron de manera inequívoca, todos los ritmos, todos los géneros, apuntalados por una camada impresionante de compositores, arreglistas y productores; por un buen periodo de tiempo, con nosotros convivieron todos los cantantes que el país pudo acoger, ya fuera de manera incidental o permanente; españoles, cubanos, costarricenses, ecuatorianos, peruanos, chilenos, argentinos y alguno que otro pocho o francamente norte americano. Los gringos, en su infundada arrogancia, tan grandilocuentes siempre, tan presuntuosos ellos, creyendo en verdad que son la meta de todos los habitantes del planeta, que todos aspiramos a lo que ellos describen como "el sueño americano" ni siquiera se dieron por enterados que siempre fueron segundones en el ámbito musical de ese periodo, sin recursos de ninguna especie para competir contra nosotros. Siguiendo su tradición consumista, todo lo compran y todo lo desechan al día siguiente sin apenas dejar rastro de su gula. La única que se ha mantenido más o menos a flote, es su insípida música country; pero en verdad, no tienen nada de que presumir porque todo les es extraño y ajeno, porque guardar nunca ha sido una característica que los distinga, bueno, me retracto, les gusta guardar dinero y petróleo y todo lo demás que se vaya al carajo apenas se cansen de ello.

Si algo debo agradecerle a la modernidad, es la aparición del Internet, que, como se habrán imaginado ya, por esa lógica magnífica que ustedes tienen, no quiero llamar de otro modo. Carente de computadora personal, ya ruco, me empecé a aficionar por un ciber-café cercano a mi trabajo, pero no fue por iniciativa propia, ni mucho menos; la dueña, que me miraba cada que pasaba por ahí, comenzó a insistirme para que probara sus infusiones cafetaleras y, pues resulta que un día me decidí y entré al local. Después de recetarme un sabroso capuchino, la doña me abordó y me preguntó si me gustaba la música, sorprendido por lo que creí una soberana pendejada, solo acerté a contestar que sí. –Si quiere, deme una lista de las canciones que más le gustan y se las quemo en un cd. -¿En serio, puede hacer eso? -¡Claro que sí, me contestó! Rápidamente me puse a meditar en cuáles eran mis rolas preferidas, muy aparte de Los Beatles, por supuesto y le dejé una lista cómo de cuarenta canciones. ¡Yujuu, sorpresaaa! – Aquí tengo su disco, me dijo al día siguiente cuando me vio pasar por su negocio. En efecto, estaban todas las rolas que le había escrito en el papel y todas sonaban igual que como las había escuchado hacia tantos años. Quise abrazar y bezar a la señora (que no cantaba mal las rancheras, para su edad) pero me contuve al recordar que no me había cepillado los dientes ¡Guacala!

Al recibir nuestro salario de esa primera vez en el turno nocturno, Marquitos y yo nos dimos de topes en la pared, a él le pagaron cuarenta pesos, por treinta y cinco que me dieron a mí, muchísimo más de lo que esperábamos. Si tomamos en cuenta que por esos años, el salario mínimo era de dieciocho peos con cincuenta centavos, se comprenderá nuestra euforia. Sin embargo, ésa primera vez también significó una especie de parte-aguas en nuestra amistad. Marcos tenía novia, según me contó poco después y yo estaba plenamente involucrado en la secundaria. Ya no podríamos parrandear tanto ni tan seguido como antes y parecía que nuestros caminos empezaban a separarse lentamente.

Por mi parte, seguir estudiando significó un sacrificio no contemplado. A l principio, la misma naturaleza de la novedad y el sueldo importante que percibía, hicieron que pensara que todo estaba resuelto, pero al cabo de algunas semanas, el cansancio físico y mental empezó a hacer mella en mi ánimo y en los estudios. Muchas veces mis maestros me descubrieron cabeceando, mientras daban su clase y, molestos, me reconvenían acremente frente a mis compañeros; no me quedó más remedio que contarles el motivo de mi somnolencia y falta de atención.

En mi casa las cosas empezaban a enderezarse un poco, comíamos mejor, dejamos de usar ropa regalada y zapatos usados y mi madre, haciendo grandes esfuerzos, nos compraba los útiles escolares y los uniformes que se empezaban a exigir en las escuelas. La primera etapa de Los Beatles había quedado atrás pero no dejaban de sorprendernos con sus nuevas grabaciones. Su fama estaba ya, más que firmemente cimentada y la radio no paraba de tocarlos a todas horas. Radio Éxitos marcaba la pauta con sus programas dedicados a su ellos y el mundo comenzaba a girar de manera vertiginosa envolviéndonos en un remolino de acontecimientos inesperados. Nuestro país se preparaba para recibir a los atletas de todo el mundo en las próximas olimpiadas, al tiempo que la efervescencia nacional, de la mano de los universitarios, crecía incontrolable. A nuestro gobierno no le gustaban los greñudos alborotadores, tampoco le gustaban las huelgas y menos, si éstas eran provocadas por los médicos de nuestras instituciones de salud, que exigían mejores condiciones laborales y de salario. No le gustaban los comunistas, ni los periódicos, ni las críticas, ni nada. Entonces... ¿Qué chingaos le gustaba a estos paranoicos mal nacidos? La tranquilidad y el orden ¡Oh, vaya! Si lo analizamos con calma, era bien poco, comparado con todo por lo que tenían que pasar para acceder al poder. Después de tantos sacrificios, bien valía la pena mandarse hacer sus camisas a Londres, a la medida, de la mejor tela posible. También se podía tener una amante desfachatada y atrevida que los reconfortara por las ingratitudes del cargo, organizar grupos de choque, fuera del marco legal, encarcelar o asesinar opositores. A estos apóstoles de la justicia y la democracia también les gustaba que sus vástagos a los que cariñosamente llamaban juniors, jugaran arrancones en el recientemente estrenado Anillo Periférico, son jóvenes, decían y está bien que se distraigan sanamente. Para nosotros, ir a gatear significaba ir a los salones de baile e invitar a las sirvientas a bailar; para los juniors de Lomas de Tecamachalco, de Lomas de Chapultepec, de Jardines del Pedregal de San Ángel, o Polanco, ir a gatear consistía en recorrer las calles de su colonia por las noches a bordo de sus autos de lujo, en el que iban comúnmente tres o cuatro sujetos, subir a sus carros a muchachas desprevenidas y violarlas tumultuariamente. Me pregunto: ¿Cuántos de éstos bribones viven aún? ¿Cuántos de estos canallas gozan de una vida placentera mientras gritan escandalizados por las atrocidades de los criminales actuales? ¿Cuántos de ellos son políticos activos? ¿Cuántos trabajan en la televisión o escriben en los periódicos, dándose golpes de pecho? ¿Cuántos pertenecen al grupo fascista conocido como El Yunque? ¿Cuáles de ellos son Legionarios de Cristo? ¿Cuántos más son magistrados o se desempeñan aún en el sistema judicial?

México estaba a punto de desbarrancarse y no se veía por donde evitar la tragedia, porque, a semejanza de nuestros primos güeros, la estulticia nos había inyectado su ponzoña y no teníamos una vacuna para contrarrestarla.

Los panaderos de la San Ángel acostumbraban comprar y leer el periódico todos los días, preferentemente los diarios deportivos, para enterarse de las novedades beisboleras, futboleras y boxísticas, que en esa época atravesaba por una etapa de notable desarrollo. Algunos compraban el Novedades y maese Chon compraba el "Ultimas Noticias," al que todos le dábamos vuelta a la hora de cenar. En la escuela nos recomendaron que leyéramos el Excélsior y muy pronto descubrimos porqué era llamado "El periódico de la vida nacional." Estaba dirigido por el periodista Julio

Sherer García y, amén de su importantísima planta de reporteros, articulistas e intelectuales, que con su inteligencia y esfuerzo lo convirtieron muy pronto en el diario más importante del país, tenía convenios de intercambio de información con los periódicos más importantes del mundo occidental de su tiempo: El New York Times y el Washington Post, gringos; el Le Mond, francés; el Times, de Inglaterra. Acertadamente, su publicidad rezaba: "Excélsior, el periódico que informa y forma opinión." Realmente era un periódico del cual podíamos sentirnos orgullosos y yo me volví un lector asiduo y ávido de conocer las cosas que ocurrían a mi alrededor y platicárselas y explicárselas a mis compas de la panadería. Pero existían también otra clase de tabloides, como el periódico de nota roja "Alarma" <EL DIABLO SE APARECIÓ EN AVANDARO> cabeceó en el titular de su edición del 12 de septiembre de 1971, con la fotografía, a cuerpo entero, de una muchacha trepada en el techo de un vocho con los pechos al aire... ¡Jesús, María y José! ¿A dónde vamos a parar con tanta depravación juvenil? Juventud descarriada, juventud perdida que no tiene la más mínima noción del decoro y la decencia. El gobierno hace bien en meterlos en cintura. ¡Vagos, buenos para nada!

Por lo menos nosotros sabíamos la clase de periódico que era el "Alarma" y lo que podíamos esperar de él: <RAPTOLA, VIOLOLA Y MATÓLA> y el contenido de sus páginas no representaban ninguna novedad para nadie, pero muchos otros medios de comunicación, encabezados por el ahora llamado grupo TELEVISA, se amparaban en la calumnia y la difamación para condenar lo que no era de su agrado, mientras pontificaban frente al teleauditorio. La historia perversa de TELEVISA es apasionante, por la enorme cantidad de vilezas, traiciones y corruptelas que la conforman. Odian la transparencia y la rendición de cuentas: El consorcio es una mole gigantesca con una enorme ventana de una sola vista; una vista hacia afuera... hacia adentro, la opacidad total. Una compilación amplia y seria del tema daría para muchas páginas de solaz y esparcimiento. Una de sus prácticas más comunes son las famosas listas negras, en las que tienen los nombres de los artistas o miembros de la farándula que no se prestan a sus prácticas coercitivas y con las que, llegado el caso, pueden acabar con una carrera si se lo proponen, bloqueando la actividad del o de los infortunados. No les importa destruir prestigios, enlodar reputaciones. El cohecho, la amenaza, son el arma preferida de sus denuestos. A contrapelo de la suya, la lista de agraviados por televisa superaría, con mucho, la lista negra de sus indeseables. Son altaneros, inescrupulosos, vengativos. Si alguien pretende escapar a sus designios, recurren al chantaje y si eso no funciona, los tribunales están para servirles a cambio de cinco minutos en pantalla. No toleran la competencia ¿Por qué competir por algo que por derecho divino les pertenece? No aceptan ningún tipo de crítica porque hacerlo, sería reconocer que se han equivocado y si reconocieran esto, la gente se daría cuenta que no son infalibles, lo que los colocaría en una situación de incómoda desventaja. No pueden darse el lujo de perder puntos de audiencia, porque los puntos de audiencia lo son todo en su negocio; representan dinero, billetes, money, pachocha, marmaja, pasta, lana, una feria.... ¡Ni lo mande Dios! En éste contexto, la autocrítica también es una palabra ajena a su vocabulario, no saben lo que significa; en los colegios particulares en donde sus ejecutivos y sus grandes estrellas fueron educados no se las enseñaron porque es sinónimo de debilidad y ellos son fuertes, guapos, inteligentes. Nacieron para mandar. Se sienten por encima de los ciudadanos y de la ley. Creen, verdaderamente, que el país entero les pertenece: "Esta es una tradición mexicana y es nuestra." También son grandes hipócritas; sus consentidos, los miembros destacados de su "gran familia" pueden ser madres solteras o descocadas, padres desobligados o sinvergüenzas, chavitas y chavitos ignorantes y nocivos; pueden protagonizar todo tipo de escándalos; involucrarse o estar involucrados en actividades ilícitas y punibles o ser francamente inmorales, según los parámetros de la propia televisora y aun así, tener el descaro de salir en pantalla dando consejos o reprobando la vida de los demás.... La imaginación, la innovación, la creación de proyectos televisivos de envergadura no se encuentra entre sus mayores atributos. Como buenos casineros, les gusta apostar, pero son medrosos y acostumbran hacer trampa. Prefieren lo trillado, lo convencional, aquello que no los comprometa ni los ponga en aprietos, ni ante el gobierno en turno, ni ante la sociedad, echan mano, una y otra vez, de los esquemas arcaicos con los que han sobrevivido y con los que pretenden seguir manteniendo cautiva la atención de la gente. No les gusta arriesgar, no saben cómo intentarlo y salir bien librados de la aventura. Repiten sus telenovelas hasta el hartazgo, con otro nombre, con otros actores, pero con el mismo libreto anodino y cursi de siempre. Sus programas de entretenimiento, son una ensalada de falacias, superficialidad y mal gusto que ofenden constantemente la inteligencia de los televidentes, pero a ellos no les importa, porque jamás han tenido respeto por la gente que los ve desde sus casas; sin embargo, se atreven a llamar novedosos a sus programas simplones. La novedad sería, que empezaran a darse cuenta que sus "sutilezas" son trucos harto conocidos por la mayoría de la población y que, realmente, son pocos, muy pocos a los que todavía pueden engatusar con sus argumentos. ¿Habrán calibrado alguna vez, habrán reflexionado en serio, el enorme daño que le han hecho a este país con sus asechanzas? ¡En verdad, lo dudo!

Tras la muerte del "Tigre" Azcárraga y la consecuente salida del señor Zabludovsky de la televisora, Emilio Azcárraga Jean; el tercer Emilio, el tercer Azcárraga de la dinastía, se dirigió a sus empleados y a los televidentes que lo observábamos, con un pequeño y promisorio discurso y dijo, entre otras cosas, que a partir de ese momento, los modos en el consorcio iban a ser bien diferentes. Un rayo de esperanza iluminó nuestros hogares. Por un instante, creímos que por fin íbamos a tener una televisión de calidad: una televisión abierta, plural, objetiva, innovadora. Una televisión semejante a la BBC de Inglaterra, a la NBC norteamericana, al canal más, francés... Nos equivocamos, por supuesto, una vez más.

Muy pronto los hechos nos demostraron que a TELEVISA lo único que le importa, lo único que la motiva, es el dinero. Como sea, a costa de lo que sea. No se pueden esperar cambios de quien no sabe cómo cambiar. No se pueden exigir principios a quien carece de ellos, así, no se le pueden pedir peras al olmo, o como dicen en mi pueblo... "Las cabras siempre tiran pa´l monte" por más que presuman su pedeegree.

Era cada vez menos frecuente que Marquitos y yo coincidiéramos en el trabajo por más de dos jornadas; él estaba juntando una lana para casarse con Lupita, su novia y platicaba muy poco conmigo, se había vuelto taciturno y hasta huraño y del gran platicador que conocimos, apenas quedaba nada, ante ese cambio de actitud tan radical yo me sentía incómodo y trataba de entender, buscando en mi mente si se debería a algún comentario inapropiado de mi parte, pero nunca di con una explicación que me convenciera.

Una de esas tardes, que se habían vuelto monótonas a más no poder y cuando estábamos atareados, preparando el amasijo para el resto de la noche, después de la cena, llegó el tiricias, más tembloroso que de costumbre, echaba los hombros hacia adelante y temblaba como una gelatina, como si se estuviera muriendo de frio; aun así, saludó a todos con su habitual cortesía y empezó a dirigirse a cada uno de los que estábamos ahí, susurrándonos al oído, para que los demás no se enteraran, que lo ayudáramos con una feria, para curársela, según él, no todos le dimos dinero ni le prestamos apenas atención. Cuando llegó con Marquitos, hizo lo mismo, pero, inopinadamente, mi amigo le dio un empujón que lo mandó de nalgas al suelo, ante las sonrisas sardónicas de la mayoría. El buen tiricias no se inmutó, levantándose con una agilidad poco concebible en un alcohólico, empezó a sacudirse la harina con ambas manos y tembloroso aún, volvió a acercarse a

Marcos que se encontraba pesando las bolas de masa de donde saldrían los bolillos para los repartos del día siguiente, al tiempo que repetía una y otra vez, - Me empujaste, Marquitos, me empujaste. En ese instante, apareció una charrasca en su mano derecha y sin dar tiempo de nada, la hundió en el costado de Marcos que abrió los ojos desmesuradamente. La hoja salió casi limpia, después de lesionar gravemente el hígado y volvió a hundirse en el cuerpo de mi amigo; esta vez, en la boca del estómago, partiendo en dos al páncreas. La sorpresa de Marquitos no tenía límites, abría la boca como un pez fuera del agua, tratando de decir algo, pero ninguna palabra escapó de su garganta. Asombrados, vimos como la lividez cubría su rostro mientras se desplomaba en su propio lugar. El tiricias seguía repitiendo como autómata. –Me empujaste Marquitos, me empujaste, con la charrasca ensangrentada aún en su mano. Pronto, un panadero acomedido le quitó el arma y lo empujó a la salida de la tahona diciéndole con voz apremiante: – ¡Pélate compa, pélate! El tiricias obedeció como pudo y nunca más volvimos a saber de él. Yo corrí a donde se encontraba tirado mi cuaderno y traté de taponarle la herida del estómago con la mano, pero todo era inútil ya, Marquitos se iba y no teníamos modo de detenerlo ¡Pinche suerte, putísima madre!

No sabemos en cuanto le salió el chistecito al encargado, lo que si supimos fue que, ante la llegada de la ambulancia y los policías y el consabido arremolinamiento de los curiosos, soltaron la especie de que un panadero se había caído de una artesa, golpeándose la cabeza contra la revolvedora y que no se pudo hacer nada por él. -¡Pobrecito! Fue su epitafio.

Al día siguiente, en el velorio, en la colonia Héroes de Padierna, donde vivían, pude por fin conocer a los padres, a los hermanos y a la novia de mi amigo. Eran una familia humilde, tal vez tan pobres como nosotros mismos, digo; mi madre, mis hermanos y yo.
Hicimos guardias de honor ante el ataúd, que ocupaba casi todo el espacio de la pieza donde estaba puesto el cortejo. Al

llegar mi turno y después de colocarme a un costado del féretro, alcé la vista apesadumbrado y descubrí que la familia del muerto me miraba con insistencia, si bien de manera furtiva. No lo sé, me imagino que esperaban que dijera algunas palabras en memoria del difunto, que contara los detalles de nuestra amistad, la forma en que nos llevábamos siendo tan evidente la diferencia de edad; pero no dije nada, permanecí mudo toda la velada, porque cuando la muerte es la invitada especial, no hay nada que podamos decir que valga la pena.

Después de la muerte de mi amigo, me volví casi como él, pero peor. Me sentía traicionado, lastimado por su ausencia, como si se hubiera muerto a propósito nomás para calarme, para comprobar si con su ausencia me espabilaba de una buena vez y me decidía a tomar mi vida entre mis manos. Para mí, ya nada tenía sentido, me daba perfecta cuenta que todo se había descompuesto sin remedio, roto, en el mismísimo núcleo de su esencia. Como si el mundo se hubiese detenido, como si la vida hubiera perdido su significado, me aparté de todo y de todos y me encerré en mi mismo por mucho tiempo, en mis pensamientos encontrados y revueltos. El mutismo fue mi barrera protectora contra todo lo que creía me amenazaba. Tenía miedo, si bien, no podría decir cuál era la causa de ese sentimiento desagradable, pero mi miedo era real, estaba ahí, presente y no sabía cómo controlarlo, cómo afrontarlo para que me dejara de molestar. Me volví desconfiado, pensaba que en cualquier momento alguien surgiría de alguna parte y me haría un daño irreparable; cuando salía de la panadería rumbo a mi casa, volteaba constantemente para todos lados, nomás para comprobar que nadie me fuera siguiendo. Mi paranoia se derivaba, en parte, de darme cuenta, por primera vez, que estaba completamente solo. Ya no tenía quien me cuidara, quien me enseñara, quien me mostrara las cosas de la vida con su verdadero rostro. Comencé a ver todo de manera diferente, a encontrar otro significado en las cosas que me rodeaban, como si hubiera madurado en un instante, como si la experiencia pudiera adquirirse con apenas cerrar los ojos o parpadear. Me volví, como me lo hicieron saber los compas más tarde en el trabajo, un mamón al que nada le parecía bien, que criticaba todo por el puro afán de estar jodiendo: de pronto, todo me parecía intrascendente, aburrido, soso y lo que apenas ayer creí extraordinario, ahora se me antojaba insustancial y sin chiste. Dejé de interesarme por los salones de baile, porque ya no me atraía andar cotorreando changuitas pobretonas y cursis, como yo. Empecé a sentir aversión por los borrachos y por la bebida; aunque, me daba perfecta cuenta de ello, no tanto a causa del tiricias, ni por el maestro Chon, o el ojitos, sino por mi propio padre; no quería ser como él, un borracho consuetudinario, desobligado y sinvergüenza. Pero me volví fumador, sin apenas darme cuenta, un fumador empedernido que cató todas las marcas de cigarrillos conocidas en ese tiempo, nacionales y extranjeras ¡Que felicidad para las tabacaleras, digo! Eso, más los litros de café todos los días, me fueron creando un vicio que nunca pude, que nunca quise quitarme de encima.

En la escuela, los maestros se mostraban cada vez más alarmados por el cariz que estaban tomando los acontecimientos nacionales, sobre todo en la capital. En 1968, era un delito ser estudiante, sin importar que fueras un púber de secundaria, las patrullas se paseaban por los alrededores de las escuelas y sus ocupantes miraban aviesamente a todos los que circulaban por ahí. Cuando empezaron las manifestaciones en serio, nuestros maestros nos retenían en los salones, a veces hasta dos horas, esperando que se enfriaran un poco los ánimos, antes de dejarnos salir a nuestras casas. –No anden nunca solos, nos recomendaban, procuren andar en parejas, para que se cuiden, o mejor en grupitos de a tres, no se junten más, porque pueden sospechar de ustedes y eso puede acarrearles problemas. Cuando lleguen a su casa, no salgan por ningún motivo, a menos que sea algo realmente importante. ¡Cuídense, por lo que más quieran, no queremos más noticias desagradables!

¡Nuestros queridos maestros! La secundaria a la que yo asistía, estaba por el rumbo de Jardines del Pedregal y debíamos pasar, forzosamente, por los alrededores de Ciudad Universitaria, para llegar. Por otra parte, casi todos los estudiantes vivíamos en la colonia Las Águilas y el urbano entraba, en su ruta, a la colonia Merced Gómez, donde se encontraba la preparatoria número ocho, cuyas bardas estaban pintadas en su totalidad, con frases lapidarias y caricaturas grotescas del presidente, al que dibujaban como un gran simio blandiendo un enorme garrote y al lado: G.D.O.—O. G. T.

Y el infame, el inseguro, el sanguinario G.D.O. se desquitó por todo lo alto, primero, mandando tanquetas a Ciudad Universitaria y a los planteles del I.P.N. en el Casco de Santo Tomás, derrumbando a bazucasos las puertas nobles de la prepa número uno y después, ordenando una cacería sin paralelo de los líderes estudiantiles y de todos aquellos que tuvieran cara de sospechosos. Pero seamos justos, no todo fue obra e inspiración del señor presidente, sus esbirros, sus colaboradores, no solo le doraron la píldora, sino que de sus brillantes cerebros, surgió la estrategia para acabar con el peligro que representaban las movilizaciones, me refiero, claro, al señor secretario de gobernación, al jefe del estado mayor presidencial, al jefe de la policía capitalina y al director de la D.F.S. entre otros; sus segundos al mando y sus achichincles todos.

En mientras esto ocurría, el temor y la angustia se reflejaban en el rostro de la gente, los pasajeros de los camiones urbanos, apenas si hablaban, la preocupación de todos por lo que estaba ocurriendo, era más que elocuente. Secretarias, obreros, albañiles, carpinteros, plomeros, cobradores, panaderos como yo, la perrada, pues; éramos y seguimos siendo los principales ocupantes de ese transporte y nos sabíamos desprotegidos, entonces tanto como ahora. Pero la población estaba dividida. Aún en el seno de las familias existían voces divergentes; puntos de vista encontrados de las acciones de uno y otro bando y ésta división de opiniones persistió, a pesar de las evidencias que mostraban con claridad meridiana la brutalidad animal del gobierno. En algunas fotografías que lograban escapar al ojo escrutador del gobierno, podíamos ver a un presidente que manoteaba, vociferaba, increpaba, mientras repetía incansable que la juventud mexicana estaba siendo víctima de intereses externos que querían dañar al país, que los jóvenes del 68 éramos fácilmente impresionables, manipulables, con ideas extrañas metidas en nuestras cabezas por instituciones educativas perversas, comprometidas con doctrinas nefastas ajenas a nosotros. Si, nuestro presidente pensaba y se comportaba al más puro estilo Estalinista, algo que el aseguraba despreciar. Por eso la matanza del 2 de Octubre, para salvar a la juventud y a la nación toda, de las garras del abyecto comunismo, que ya había contaminado a Cuba, de la mano de Fidel Castro Ruz. Así pues, la culpa de la tragedia la tenían, la teníamos los estudiantes... Por inocentes pensábamos nosotros; por pendejos, nos decían ellos.

"Ofrecemos y deseamos la paz con todos los pueblos del mundo" Rezaba el eslogan olímpico: cierto, la paz de los sepulcros así lo demostró.

¿Cuántos muertos se necesitan para declarar un genocidio? ¿Cuántos presos, torturados, desaparecidos, para señalar a un estado represor? Lecumberri se llenó de perseguidos políticos, el SEMEFO de cadáveres y el Campo Militar número uno se convirtió en sinónimo de tortura y maldad, mientras; el mundo guardaba un silencio cómplice. ¿Cuántos países libres y democráticos retiraron a sus embajadores o propusieron la cancelación de las olimpiadas? ¿Cuántas delegaciones desfilaron bajo protesta? ¡Aaah, el mundo libre! Las revueltas estudiantiles en Paris eran sofocadas a sangre y fuego (con toda la fuerza del estado) La antigua Checoslovaquia sufría el embate de la Unión Soviética por medio de sus tanques y su ejército: Estados Unidos se daba vuelo bombardeando Vietnam, arrojando miles de toneladas de bombas incendiarias de Napalm sobre sus selvas, arrasando ciudades como Pon-Pen, perpetrando masacres inconcebibles en aldeas como Mi-lay, permitiendo que sus soldados se drogaran para que pudieran lidiar de alguna manera con sus remordimientos.

Pronto extendieron la guerra a Laos y Camboya y el sudeste asiático se convirtió en el infierno que tenían previsto, para después ir al rescate de sus víctimas e imponerles la democracia norteamericana que esos pueblos anhelaban, aunque no se hubieran dado cuenta de ello.

En cierta ocasión, en Guadalajara, platicando de todas éstas cuestiones con John Peter Howes, para quien trabajé como asistente personal, me comentó que, para entender un poco mejor el comportamiento de las grandes potencias mundiales con respecto de los países sub desarrollados, teníamos forzosamente que intentar adentrarnos en su forma de razonar; por ejemplo y a propósito de lo ocurrido en el 2001, me dijo, que tanto los europeos como los norteamericanos, habían tratado siempre a los árabes como niños chiquitos, nunca se imaginaron que los niños algún día iban a crecer, agregó.

Por nuestra parte, nuestro gobierno en turno no cantaba mal las rancheras: los cientos, los miles de muertos habidos durante la llamada "Guerra sucia" pudieron al menos ser rescatados por sus deudos, que sin duda les dieron un entierro decente; los desaparecidos, en cambio.... Aunque ésta apreciación pudiera parecer ofensiva, es también, creo, la más congruente, de acuerdo con el enfoque tramposo que siempre se le ha dado. En México no hay, nunca ha habido desaparecidos ¿Cómo se puede desaparecer a alguien que no existe? Si nunca hemos sido considerados auténticos ciudadanos, aunque nuestro nombre y dirección aparezcan en un sin fin de listas nominales, no existimos en realidad. Somos una fantasía, una conveniente invención del imaginario popular. En un país como el nuestro, en donde la gente se puede suicidar dándose cuatro balazos por la espalda, todo es posible. Las ONG son, en el mejor de los casos, oficinas recabadoras de datos y sus máximos logros se reducen a la implementación de quejas en las distintas dependencias gubernamentales, no cuentan con los medios y, en ocasiones ni con las ganas para ir más allá. Solamente los familiares de las víctimas que tienen la entereza, el coraje suficiente para andar preguntando, para andar presionando por todos lados en busca de respuestas, pueden conseguir algunas que por lo menos las consuelen; si bien también están incapacitadas, por falta de medios, para ir más allá.

"Ofrecemos y deseamos la paz, con todos los pueblos del mundo" ¡Faltaba más!

Por esas fechas, un conductor (Periodista, según él) de televisión, era la estrella en ascenso de la pantalla chica, merced a un noticiario que se transmitía por la noche, aunque era factible verlo a cualquier hora, interrumpiendo la programación habitual, para dar a conocer sucesos de relevancia, su nombre; Jacobo Zabludovsky, adalid del quehacer periodístico, amante de la verdad a rajatabla, cumbre de la sapiencia y la objetividad. Soldado fiel, del fiel soldado del presidente en turno, no sentía remordimientos de conciencia por la manipulación que hacía de la información, por ocultar hechos que de todos modos nosotros conocíamos, ni por mentir de manera descarada y cínica ante su teleauditorio. Muchas veces les comenté a mis amigos, a propósito de éste sujeto, que yo no veía las noticias en la tele para enterarme de lo que iba a decir el señor Zabludovsky, sino para corroborar lo que iba a ocultar. A nadie nos extrañó, cuando la matanza, diez días apenas antes del inicio de las olimpiadas, y la irrupción grotesca del ejército en Ciudad Universitaria, que Don Jacobo se convirtiera en el vocero principal de Díaz Ordaz y sus lacayos del gobierno y subsecuentes.

Excélsior informaba puntualmente de los acontecimientos, a pesar de las enormes presiones del gobierno porque cambiara o atemperara su línea editorial. No sabían que estaban enfrente de un grupo de periodistas e intelectuales que eran el reverso de la moneda de Zabludovsky, que eran incorruptibles, que no se vendían y que su único interés era el desempeño ético y sin cortapisas de su profesión. ¡Yo te recuerdo y te saludo, oh, magnífico Excélsior! Por supuesto, conozco la historia de lo que ocurrió después con el periódico, de la toma culera de sus instalaciones con el auspicio del crótalo Echeverría y su final postración, así como del nacimiento de la revista PROCESO, su desarrollo, sus vicisitudes, sus grandes logros, su arraigo en el gusto de la gente pensante de éste país. En los bajos fondos en los que me muevo como pez en el agua, corre una máxima que difícilmente podrá ser modificada: "En México, existen dos tipos de historia; la que pregonan el gobierno y sus aliados de las televisoras y la que cuenta PROCESO cada ocho días."

Por el comportamiento anodino de nuestra televisión, ante el cúmulo de calamidades que se nos han venido encima, sin que apenas se sientan responsables o comprometidas, visto el desdén histórico que han mostrado por la verdad; ante el acotamiento que han hecho de la figura y el poder presidenciales; documentado con creses su enorme desprecio por la legalidad y la justicia, su desapego, cuando no, franco desprecio por lo nacional y si políticamente no fueran tan miopes, hace un buen rato, cualquiera de nuestros presidentes, habría utilizado, como argumento para contrarrestarlas, la respuesta que Richard M. Nixon les dio, en 1972 a los oligarcas de su país, que lo citaron en un rancho de California para reconvenirlo por los planes que éste pensaba llevar a cabo sin su consentimiento y que, por supuesto, era contrario a sus intereses. La guerra en Vietnam se estaba perdiendo a pasos agigantados, la economía del país estaba por los suelos, cerca de cincuenta mil marines habían mordido el polvo en tierras extrañas y la ciudadanía norteamericana estaba harta de problemas aparentemente sin solución. Cuando, una vez a solas, Nixon les reiteró sus intenciones, el fabricante de los helicópteros Bell lo encaró sin ninguna consideración al tiempo que le escupía un improperio. El presidente no se inmutó y escuetamente le contestó –Ten cuidado con lo que dices y como lo dices, recuerda que estás hablando con el presidente de los Estados Unidos. -¿Me estás amenazando, Diky? Preguntó el aludido. -No, el presidente de los Estados Unidos no amenaza, no tiene necesidad de hacerlo. Atónitos por lo que estaban escuchando, todavía alguno de ellos se atrevió a recalcar. -Ten cuidado, tu, Richard, recuerda quien te puso en el cargo. La respuesta fue inmediata, fría, cortante y eficaz: -A mí me puso en el cargo el voto de los ciudadanos norteamericanos.

Richard Nixon, el hombre que tuvo que renunciar a su presidencia, ante el cúmulo de evidencias y acusaciones en su contra por corrupción. Nixon, el ejemplo más acabado del político inescrupuloso y manipulador en aras de conservar un poder nada más que temporal, conferido por mandato popular. El presidente que cometió perjurio sin apenas un ligero remordimiento de conciencia, intentando por todos los medios su salvación política y personal. Aún éste hombre, digo, que murió en el desprestigio y el abandono más humillantes que personaje alguno pueda sufrir, tiene una lección de sentido común y dignidad política que darles a nuestros presidentes bananeros y ñoños.

Si por casualidad en Los Pinos tuviera lugar una conversación semejante y la amenaza de los dueños del poder fuera similar, nuestro presidente ficticio, tal vez agacharía la cabeza y respondería: -Ustedes no se preocupen, mi gobierno verá que puede hacer. ¡Liiiindo, dirían los argentinos.

¡HOLA, ADIOS! Y TODO LO QUE NECESITAS ES AMOR, eran historia reciente; Los Beatles cantaban ahora CAMPOS DE FRESA, LUCI EN EL CIELO DE DIAMANTES, CUANDO TENGA SESENTA Y CUATRO, CON UN PEQUEÑA AYUDA DE MIS

AMIGOS Y UN DIA EN LA VIDA. El Sargento Pimienta hacia su presentación apoteósica, dejando con la boca abierta a más de uno. La aclamación fue unánime; una nueva sorpresa Beatle se presentaba al mundo causando furor. Era la primera vez que, en un disco, se conjuntaban el arte visual y el arte musical; el diseño de la portada y la estructura melódica en un maridaje nunca antes contemplado. Jimmy Hendrix exclamó, entusiasmado y convencido: "Yo te saludo, Sargento Pimienta."

La colonia Las Águilas estaba dejando de ser el paraíso que fue y se poblaba a pasos agigantados. Mágicamente aparecían de un día para otro, construcciones y gente desconocida apenas ayer. Las casas nuevas lo invadían todo, lo cubrían todo borrando con su fea cara de ladrillos pelones la hermosa vista de los campos floridos en los que habíamos pasado nuestra niñez, persiguiendo luciérnagas para encerrarlas en frascos de vidrio y que nos dieran su luz solo a nosotros o atrapando mayates para amarrarles un hilo de coser a una de sus patas y soltarlos luego para que volaran en círculos alrededor de nosotros.

Ya no fabricábamos papalotes con hojas de periódico, atándoles una cola de trapos añadidos uno con otro para que hicieran contrapeso y el aire no los destrozara; ahora, las nuevas construcciones nos empujaban irremediablemente a las barrancas de las que también nos echarían al poco tiempo. El cuarto que ocupamos a nuestra llegada a la colonia, fue vendido junto con el enorme terreno que mis padres alguna vez cultivaran y entonces nos vimos obligados a desplazarnos unos cientos de metros más, arriba del monte, pero al borde de esa barranca que nos separaba del otro lado con la colonia Puerta Grande, muy arriba de la Merced Gómez.

En vista de que me había quedado solo y después de algunas semanas de postración anímica, me entregué al delicioso placer de ir al cine, en parte, para sustraerme de mi dolor y en parte, para suplir mi retiro de los salones de baile, pero como todo

vicio que se estrena, ese placer parecía no tener llenadera.
Aprovechando los días de descanso obligatorio, que en ocasiones
se prolongaban hasta una semana, me ponía a escoger cines que
estuvieran cerca uno de otro (en ocasiones hasta tres) y me iba
a ver películas a discreción, antes y siempre que fuera posible,
me apersonaba por los rumbos del cine Hipódromo, en Tacubaya
y compraba dos tortas de chile relleno y milanesa y me lanzaba
a mi aventura. Vi todo tipo de filmes de todas partes donde se
hiciera cine: Italiano, francés, inglés, alemán, español, argentino,
gringo, japonés, películas mexicanas a más no poder. Me receté
todas las películas del Santo y Blue Demon; de los cantantes
de rock que estaban de moda y los habían puesto a actuar, de
Cantinflas, de Viruta y Capulina, de Manolín y Cilinsky, del maestro
Joaquín Pardavé, de Clavillazo, de Resortes, de El Piporro,
del estupendo Tin-Tan. Vi también Los Caifanes, con Enrique
Álvarez Félix, Julisa y Oscar Chávez. Los filmes inolvidables
del excelente Luis Buñuel empezando por la vilipendiada Los
Olvidados. Las películas de Emilio Indio Fernández. No faltaron
en mi agenda cinefílica las películas de Sherloc Holmes, ni las del
personaje de Ágata Cristhi Hércules Poirot. Por supuesto y como
debe ser, las superproducciones de Hoolywood, empezando por
Los Diez Mandamientos, Lo que el viento se llevó, Taras Bulba
(que después, al leer la novela, supe que se pronuncia Tarás)
Doctor Shivago, Barrabás, etc. Todo, sin contar con que, cuando
éramos más pequeños, mi madre, haciendo grandes sacrificios,
procuraba llevarnos al piojito de Mixcoac, o a los cines de
Tacubaya: El Escandón, cerca de la casa de mi tia... El inmenso
cine Jalisco, El Ermita, El Hipódromo, El carrusel y otro más, cuyo
nombre ya no recuerdo. Lo que nos seducía, era que a la salida
de cualquiera de estas salas, podíamos acudir al café de chinos,
a un costado del Ermita, en donde disfrutábamos el sabrosísimo
café con leche, acompañado de bísquets con mantequilla y
mermelada de fresa. Era verdaderamente asombroso ver cómo
los meseros, a la hora de servirnos la bebida, hacían gala de
una destreza pocas veces vista. En los largos vasos, colocados

sobre la mesa, ponían un toque pequeñito de café y, desde muy alto, empinaban las teteras con la leche caliente sosteniéndola hasta que el vaso se llenaba por completo, sin que les temblara el pulso, sin derramar ni una sola gota encima de la mesa o de los parroquianos. También preparaban unos deliciosos chilaquiles verdes con bistec, cebolla, crema y queso, guisados con epazote, como debe ser. Los cafés de chinos eran parte del paisaje urbano, de nuestra cotidianeidad y es una tragedia que hayan desaparecido sin dejar rastro. Mi madre siempre buscaba cines en donde pudiéramos ver corridas de tres películas diferentes los fines de semana, para distraernos, amén de las que exhibían los húngaros cuando iban a las Águilas y por cincuenta centavos mirábamos películas de Tarzán o del Llanero Solitario, Charles Chaplin, El gordo y El flaco, o las que pasaban cada tanto en la escuela Eduardo Facha, a la que asistíamos. En mi familia, siempre fuimos cineros, pero la televisión estaba en auge y algunas familias de por nuestro rumbo ya contaban con un aparato y nos permitían ver algunos programas por veinte centavos: Lassie, Rin-tin-tin, Patrulleros Charms y las caricaturas de Walt Disney que empezaba a desarrollar a sus personajes, pues el Ratón Miguelito, por ejemplo, aparecía con rasgos poco definidos aún. Estas caricaturas eran mudas y a la usanza del cine de los primeros tiempos, eran acompañadas por música de fondo y pequeños letreros en los que se hacía hincapié en alguna escena o expresión de los personajes. Como mis hermanos y yo hacíamos trabajitos y mandados caseros a los vecinos, casi siempre traíamos algunos centavos para nuestras golosinas preferidas y esperábamos a que los vendedores pasaran pregonando su producto: El merenguero, el gelatinero, el algodonero, el que vendía manzanas y racimos de tejocotes acaramelados, el paletero que llevaba su producto en una cuba grande de madera atiborrada de trozos de hielo y adentro, pequeños moldes de latón con forma de cono en el que venían las deliciosas paletas de crema. También éramos asiduos consumidores de alegrías, pepitorias y fruta cristalizada, como higos, calabazates y acitrones; por las noches, el pitido agudo y prolongado del camotero nos anunciaba los camotes y plátanos machos asados. Éramos niños y el mundo danzaba ante nuestros ojos, cargado de imágenes y sabor.

Sin proponérmelo, me convertí en un experto cinematográfico, me sabía al dedillo los nombres de los actores nacionales y extranjeros más destacados, de los directores, de los guionistas, de los cinefotógrafos. Me aprendí, sin saberlo en ese momento, los nombres de los temas musicales y el año en que habían sido grabados y por quien. A lo mejor no me creen, pero, por ejemplo, cuando se estrenó en nuestro país la película del Concierto para Bangladesh, en el Cinema Insurgentes 70, que así se llamaba en verdad, fui a verla 52 veces, nada más, siempre con boleto pagado, por supuesto, de ahí la pasaron al cine Maya, que empezaba sus corridas a las once de la mañana y hasta ahí la seguí ¡Faltaba más!

El Concierto para Bangladesh se constituyó un hito verdaderamente sensacional desde el principio y es histórico por muchas razones: La primera de todas es que se trató del primer concierto organizado con fines benéficos, para los refugiados del Pakistán Oriental que, huyendo de la guerra y la barbarie, intentaban llegar a la India para ponerse a salvo, pero las enfermedades y la terrible hambruna provocada, entre otras cosas, por las inundaciones habidas en esa época, hicieron que miles de seres humanos, principalmente los niños, empezaran a morir sin remedio. La carátula del disco es significativa, es terrible y sobrecogedora: Un niño pequeñito, totalmente desnudo y con las marcas de la desnutrición en su cuerpo, se encuentra sentado en el suelo con un platón enfrente de él, que contiene un caldillo blancuzco y algunos granos de maíz dentro. Con su carita triste, mira hacia un lado, como pidiendo permiso para comer. ¡Bendita la gente que no conoce el hambre, porque no tendrá nunca que preocuparse por escapar de sus garras!

La siguiente razón: El concierto fue organizado nada menos que por un Beatle; George Harrison, acompañado por otro ex integrante del cuarteto más famoso de la historia del pop, el señor Ringo Starr y toda una pléyade de grandes maestros rockeros del momento, como los también Beatles Billy Preston y Eric Clapton. Otra de las poderosas razones que lo hicieron brillar con tanta intensidad; Era la primera presentación en vivo de un integrante de Los Beatles desde hacía muchos años y eso creó una gran expectación.

Recuerdo la primera vez que me apersoné en el cine Insurgentes; una inmensa cantidad de chavos llevaban sus grabadoras Sanyo y sus cámaras Yashika, Minolta o Nikkon. Adentro era todo una fiesta de flashes y gritos de la concurrencia, la chaviza quería un recuerdo perenne de sus ídolos y se lo iban a llevar de algún modo.

Que George fuera el organizador fue toda una revelación, pues hasta ese momento y dado el carácter introvertido del genio, ninguno habíamos pensado que tuviera ganas de poder o querer constituirse en el líder de cosa alguna, pero el éxito alcanzado por el concierto vino a demostrar que el cuarteto de Liverpool estaba conformado por personalidades talentosas, capaces de echarse grandes compromisos a cuestas y salir airosos de la prueba.

El Concierto para Bangladesh le demostró al mundo, a los políticos en primer lugar, cómo es posible encontrar soluciones rápidas y efectivas para resolver problemas de extrema gravedad, sin demagogia ni afanes exhibicionistas o publicitarios. Nunca nos sentimos más orgullosos de nuestros guías, que en aquella ocasión, por mi parte, yo me supe más Beatle que nunca.

Puedo recapitular afirmando que, entonces, leía todo lo que me era posible leer, escuchaba música sin descanso y miraba películas como un poseso. Mi madre, francamente alarmada por mis excesos, me reconvenía a cada rato ¿Quieres volverte loco, acaso, piensas que puedes seguir con el tren que llevas sin que sufras las consecuencias? ¡Cuídate, hijo, por lo que más quieras, hazlo por mí! ¿Qué voy a hacer si te me mueres, si algo te llegara a pasar? ¡Mi madre!

Casi al mismo tiempo que el vicio del cine me atrapaba, otro vicio me seducía. Me volví jugador. La muerte inesperada y trágica de Marquitos, trajo como consecuencia inmediata una baja en la producción en la panadería y en lugar de procesar doce bultos de harina, en el turno nocturno, se hacían nada más que ocho. Si antes terminábamos la jornada a las seis de la mañana, ahora lo hacíamos a las tres o cuatro, con lo que nos quedaba tiempo de sobra para la baraja. Yo no sabía jugar, era la primera vez que veía un juego en el que se apostara dinero y eso llamó mi atención. Los primeros días me dediqué a observar, tratando de descubrir los trucos y mañas que los panaderos utilizaban para ganar. Después de algunas semanas de aprendizaje, empecé a ser incluido entre los jugadores. Se jugaba brisca de compañeros o conquián, en donde cada quien miraba para su santo. Los albures eran menos frecuentes, pero también se jugaban. Al principio, las apuestas eran casi simbólicas, pero al paso del tiempo aumentaron tanto, que era factible perder la raya en una sola sentada.

A mí me ocurrió muchas veces ver cómo mi próximo sueldo se desvanecía en aras de un veleidosa sota o un inconstante caballo y lo mismo podía suceder, si se trataba de bastos, como de oros, copas o espadas y la suerte perversa me volteaba la espalda; cuando ocurría, la desesperación hacia presa de los perdedores que nos quedábamos sin dinero para dar el chivo en la casa. Recurríamos a los que habían ganado en busca de un préstamo y llegó un momento, por lo menos en mi caso, en que trabajaba nada más que para pagar mis deudas. Sin embargo, esto no impidió que siguiéramos en el juego apostando lo que no teníamos. Empezó a volverse costumbre el que, aún con el turno matutino ya en plena labor, nosotros nos acomodáramos en un rincón, donde creíamos no estorbar y continuáramos con nuestro juego como si estuviéramos hechizados. Y así parecía, no escuchábamos nada, no veíamos otra cosa que el mazo de cartas cortadas y repartidas con fruición una y otra vez, al tiempo que el dinero cambiaba de posición y de manos sin que pudiéramos evitarlo.

Me volví mentiroso, también. Al principio, cuando regresaba a mi casa sin dinero, vencido por el cansancio y con la moral por los suelos, le mentía a mi madre de manera descarada, para que no se enojara conmigo, nunca se me ocurrió pensar que quizás su compadre Toño la mantuviera al tanto de mi conducta, pero sé que maese Antonio no era chismoso y que dejaba los problemas del trabajo en la panadería.

—Me asaltaron, cuando venía para acá, antes de llegar a la parada del camión.

.Lo perdí, te lo juro, a lo mejor cuando saque el pañuelo para limpiarme los mocos.

—¿Qué crees, jefa? Me robaron la lana, no supe quién fue ni como lo hicieron, el caso es que cuando la busqué, aquí en la casa para dejártela, ya no la tria, pregúntales a mis hermanos. Si, estaba convertido en un pequeño bribón.

Pero las mentiras no duran para siempre, las excusas se acaban o empiezan a sonar francamente ridículas y si las excusas cansan, la paciencia de mi madre también. —A ver cómo le haces, me dijo, pero no voy a permitir que te vuelvas un cínico irresponsable como tu padre. ¡Chín!

Mi mamá nunca lo supo, porque me guardé muy bien de decírselo, pero lo peor que me podía hacer era compararme con mi papá. Lo traía grabado como con fuego en la mente y me lo repetía a cada rato, cuando veía que las cosas se empezaban a descomponer ¡No quiero ser como mi papá, no quiero ser como mi papá! Sin embargo, parecía que cada vez era más como él.

Dicen que los males nunca vienen solos y puede que sea verdad. Como a los dos meses, después de la muerte de Marquitos,

Juanito Cadena, maese Juanito, el maestro francesero del turno matutino, desapareció sin dejar rastro.

Al principio, cuando su familia lo fue a buscar al trabajo porque no había llegado a su casa en tres días, nadie le dio mayor importancia al hecho; pensamos que andaba de farra, o que de plano andaba conchabado con alguna ñora y que por esa razón se le había olvidado donde vivía, pero al correr de los días y ante la insistencia de su mujer y sus hijos y haciendo cuentas de que, en realidad maese Juanito hacía tiempo había rebasado los sesenta y que no tomaba ni le gustaba la parranda, nos empezamos a preocupar nosotros también.

Fuimos a la delegación- reclusorio que estaba a tres cuadras de la panadería, a la cruz roja de Polanco, a la cruz verde de Xoco; con sus amigos, con sus conocidos. Nadie sabía nada, nadie recordaba haberlo visto últimamente. Era como si la tierra se lo hubiera tragado sin dejar rastro. Cansados, rotas las esperanzas, tratamos de continuar con nuestra rutina con la sensación incomoda de que las cosas estaban cambiando de un modo irreversible y no sabíamos qué hacer ni cómo lidiar con lo desconocido... Pasaron los días; largos, monótonos, interminables. El tedio se reflejaba en nuestras conversaciones que se habían vuelto sosas y sin sentido, aunque la mayor parte del tiempo permanecíamos en silencio, escuchando el run-run de las máquinas haciendo su trabajo y el radio que no se permitía un momento de descanso. Como a los tres meses después de su desaparición, Juanito entró al amasijo causando un gran alboroto entre los panaderos, venia escoltado por el encargado del negocio y algunos dependientes que los seguían; cojeaba de la pierna derecha así que se apoyaba en un horcón de pino para no perder el equilibrio y caer. Su rostro moreno reflejaba una profunda tristeza, un gran dolor, disimulado apenas por una mueca que intentaba aparentar una sonrisa. Eran como las ocho de la noche. Una vez que se detuvo, para tomar aire y descansar, lo acosamos con preguntas de toda laya: ¿Qué le pasó? ¿En dónde estaba? ¿Por qué no le avisó a nadie? ¿Por qué viene a ésta hora? ¿Y, su familia? ¿Ya les avisó, ya saben que está bien? Juanito nos miraba compasivamente al tiempo que se aclaraba la garganta para contestar. Vencidos por la emoción, no habíamos reparado en algo por demás evidente; maese Juanito tenía la cara descuadrada, una ceja estaba anormalmente más abajo que la otra y la quijada, del lado contrario, le colgaba ligeramente como si le hubieran cosido un peso por dentro, al sonreír, nos dimos cuenta que le faltaba un buen número de los dientes inferiores. Juanito no se inmutó; una vez acomodado, nos contó los detalles de su increíble odisea:

-La vez que me pasó esto, no trabajé, vine a repartirle la chamba a los muchachos y me fui, porque quería empezar a levantar un cuartito que nos hace falta en la casa. Estaba yo en la parada del camión, la que está aquí arriba, a una cuadra, cuando pasó una patrulla con dos polis dentro; serían como las seis y media de la mañana. Cuando me vieron, se detuvieron un poco adelante y después se echaron de reversa y me volvieron a observar con cierta insistencia mientras cuchicheaban algo entre ellos, se arrancaron de nuevo y de nuevo se volvieron a detener, echándose otra vez de reversa. Yo ya me estaba poniendo nervioso porque no sabía a qué tirarle con ellos, al principio pensé que me querían preguntar algo, pero cuando los vi secretearse, me dio mala espina. Entonces se pararon frente a mí y se bajaron del coche. Uno de ellos se me puso por detrás mientras el otro me ordenó sin más, -¡Súbete! Y me dio un empujón y entre los dos me metieron en el asiento de atrás.

Me llevaron por el rumbo del Desierto de Los Leones, mucho muy adelante de Santa Rosa, se metieron por una brecha y, cuando por fin se detuvieron, me empezaron a interrogar:

-¿A ver, cabrón, dinos donde traes la mota?

-¿Cuál mota, jefe? les dije.

-No te hagas pendejo, con la que te las truenas.

-No, no, patrón, yo no le hago a eso.

-¡No te hagas güey, mira nomás como tienes rojos los ojos.

-Es que trabajo en la panadería jefe, en la San Ángel.

-¿En la San Ángel? ¡Ja, más a mi favor, ahí trabaja puro pinche drogadicto!

-Ya les dije que yo no soy marihuano, ni siquiera fumo cigarrillos de los comunes.

-Entonces... ¿Porque tienes los ojos rojos, de llorar? Se empezaron a reír de mí, burlándose; de mi ropa, de mis zapatos, de mi cara, de mi aspecto.

Luego que se cansaron de reírse, me preguntaron por el dinero; les dije que no traía nada, más que lo de mis pasajes, pero no me creyeron o no me quisieron creer. Se pasaron al asiento trasero, junto a mí, uno a cada lado; yo estaba en medio, sin poder moverme para ningún lado. Repentinamente, el más grandote me dio un codazo en el estómago y me sacó el aire al tiempo que me decía que ya estaba bueno que me estuviera burlando de ellos. El otro poli me sujetó, echándome la cabeza para adelante y me empezaron a esculcar en la ropa, para ver si traía feria, al no encontrar nada me bajaron del carro y me empezaron a golpear en todos lados con los puños cerrados o a darme cachetadas mientras me decían "Pinche muerto de hambre, pinche indio piojoso, pinche panadero apestoso.

-¿Así haces el pan? ¿Así trabajas? ¿No te da vergüenza?

-¿Y usted mai, no les decía nada, no trató de defenderse, no intentó correr?

-¡Correr! ¿Cómo, pa´donde? Estaban bien ponchados y uno de ellos media como dos metros. De repente, el más bajito me pegó en los oídos haciendo cazuelitas con las manos. Yo sentí que todo me daba vueltas y que se me nublaba la vista y entonces, ese mismo que me pegó así, me empujó dentro de la patrulla. El otro se fue para el otro lado para recibirme; me jaló de los pelos y me sacó; una vez afuera, me empezó a golpear en la cabeza con la cacha de su pistola. Así me trajeron un rato. Uno me golpeaba para luego empujarme adentro del carro, el otro me recibía y hacia la misma maniobra hasta que se cansaron. Hasta que vieron que ya no me movía, Entonces me sacaron de la patrulla y ahí, en el suelo, el que tenía la pistola me dio dos balazos. Una de las balas me entró por la quijada y me rompió los dientes de abajo, pero yo creo que eso fue lo que me salvó, porque con el impulso del primer balazo mi cabeza se ladeo y el segundo tiro me pegó arribita del ojo, pero no entró al cerebro. Después, se largaron, dejándome tirado, a lo mejor dándome por muerto.

No sé cuánto tiempo estuve así, pero parece que mucho: Unos campesinos de Santa Rosa que iban por leña me vieron y regresaron a su pueblo, para hablarle a la cruz verde. Me llevaron a Balbuena, por eso no me podían encontrar.

Hace una semana apenas, pudieron localizar a mi familia y hace tres días me dieron de alta y aquí estoy.

–Con razón su gente dejó de venir a preguntar por usted.

–¿Ya pensaste en poner una demanda, Juan? Habló el encargado, un hombretón de Tlaxcala de nariz aguileña y cejas densamente pobladas.

–De allá vengo, patrón.

–¿Y qué pasó, que te dijeron? Volvió a preguntar el encargado.

Una mueca de amargura se dibujó en el rostro desfigurado del maestro al recordar: –Fui con mi mujer y mi´jo, el mayor; estábamos con el ministerio público, pero como que el señor no tenía muchas ganas de oírme, porque a cada rato me preguntaba... ¿Y usted que hizo, y ellos que hicieron, y que le preguntaron y que contestó? Y puras de ésas, y yo me di cuenta que no le importaba lo que estaba escuchando porque no levantaba los ojos del libro donde hacía como que estaba escribiendo... Y, entonces, que los voy viendo a los desgraciados, venían entrando de la calle, riéndose como cuando me estaban matando a golpes, y entonces le dije al M.P. que ahí estaban mis agresores, que esos que iban entrando a la delegación eran los que habían tratado de matarme, y solamente así, el M.P. se dignó alzar la vista, volteando hacia donde yo le señalaba con el dedo, y entonces, alzando la mano, con la palma vuelta hacia mí para que guardara silencio, llamó a los infelices.

-¡Ustedes dos, vengan para acá!

Cuando los compas me vieron, me reconocieron en el acto y se pusieron nerviosos y empezaron a mirar intermitentemente hacia todos los que estábamos ahí; ora al M.P. ora a mí y mi familia, ora entre ellos. El licenciado se me quedó viendo y me dijo... -¿Está seguro que son estos dos? ¿No los está confundiendo?

-No los confundo, licenciado, estos dos fueron los que me atacaron y me llevaron al Desierto de Los Leones para golpearme y darme de balazos.

-¿Y qué pasó y qué pasó? Preguntamos todos casi al mismo tiempo.

Otra mueca, otro intento de sonrisa, entre incrédula e indignada antes de la respuesta: El M.P. me dijo que me creía y que, si quería desquitarme, por el no habría problema...

¡Qué poca madre! Espetó uno de los tahoneros, el encargado meneaba la cabeza negativamente... ¡Qué poquísima madre! Confirmé yo.

-Como verán, me tuve que salir del juzgado con la cola entre las patas y de ahí me vine para acá, para que supieran que estoy bien y que en unos días más voy a volver a trabajar...

Ninguno de los que escuchamos el relato dijo más nada, apesadumbrados, sacamos nuestra libretita de los agravios y anotamos éste, recalcándolo con firmeza, para que nunca se nos fuera a olvidar, yo me quedé meditando un rato y terminé por concluir ¡Pinches genízaros hijos de mala madre! ¡Pinche justicia de mierda!

Hace algunos años, el cantante Billy Joel afirmó que el maestro Ringo Starr, era el Beatle menos valorado del grupo. Tiene razón, absolutamente. El maestro Ringo no solo fue el baterista de Los Beatles, también es músico, cantante, compositor, actor, productor. Su legado con el cuarteto de Liverpool es innegable y no se debe tan solo a la grabación de su tema "EL JARDIN DEL PULPO" en el último acetato del grupo, "ABBEY ROAD." Dejó plasmada para siempre su inconfundible voz en las rolas: "BOYS"

"UNA PEQUEÑA AYUDA PARA MIS AMIGOS" "EL SUBMARINO AMARILLO" "OCHO DIAS A LA SEMANA," que no es del grupo y "ACTO NATURALISTA," entre otras. Después de la disolución del cuarteto, la mayoría de los expertos apostaban por la competencia compositiva que generaría la supuesta rivalidad entre John y Paul, George no los seducía mayor cosa y ni hablar del ex baterista.

Como es costumbre, los expertos se equivocaron, no solo no se dio la tan esperada competencia, sino que Ringo Starr sorprendió a todos con una febril actividad discográfica que complementó con una loable intervención en el cine, cuya cima está representada por la película "EL CAVERNÍCOLA" filmada en locaciones del estado de Durango, en nuestro país. Pero "los expertos" no descansan nunca y con espíritu canino, le hincaron el diente apenas fue estrenada. Ringo aseveró, muchos años después, que durante el tiempo que estuvieron juntos; entre Los Beatles se habían presentado momentos de verdadero amor entre cuatro amigos, lo dijo con un cierto tono de nostalgia en la voz. Del gran cariño que sentía por sus amigos da cuenta, entre otras cosas, el haber sido el único de ellos que logró conjuntarlos en sus grabaciones como solista; no solamente le dieron temas o lo ayudaron a componer otros, lo acompañaron tocando algunos instrumentos y le auxiliaron en la producción final de sus discos. Casado por segunda vez, ahora con la ex chica Bond, Bárbara Bach, el alcoholismo los hizo su presa, por algún tiempo. Es comprensible, Bárbara era una joven y bella actriz, cuya carrera prometía buenas cosas, a las que tuvo que renunciar para sumirse en el anonimato como la esposa de un baterista al que pocos se tomaban en serio; su lucha interior debió haber sido un infierno insufrible de contradicciones sin fin y el alcohol representó su única posible salida. Por su parte, el maestro Starr ya no pertenecía a ninguna parte, su grupo, que fue su familia durante muchos años, se había disuelto y el era como una embarcación a la deriva. Debía subsistir, salir adelante por el mismo, sin el cobijo de sus amigos, pero ¿Cómo? Solamente algunas de sus canciones de aquella época, pudieron acceder a las listas de popularidad y ninguna de ellas se mantuvo por mucho tiempo. ¡Golpe terrible para quien estaba acostumbrado a ocupar continuamente los sitios de privilegio! Lo que maese Ringo no comprendió en ese momento, fue que su trabajo anterior lo avalaba sobre manera, que no necesitaba aparecer en ninguna lista para que nosotros compráramos sus discos y lo disfrutáramos en lo individual. No entendió que el hit-parade es un espejismo que no dice nada, que no refleja la trayectoria de un músico de su categoría, pero estamos hechos a los estándares y no cabe duda que el dilema parecía un reto sin solución, el vino parecía la salvación, la puerta de escape de tanta mal hadada suerte. No obstante que la nube parecía más grande y negra de lo que en verdad era, ambos lograron recuperarse a base de fuerza de voluntad y empeño y nuestro amado Ringo siguió con su trabajo musical, ahora con un grupo de viejos rockeros, rescatados por el del ostracismo y reunidos al conjuro de su carisma, su personalidad y su talento. Podrá decirse que su vena como compositor no se compara con la de ninguno de sus antiguos camaradas y esto es cierto, pero nadie puede negar que con sus discos, el maestro de la batuca ha demostrado, más que fehacientemente que tiene por lo menos el mismo nivel de intuición creativa que les era atribuido a los otros. Ringo es cáncer, nacido el 7 de julio de 1940 en Liverpool, su astro regente es la luna y su elemento natural es el agua. Siempre ha sido una persona tranquila, afable, que ha sabido honrar a sus amigos, brindándoles un amor pleno, sin cortapisas ni regateos, ajeno por completo a envidias y egoísmos.

Su participación en el famosísimo "Concierto para Bangladesh," organizado por George y muchos años después, en el otro concierto, el organizado por el también beatle Eric Clapton, en honor y como homenaje al llorado maestro Harrison, demostró ese cariño entrañable con que la gente le corresponde. Tal vez fue, de los cuatro miembros del grupo, quien más resintió la separación de la banda y quizás eso haya provocado que buscara desahogarse, entregándose al trabajo fecundo y creador, como decimos en nuestro país. Si existiera un Premio Nobel de la música y la amistad, Ringo Starr sería el candidato natural para obtenerlo. El maestro Richard Starkey está envejeciendo con la categoría y dignidad con la que solamente las personas de bien pueden hacerlo.

Indudablemente para George Harrison (25 de febrero de 1943-29 de noviembre de 2001) la vida le significó un reto constante. No solo para adaptarse rápidamente al grupo que se estaba formando, comandado por John Lennon, sino para lograr sobresalir por méritos propios, gracias a su constancia y férrea voluntad. Fueron retos importantes para él, organizar y sacar adelante, con gran éxito, el concierto para los damnificados de Bangladesh, que tiene la distinción de haber sido el primero en efectuarse con fines humanitarios, además de componer en unos cuantos días el tema principal de dicho concierto y no un tema cualquiera, para salir del compromiso, sino una hermosa y sublime canción que apela a la buena voluntad y a la magnanimidad de los oyentes. Todo un reto le significó, sin duda, superar el agrio distanciamiento de Lennon y McCartney y saber mantenerse neutral; un reto especial le significó, sin duda, seguir componiendo sus rolas sin que perdieran un ápice de calidad y con el sello personal logrado desde sus tiempos de Beatle. Un reto mayúsculo fue enterarse de su padecimiento mortal y conservarlo como lo que era, algo personal con el cual los medios no tenían por qué medrar. George Harrison, el hermano menor que cuidó del más grande todo lo que pudo (Ringo) hasta donde sus fuerzas se lo permitieron. George Harrison, el mejor guitarrista del mundo en su momento, el hacedor de sonidos incomparables, el creador de estribillos, como él les llamaba, inconfundibles e irrepetibles. Si Ringo Starr sorprendió al mundo con su inusitada actividad discográfica, el maestro Harrison lo hizo con la grabación que se volvió de inmediato un himno de amor a la gratitud "MI DULCE SEÑOR." Si tuviéramos que darle un nombre a la amistad desinteresada, sería sin duda George Harrison.

Tal vez muchos estén en desacuerdo, pero las composiciones de maese Harrison son tan espléndidas o más, que las de los propios Lennon y McCartney y no me refiero exclusivamente a temas como SOMETING, que por sí misma es una obra de arte del pop y de la música toda, esto es, de cualquier tipo de música en la que podamos pensar, ni de la súper estructurada AHÍ VIENE EL SOL, porque si buscáramos una rola que lo definiera con exactitud, diríamos entonces que, MIENTRAS LLORA MI GUITARRA, es la cúspide, la cumbre indiscutible del pop moderno. Su sencillez es tan elemental y al mismo tiempo tan complicada, tan difícil de repetir, que todos los grupos que la han intentado, necesariamente se han quedado cortos; muchos exageran el requinteo en el solo de guitarra, lo que acaba por desdibujar la esencia del tema, los más, alteran la entonación original, haciéndola más rápida de lo que debe ser, con lo que pierde intensidad, otros creen que agregando un número ilimitado de liras van a poder obtener los sonidos armónicos que consiguieron Los Beatles. No, a la manera de una sinfonía, MIENTRAS LLORA MI GUITARRA, debe ser ejecutada con la parsimonia, con la cadencia, y dulzura con la que fue concebida, nada más, pero nada menos. Una característica insoslayable de la grandeza, es la humildad; saber reconocer las limitaciones para poder superarlas haciendo a un lado el lastre de la arrogancia. George Harrison supo y admitió, que ésta rola en particular, requería la intervención de un guitarrista con una sensibilidad especial y de inmediato pensó en su gran amigo Eric Clapton para que les ayudara en la grabación. Convenció a los demás integrantes del grupo, que aceptaron la idea y el Beatle Clapton se presentó para comenzar los ensayos.

Muy raramente puede encontrarse una pieza musical, en la cual el nombre y el contenido estén tan íntimamente asociados como lo están en ésta pieza magnífica. En MIENTRAS LLORA MI GUITARRA, Eric Clapton arranca lamentos desgarrados a su lira que como un sollozo se prolonga hasta la culminación del tema, acompañado a su vez por una voz lastimera que se diluye en el final. Efectivamente, podemos escuchar una guitarra llorando, gracias a la magistral ejecución del invitado, en tanto la letra nos habla del dolor de alguien que observa, cómo la degradación cobra su presa sin que nadie intervenga para evitarlo.

Que el maestro Harrison era piscis, no cabe duda, tenía un carácter tan divergente como inesperado. Podía estar de buen humor y ser simpático y ocurrente, o podía estar de un genio insufrible. Era sarcástico y mordaz; no se tentaba el corazón para llamar a las cosas por su nombre, aunque lastimara con ello al que fuera el objeto de su diatriba. Era directo, incisivo, puntilloso, sobre todo, en los aspectos que le interesaban de una manera especial. Cuando se enfrascaba en un proyecto, no descansaba hasta verlo realizado a cabalidad, siempre con el toque de profesionalismo que les era característico a todos los integrantes de la banda. Terrible momento le significó, indudablemente, llegar a la casa del maestro Lennon y encontrarse con la novedad que el líder estaba por grabar una canción sarcástica y ofensiva en contra de Paul como respuesta airada a las declaraciones impertinentes de aquel. No olvidaba maese Harrison que su inclusión en la banda se la debía a McCartney y debió sentir que el mundo se le venía encima cuando John lo invitó a tocar con él la canción de marras. En la película IMAGINE, que registró el hecho, es posible ver a un George incómodo y a disgusto, lamentando quizás, haber tenido la mala ocurrencia de una visita tan inoportuna. Amigo a carta cabal, nunca se le pasó por la cabeza que tuviera que hacerse partícipe de una respuesta vulgar y ofensiva (John le llamaba "perra" a McCartney) como la que se estaba ensayando. A pesar de sus defectos y su carácter cambiante, nunca fue prepotente, ni se dejó envolver por los veleidosos ropajes de la fama: antes por el contrario, aprovechó su situación de privilegio para ayudar a los demás. Amaba a sus amigos desinteresadamente y hacia por ellos todo cuanto pudiera si se lo solicitaban. Si Paul McCartney puede presumir de tener miles de seguidores, podemos afirmar sin ninguna duda que George Harrison tiene miles de amigos, la diferencia no es nimia. Aún antes de su viaje por La India, el maestro Harrison había demostrado su interés por la cultura milenaria de ese hermoso país, cuando utilizó un citar para la grabación de BOSQUE NORUEGO, ese interés inicial, convertido posteriormente en amor, lo llevó a componer THE INNER LIGTH, con instrumentos musicales indios.

Siendo el amigo que era, sus amigos no se mostraban remisos cuando les solicitaba su apoyo y así quedó demostrado en El Concierto para Bangladesh, en donde una miríada de rockeros de todas partes del mundo se dio cita para sacar adelante el proyecto, encabezados por su admirado Ravi Shankar. El maestro Harrison siempre afirmó que el necesitaba un grupo que lo acompañara para sentirse completo y, casi al final de su viaje, logró conjuntarlo, encabezado por Tom Petty y Los Heartbreakers, con los que grabó el disco HANDLE WITH CARE. Si para los seguidores de Los Beatles, su separación fue un balde de agua fría, la muerte prematura de maese Harrison significó un descalabro mayúsculo para todos. Como consuelo, nos queda su música maravillosa, incomparable, inconfundible. En el concierto que organizó su cuaderno, su carnal, su hermano, Eric Clapton, para conmemorar y honrar su memoria, el ahora venerable Ravi Shankar, dijo, con su voz cálida y paternal, que George Harrison, de seguro estaba presente en la sala, cómo no iba a estar, dijo, cuando todos sus amigos, todos los que lo amaban, estaban reunidos para tocar sus canciones para él. En verdad, cómo pensar que no está con todos nosotros cada vez que lo escuchamos a través de sus rolas.

Paul McCartney o yo, el magnífico.

Hace algunos años... -¡Buuuu, sáquenlo!... Bueno, hace ya muchos años... -¡Eso, así, si! ¡Bravo! ¿Qué te cuesta reconocer?-... Ejem, bien; decía que hace muchos años, leyendo una antología de León Tolstoy y Fedor Dostoyevski, el encargado del prólogo comparaba a los dos, con dos magníficas cimas y decía: "Para el viajero que viene por un sendero, en campo abierto, grande será su sorpresa al encontrarse de pronto, con una inmensa montaña de elevada cumbre. Esa cumbre sería León Tolstoy, pero esa sorpresa no tendría límites, si, al escalarla, descubriera detrás de la primera, una segunda cumbre igualmente imponente y maravillosa llamada Fedor Dostoyevski.

Ingrata comparación, pensé yo, si por alguna razón no hay escalador que se atreva a subir la primera, jamás reconocerá la segunda. En México tenemos dos cumbres igualmente altas y majestuosas, pero éstas, a diferencia del mal ejemplo anterior, no se ocultan una con otra, por el contrario, se acompañan y una cuida de la otra con el fervor de un devoto. Así, es posible no solo admirarlas, sino compararlas extasiándose en su magnificencia.

Del mismo modo, es posible admirar a dos cumbres del ámbito musical popular; la una se llama John Lennon, la otra, sir Paul McCartney.

El controvertido McCartney nació en Liverpool, el 18 de junio de 1942 y tal vez, cuando conoció al maestro Lennon durante la feria de la villa de Woolton, un sábado 6 de julio de 1957, nunca se imaginó que su vida cambiaria para siempre.

De cualidades innatas inobjetables, no podía esperar mejor suerte que encontrarse con alguien que reconociera su talento sin ambages y le pidiera pertenecer a una banda en donde podía explotar toda esa capacidad creativa con que el mundo lo reconoce.

La firma Lennon- McCartney en la inmensa mayoría de las grabaciones de Los Beatles, es un sello de garantía de calidad y solvencia musical indiscutibles. Si EL JARDIN DEL PULPO está íntimamente ligado al maestro Ringo Starr y MI DULCE SEÑOR e IMAGINA, a George Harrison y John Lennon respectivamente, y son, por sí mismas, el legado que mejor los identifica, YESTERDAY y LET IT BE son y serán siempre, la tarjeta de presentación del maestro Paul McCartney.

Un largo camino ha sido andado desde entonces y nadie puede negar la enorme contribución de sir Paul al grupo. Como un manantial inagotable, de su inspiración surgieron temas que fueron el soporte y sostén de Los Beatles durante todo el tiempo que permanecieron juntos. Pero el maestro Paul es, aparte cumbre magnífica, como un enorme y caudaloso rio que tiene que ser conducido y guiado para no desbordarse; que necesita de un dique que lo contenga y lo suavice, dejando escapar su torrente poco a poco, para sacar provecho de sus bondades, pues un rio de ésta naturaleza, cuando se sale de madre, arrasa todo lo que encuentra a su paso causando más estragos que beneficio. Durante su etapa de Beatle consagrado, ese dique se llamaba John Lennon y cuando el dique desapareció, el enorme caudal de ese rio maravilloso se difuminó, tanto y tan aprisa, que casi desapareció del lecho que lo albergaba, dejando apenas alguna huella visible de la majestuosidad que una vez lo identificara.

Es difícil de aceptar, parecería poco probable, pero así es. También parece una contradicción, decir que, primero, encontró alguien que lo supiera valorar en todo su esplendor creativo y lo estimulara a sacar adelante su potencial musical y después afirmar, sin rubor, que esa misma persona se haya constituido en la barrera que lo contuviera, para que no se perdiera en la nada. No hay tal contradicción, en verdad, cualquiera que haya visto o tenga oportunidad de ver la película LET IT BE, se dará cuenta de lo anterior. Cuando sir Paul se desbordaba, se desubicaba o se salía de curso; con un simple movimiento del cuerpo, con un gesto, con una nota apenas perceptible de su lira, el dique Lennon lo volvía de inmediato al redil, tanta era la comunión que existía entre los dos, que no necesitaban de grandes aspavientos para entenderse. Y Paul comprendía, se reubicaba y seguía adelante con su trabajo. Sin embargo, maese McCartney saturaba muy rápido su fluvial naturaleza y se desbordaba constantemente con actitudes que no siempre fueron necesariamente musicales. Su aportación a la banda con rolas que fueron en la mayoría de los casos, primer lugar en las listas de popularidad y el propio convencimiento de que era un compositor excepcional, lo llevaron, en un momento determinado a creer que él era el alma del grupo y que los otros solo estaban para acompañarlo y ayudarlo a realizar sus excentricidades. Acabó dirigiendo la película VIAJE MAGICO Y MISTERIOSO, porque aparentemente, no encontraron a nadie de su gusto que la terminara; cuando se quedaron sin manager, se hizo cargo personalmente de varios asuntos relacionados con los intereses del cuarteto, al faltar un administrador para su marca APPLE, intentó que su suegro se hiciera cargo del asunto, pero sus intenciones chocaron siempre con la oposición de los demás integrantes que adivinaban sus intenciones. McCartney siempre se defendió aduciendo que sus actos eran, todos, en beneficio del grupo. Es verdad, pero la otra cara de la moneda es que detrás de esas nobles intensiones se escondía la megalomanía de querer ser reconocido como el salvador de Los Beatles, el emoliente de Los Beatles, el elemento gracias al cual se mantenían la unidad y congruencia musical de la banda. Tal vez se imaginaba los titulares de los principales diarios del mundo con encabezados como: "Paul McCartney rescata a Los Beatles," "El genio McCartney toma el control," "Los Beatles viven, gracias a Paul:" Paul, Paul, Paul, siempre Paul, solo Paul. Fue Paul el que acudió a los tribunales para solicitar su separación legal del cuarteto, Paul el que accedió para que se vendieran los derechos musicales del grupo al finado Michael Jackson; fue el maestro Paul el que solicitó, sin una pizca ya de vergüenza, desvincular legalmente su nombre del binomio Lennon-McCartney con el que todo el mundo identifica las rolas Beatles y que gracias a la férrea oposición de Yoko Ono no pudo lograr. Como olvidar el empujón que le propinó a Ringo Starr para sacarlo del centro del escenario durante la presentación pública de productos relacionados con el cuarteto.

Error tras error, resbalón tras resbalón, una vez roto el dique, el maestro McCartney se ha dado a la tarea de autodestruirse creyéndose por encima de los demás, pensándose superior a sus ex compañeros, sintiéndose inmune y colosal. Siempre ha dicho que admiraba profundamente a John y a lo mejor es verdad, pero esa admiración no parece estar refrendad por ninguna acción que la avale. ¿Compuso alguna rola de reconciliación para su amigo? ¿Lloró su muerte atraves de una magnífica melodía? ¿Organizó algún tipo de homenaje para celebrarlo, una vez que Lennon se hubo marchado? La respuesta es simple y contundente: NO. Tal vez se deba a que la "flema inglesa" no permite exteriorizar los sentimientos más tiernos, porque puede prestarse a malas interpretaciones, pero su cacareada admiración tenía más visos de envidia que de reconocimiento, eso nunca lo podremos saber. "Hechos son amores y no buenas razones" señala la conseja popular. De la mano de su enorme egolatría y autocomplacencia, el genio se ha ido de bruces varias veces sin que apenas lo haya notado. La mayoría de sus actos han demostrado, una y otra vez, que, al ser bendecido por la fortuna creativa, ha pretendido situarse por encima de su mentor sin conseguirlo. Tal vez se deba a que ama los aplausos y los reflectores más que nada en el mundo y valora más su propia fama que la amistad y que no puede estarse tranquilo si no ve gente rindiéndole pleitesía constantemente. Para demostrar lo bueno que es, se dio a la tarea de componer una sinfonía ramplona que nadie escucha, porque a nadie le interesa; acude a todas las reuniones a las que es invitado, posa, concede entrevistas, toca con su banda en todos los lugares que lo solicitan, pero la verdad monda y lironda es que, salvo cuatro o cinco temas de relativa importancia, sin el guía, sin el ejemplo que lo animaba, su vena de compositor se secó tal vez para siempre. Es posible que haya grabado algunos discos, que de cualquier forma no fueron tan buenos ni tan continuos como los del maestro Ringo y es posible que lo podamos seguir disfrutando en sus presentaciones en vivo, pero el McCartney de los viejos tiempos no volverá.

Se me ocurre pensar en sir Paul como en una estrella brillando en el firmamento; no una enana blanca, cuya luz es tan intensa que ciega, tampoco en una gigante roja cuyos débiles reflejos apenas pueden ser notados a simple vista. Se me ocurre pensar que McCartney se asemeja más a un pulsar; esas estrellas que tienen tanta energía, que se colapsan sobre sí mismas y, al hacerlo, empiezan a girar a velocidades vertiginosas emitiendo emanaciones de luz de manera intermitente, como un gigantesco faro celestial que nos hace guiños cada que pasa frente a nosotros mientras nos dice con su voz cálida y educada <somos lo que somos y no lo podemos evitar>

Que siempre necesitó de alguien que lo condujera, que lo ubicara y lo mantuviera en su cause, quedó plenamente demostrado en el concierto-homenaje que el Beatle Eric Clapton organizó en memoria de su amigo, de su hermano George Harrison; ahí, el hecho fue más evidente que nunca. Cuando Ringo Starr terminó su participación, el maestro Clapton se le acercó y le susurró al oído que se encargara de presentar a Paul ante el público, el cual lo recibió puesto de pie con una estruendosa ovación, maese McCartney se plantó ante el micrófono y pretendió echar su rollo, ("genio y figura, hasta la sepultura") pero el Beatle Clapton se lo impidió apurándolo para que empezara con su actuación; molesto, a sir Paul no le quedó más remedio que obedecer. Una vez concluida la magistral interpretación del tema SOMETING, con la participación entusiasta de todos los músicos presentes en el escenario, al maestro Paul por fin le cayó el veinte de que no era él el homenajeado, sino su antiguo camarada George y entonces, se integró plenamente al elenco de magníficos artistas que participaban como él, bajo la batuta magistral e increíble del maestro Eric.

Aunque es poco probable, tal vez algún día, con la calma que propicia la edad, Paul McCartney se dé cuenta que no necesita demostrar su calidad constantemente y que los aplausos no siempre son sinónimo de complicidad, pero, como al hijo desbalagado, le perdonamos sus excesos y lo seguimos amando igual que el primer día que lo descubrimos, al lado de la otra cumbre que siempre lo protegió, aunque no se haya dado cuenta; por todo lo que nos ha dado a lo largo de nuestras vidas. ¡Gracias, maestro Paul!

Que la felicidad es un arma caliente, pudo comprobarlo John Lennon desde muy temprana edad. Primero, cuando sufrió el abandono de su padre; poco después, cuando su madre hizo lo mismo; más adelante, con el férreo control con el que su tía Mimí pretendía conducirlo y pudo confirmarlo, una vez más, con la trágica y prematura muerte de su madre, que lo arrojó de golpe a la orfandad casi total. Para las culturas anglosajonas, esa clase de acontecimientos nos marcan para toda la vida y son los directamente responsables de las conductas que adoptemos en el futuro, ya sea para sobrellevarlas, o para superarlas, si podemos. El joven Lennon, supo que tendría que aprender a valerse por sí mismo para salir adelante, Sabía que estaba solo, sin guía y sin control y eso lo colocaba en una posición ambivalente, aterradora y difícil pero atractiva. Estaba solo, cierto, pero también era libre y eso le ayudó a ver el mundo, muy pronto, en toda su magnífica crudeza.

Los Beatles provenían todos de los barrios proletarios de Liverpool y ya se sabe que en los barrios bravos tienes que ser o mostrarte fuerte para sobrevivir. La agresividad que se le atribuye a la banda tiene su origen en esas circunstancias, pero, como todas las cosas en la vida y máxime tratándose de personalidades de resonancia mundial, esa clase de conductas se magnifican y pueden marcar, de manera definitiva, a quienes contestan una provocación de forma airada. No debemos olvidar que Los Beatles se formaron en Hamburgo (la ciudad del vicio y del pecado) como era conocida en aquel entonces, en donde aprendieron a luchar y a defenderse de las constantes agresiones de que eran objeto por parte de los parroquianos que gustaban de retarlos a cada instante. Con estos antecedentes, basta que eleves un poco la voz o grites si tienes que hacerlo, para que te cataloguen de violento, de irascible, de intransigente. Ya encarrerado el gato, si John era el líder del grupo, entonces ¡oh, inteligentísima deducción! Era por necesidad el más violento.

Tampoco pueden dejar de mencionar su afición a las drogas y al alcohol, pero lo mismo que con la violencia, son poco objetivos y no contemplan el contexto, tal vez porque les da flojera razonar: Empero, si de vicios se trata, el suyo no era mayor ni tan arraigado como el de algunas personalidades de la época, se me ocurre pensar en el mismísimo Ray Charles, en Jim Morrison, en Jimmy Hendrix, en Janis Joplin, y por supuesto en su manager Brian Epstein y solo por mencionar a algunos de ellos ¿Era el impulso de la época que como una onda expansiva los alcanzó a todos? A lo mejor.

Lo del alcoholismo es un poco más fácil de comprender; en palabras del maestro Starr: <Con tantos y tan sonados triunfos, nos la pasábamos festejando> ¿Debieron hacerlo con agua? ¡Ja!

De cualquier forma, cuando John Lennon descubrió el rock and roll, supo que quería ser rockero y nada más. Su deseo lo llevó a formar muy pronto un grupo con el que tocaba en algunas tardeadas, no tanto para sobresalir o mantenerse de ello, sino para afinarse como músico, aunque debiera hacerlo con una guitarra vieja y de mala calidad. Entre los jóvenes, la prisa lo es todo, si pudieran hacerlo, se comerían al mundo de un bocado, pero, pese a todo lo que se quiera elucubrar al respecto, John, se entrenaba, se forjaba en el crisol de los barrios bajos de Liverpool tocando, tocando y aprendiendo. Tenía una idea fija, grabada en su mente como con fuego: quería ser el mejor, debía ser el mejor a pesar de las limitaciones y obstáculos que tuviera que vencer, a pesar de las reconvenciones y críticas de la tía Mimí. Dicen que la suerte siempre está del lado de los osados, de aquellos que son capaces de resistir presiones y negativas sin tomárselo nunca a pecho porque comprenden que es parte del entramado con que pretende protegerse cierta parte de la sociedad que no ve, que nunca ha visto con buenos ojos que alguien ajeno se salga del huacal en donde debe permanecer encerrado toda su vida porque así ha sido escrito.

Maese Lennon era arriesgado y si se había fijado una meta, nada en el mundo podría hacerlo cambiar de opinión. Así, la veleidosa fortuna se condolió de él y puso en su camino, casi al mismo tiempo, a dos muchachos que lo acompañarían en el largo camino que estaba por emprender. Aparte de perspicacia y una muy desarrollada intuición... ¿Qué se necesita para ser un gran líder? No solamente una férrea voluntad, importan y mucho, los modos, las formas, el trato para con los otros, el no pretender imponer nunca, de manera arbitraria, puntos de vista equivocados o necios.

John Lennon poseía todas esas cualidades a raudales y más, en ese sentido, la naturaleza fue pródiga con él y el maestro supo sacar provecho de sus dones. Sabia escuchar, atender a las opiniones de otros, llegado el caso, sabía imponerse con claridad inobjetable. Indudablemente, el descubrimiento de McCartney le significó un estímulo no contemplado, pues lo obligó a descubrir el arte de la composición.

Pese a todo lo que se ha dicho acerca de su carácter, el maestro Lennon era una persona noble y agradecida, tenía la capacidad de reconocer las cualidades de los demás y sus propias limitaciones: Nunca fue parco a la hora de prodigar elogios a quienes lo merecieran y tampoco se andaba por las ramas si de exigir se trataba, más aún, si esas exigencias tenían que ver con su trabajo. Siendo un libra por los cuatro costados, John Lennon estaba imbuido por la pasión: Ponía pasión en cada uno de los proyectos que emprendía, tenía pasión por la vida, por sus amigos, por su familia (aunque parco, también, pocas veces lo demostrara) por sus mujeres, por los instrumentos que le permitían obtener los sonidos que imaginaba para la grabación de las rolas Beatles, pasión en fin, por todo lo que lo rodeaba y que constituía su mundo y su verdad. La pasión es la rueda que hace girar al mundo, sin esa pasión, el mundo se detendría tarde o temprano. Los poetas dicen que el amor es ese engranaje supremo, pero el amor simple, no tiene la fuerza necesaria para tan colosal empresa.

Cuando Bryan Epstein acudió por primera vez a La Caverna, para escuchar a un grupo rockero que estaba causando sensación, el tipo que llamó su atención de inmediato, por sus desplantes, por su desfachatez y desenvoltura, por su innegable carisma, fue John Lennon y supo, con solo mirarlo de lejos, que ese era el líder del cuarteto. Después de ese primer encuentro, lo demás es historia conocida.

Si Paul McCartney puede presumir de haberle dado una enorme cantidad de canciones a Los Beatles, maese Lennon podría hacerlo de haberles agregado calidad. Efectivamente, las letras con más sentido, con mayor profundidad, con una auténtica carga filosófica, sin contar las del propio Harrison, son de John Lennon. También las innovaciones estructurales y la creación de sonidos únicos (como la reverberación acústica creada con la guitarra, al ser rasgueada frente a un amplificador y que fue copiada por otras bandas). Dicen los "expertos" que los seguidores y los fanáticos de Los Beatles siempre culparon a Yoko Ono de ser la causante de la disolución de la banda y aquí habría que ser muy cuidadosos en la respuesta. Algunos, sí, por supuesto. Todos, de ninguna manera.

Para los que amamos verdaderamente a ese grupo excepcional, Mademoisle Ono fue, es y será, el complemento ideal para un tipo de las características del maestro; su otra verdadera mitad, su mitad positiva, su complemento. Que le guste o no a algunos imbéciles, esos es otro cuento, porque finalmente, uno se junta y vive con quien verdaderamente nos comprende, con quien nos apoya, con quien nos impulsa, importa un carajo si es mayor o menor que nosotros, lo verdaderamente importante, es la comunión que pueda establecerse entre los dos. Cuando se toca éste tema, es fácil olvidar las ofensas, los agravios, los insultos directos que la pareja tuvo que soportar: ¿Cuánta insidia, cuánta malevolencia se necesitan para hacerle sentir a alguien su desacuerdo por sus actos, así éstos, no nos afecten ni nos incumban. Que Yoko Ono era fea, le escupieron a la cara públicamente ¿Cómo pudieron atreverse? Dicen que el tiempo pone a cada quien en su lugar y, sin duda, así es. Con el paso de los años hemos podido comprobar que la Señora Lennon no solamente es una mujer inteligente y sensitiva, también es juiciosa y mesurada. Hablamos de una mujer que le dio al maestro John, todo lo que tenía para dar y más: amor, lealtad, apoyo incondicional sin reservas, sin chantajes sentimentaloides, demostrándole al mundo la clase de dama que en verdad es. Como dijo el poeta Baudelaire; "El que quiera entender, que entienda."

Antes de caer abatido por las balas de su asesino, en Nueva York, maese Lennon recibió dos puñaladas traperas en donde más duele: En el alma; la una, se la propinó su amigo querido Paul McCartney, con las declaraciones hechas en su contra, apenas disuelto el grupo. La otra, igualmente perversa, se la propinó el mismísimo George Harrison cuando dijo ante los chicos de la prensa que John Lennon nunca le había enseñado nada y que por tal motivo, nada le debía. ¡Tenga pa´que entienda! ¡derecha la flecha al pecho! Como un estoico, John aguantó la vara y no solo eso, desmintiendo con creses a sus biógrafos y detractores, perdonó de todo corazón a McCartney y borró la mala cinta de su memoria para seguir con su vida. El maestro Paul los visitó, tiempo después, a él y a su esposa Yoko, en su departamento de Nueva York, y continuo la amistad. Dada su enorme calidad humana, tal vez, cuando iba agonizando en la ambulancia que lo trasladaba al hospital, también perdonó al inefable George; el hermano menor con quien se reuniría de nuevo, por obra del destino, en otra parte; en el lugar donde los sueños pueden confundirse con la realidad.

Muchos años después, frente a las cámaras que los filmaban, Los Beatles sobrevivientes recordarían los momentos difíciles y azarosos en los que, para animarlos, maese John les preguntaba:

- ¿A dónde vamos muchachos?
- ¡A la cima John, a la cima!
- ¿Y... dónde es eso?
- ¡En la cima de la tirima!

Y así fue... Cierto día, al despertar, se dieron cuenta que habitaban un lugar llamado "La cima de la cima" pero, con desencanto, descubrieron que se trataba de un páramo triste y desolado, en el que los sentimientos más cálidos de la condición humana no existían y entonces comprendieron, que ese sitio por el que tanto habían luchado y que tantos esfuerzos les había costado escalar y por el que habían sacrificado tantas cosas, era un erial que los tenía atrapados y del que no podrían escapar nunca más.

OYE COMO VA

(CARLOS SANTANA:
Sobre un tema de Tito Puente)

Antes de comenzar y si a ustedes no les importa, señores ministros, me gustaría saber ¿Por qué estoy aquí, de que delito se me acusa? ¿Cuál es mi crimen? Porque nadie se ha tomado la molestia de decirme nada, de aclararme nada. Todo pasó muy rápido, sin darme tiempo siquiera de avisarle a mi familia que me traían para acá... No, no me golpearon, tampoco fueron groseros u ofensivos, es que no dijeron una sola palabra, como si fueran mudos o tuvieran órdenes expresas de no abrir la boca y la verdad es muy desagradable verse de pronto en una situación como ésta en la que yo me encuentro sin conocer el motivo, sin que nadie quiera explicarle a uno lo que está pasando... ¿Juicio, señor? Pero si ni siquiera sé cuáles son los cargos que se me imputan, además, tampoco tengo abogado, ni consejero, ni nadie que me pueda ayudar... ¿Que no los necesito, dice usted? Así será, tal vez, pero para mí que ésta situación es totalmente irregular, como que no va... Bueno, si solo son preguntas, pero usted acaba de decir algo de un juicio... ¡Ah, oh, entiendo! Elementos de juicio, ¡Puff, que susto!.. ¿De la manifestación? No, yo estaba muy lejos, por la calle de Lieja, me estaba comiendo unos taquitos de suadero; en ese puesto que le digo los hacen muy ricos, con frijolitos medio refritos, lechuguita, rabanitos y la salsa, señor juez, la salsa es lo mejor de todo, tiene un picorcito que se queda adherido al paladar un buen rato, a pesar del tepache, ¿Se les está haciendo agua la boca? A mí también, solo de acordarme... ¿Como dice, señor? ¿Que a ustedes no se les hace agua nada? Perdón, yo creí... De pie, bien, firmes, bien, serio, está bien... ¿Protestar? Pero claro que sí, protesto por la manera arbitraria e ilegal en la que me agarraron, conculcando (no sé qué significa, pero se oye bien chido) pasando por encima de mis derechos constitucionales y anticonstitucionales y todos los que se les parezcan y opongan. ¡Aaah, jurar! esa protesta es como jurar, de acuerdo, de acuerdo, entonces, ustedes dicen que tengo que jurar, que tengo que decir la mera verdad, delante de sus excelencias, pero ¿Qué verdad esperan de mí? Y, además ¿Quién me garantiza que me van a creer, que lo que yo exprese aquí va a ser tomado en cuenta? ¿Ustedes, dicen? ¿Y yo como voy a saber que están siendo honestos conmigo? ¿Quién me garantiza que no se van a aprovechar de mi situación? Vean, nomás, la sala está llena de polis, y de ésos señores trajeados con cara de pocos amigos, como si tuvieran agruras, esto me da mala espina, soy sincero, señores magistrados, no les tengo confianza. No sé cuáles son sus pretensiones, pero no creo que se trate de nada bueno, al menos para mí, sobre todo, porque sus cancerberos me dijeron, cuando me subieron a la julia, que, según ustedes, soy un peligro para México ¡Un peligro para México! ¿Se dan cuenta del tamaño de esta infamia? ¿Han calibrado sesudamente sus alcances? ¿Cómo se puede hablar tan a la ligera? ¿Cómo se puede ser tan irresponsable al señalar a alguien así? ¡Está bien, está bien, no tienen por qué impacientarse! Total, pudo ser una frase dicha al calor del momento, como cualquiera otra; una gracejada, sin duda. Una ocurrencia de alguien sin mucho sentido de la dignidad, sin calidad moral, por eso dudo que haya sido alguno de ustedes el que dijo tal barbaridad.... Bueno, si no queda de otra, si hay que jurar, pues juro y a lo que te truje, Chencha. Juro ante todos ustedes, aquí presentes, pero principalmente por mí, por mi propio derecho y por "usufruto"... No, no escucharon mal, sus señorías, está bien dicho, así hablaban nuestras gentes hace ya muchos años y si lo piensan con calma, ésta forma de hablar tenía un cierto encanto fonético, un algo de inocencia gramatical que no demeritaba al lenguaje para nada pero que se ha ido perdiendo con el paso de los años, por desgracia; además, es el argumento que utiliza P.P. para justificar uno de sus múltiples latrocinios de tierra. ¿Que, qué tiene que ver Pedro Paramo en todo esto? Nada, yo nomás decía. Sí, señor, entiendo, entiendo.

Pues bien, señores del jurado, miembros de éste honorable consejo de doctores de la ley, o, tal vez debería decir "dotores" para estar más a tono con lo que acabo de decir ¡Por favor, no se ofendan! Les aseguro que no estoy tratando de hacerme el gracioso, ni de pitorrearme de ninguno de los aquí presentes como lo están insinuando algunos. Entonces, prosigo.

Puesto que así me lo ordenan, juro entonces ante ustedes y declaro solemnemente, en pleno uso de mis facultades físicas y mentales, que solo les voy a decir la neta, la pura neta monda y lironda y nada más. ¡Pero, su señoría, así hablo yo, no conozco otra forma de expresarme; en serio! ¿Cómo que me van a meter a la cárcel? ¿Por mi manera de hablar? ¡Uuuy, van a tener que meter al bote a todo el país! Estoy tratando, sus señorías, estoy tratando…. ¿Cómo se los podré decir sin que se sientan ofendidos, agraviados por mi léxico? Mmmm, estoy intentando ponerme en sintonía con ustedes, con lo que quieren escuchar sin que me vayan a malinterpretar. La verdad, excelencias, soy un hombre vulgar, un hombre de la calle, alguien común y corriente, sin educación y me es muy difícil expresarme con corrección, sobre todo ante personalidades como ustedes. No tengo, por desgracia, la lucidez mental de nuestro llorado Carlos Montemayor, ni la claridad lingüística del maestro JEP ¿Que quien es ese JEP al que me refiero? Bueno, su nombre completo es José Emilio Pacheco, una de nuestras mentes literarias más brillantes, tal vez hayan oído hablar de él ¡En fin! Dicen que quieren saber mi opinión, conocer mis motivos, pero mi opinión no le importa a nadie y mi único motivo es mi familia, su seguridad, su tranquilidad, su supervivencia. A esto hemos llegado, increíblemente; nuestras aspiraciones se reducen ahora, en estos tiempos ingratos, a sobrevivir. No sé si pueda pedirse otra cosa. Los sueños, los anhelos, los deseos, han sido borrados de nuestra lista de prioridades, relegados a alguna parte, como objetos inservibles y sin valor. En verdad, lo que yo pueda pensar no es algo que le interese a nadie, que inquiete a nadie porque ni mis pensamientos ni mis motivos son una amenaza para nadie, aunque ustedes afirmen lo contrario. Pero quieren que hable, quieren saber mis razones, mis motivos; está bien. Lo que voy a decir, sin menoscabo de otras opiniones, que pudieran serme contrarias, quizás los incomode, los ponga en mi contra todavía más, si eso es posible, por la simple razón de ser quien soy. Lo que mi propia experiencia me ha enseñado, lo que los mexicanos siempre hemos sabido, porque lo vivimos a diario, en carne propia, es que, el nuestro, es un país injusto, terriblemente injusto, diría yo, somos los campeones de la injusticia, poco afectos a la verdad y la legalidad y creo, sin mucho temor a equivocarme, que esa es la causa por la que estoy aquí, no que les interese tanto mi opinión, como acaban de decirme, mi opinión jamás les ha importado un carajo, que yo recuerde, ustedes emiten sus veredictos y.... ¿Fallos? Si, emiten sus fallos y nosotros los tenemos que acatar sin chistar ¿Como, señor? ¿Amparo, juicio de recusación? ¡Ah, de revisión! Pero si son ustedes los que fallan en mi contra, ¿Cómo entonces me van a amparar en contra de sus propios veredictos o dictámenes o como quieran llamarles? De antemano tienen la ventaja y lo saben, entonces, todo lo demás; los trámites, los amparos, los juicios de revisión que ustedes mencionan, no son más que la prolongación perversa de un juego, igualmente perverso, que nosotros nunca vamos a poder ganar. ¡Verdad y legalidad, dicen ustedes! Son palabras hermosas, por sí mismas; implican el deseo de la gente porque todo se haga correctamente, por lo derecho, sin importar influencias ni cochupos de ninguna clase, no solo en el ámbito judicial, sino en el quehacer cotidiano de todos los habitantes de éste país, pero su esencia, su significado, han sido degradados de tal modo, que no significan nada para la mayoría de la gente. La verdad y la legalidad deberían ser el impulso, el motor que nos llevara, al final de un proceso, a la correcta aplicación de la ley, como espero sea éste caso. Pero la experiencia nos ha demostrado, a lo largo de nuestra historia, que estas hermosas palabras poco tienen que ver con el resultado final de sus dictámenes, porque los mismos adolecen de una falla conceptual primigenia, pero elemental, que los hace éticamente insostenibles. Por favor, no se incomoden, no estoy tratando de demeritar su trabajo, que, por otra parte, considero, es uno de los más nobles, igual que la práctica de la medicina, la buena medicina, claro, aquella que se ejerce por vocación. Ténganme un poco de paciencia para poder desarrollar mi idea de la manera más clara posible. ¡Gracias!... La aplicación irrestricta de la ley, es, en mi humilde opinión, su mayor y más evidente falla. No, no es ningún contrasentido.... ¡Por favor, voy a ello! Permítanme ustedes un ejemplo muy conocido. "Cúmplase en todo con la ley" ¿Recuerdan esa frase, sus señorías? Es del ínclito, del constitucionalista, varón de Cuatro Ciénagas, Venustiano Carranza, escrita en el telegrama que mandó a los jueces que juzgaban al general Felipe Ángeles, quesque por traición. No era la resolución de un hombre amante del derecho, decidido a hacer justicia. Era un mandato específico, encriptado, que, en palabras comunes y corrientes, ordenaba la condena a muerte de un militar sin tacha, de un hombre cabal a más no poder. Cumplir en todo con la ley no es hacer justicia, ni mucho menos, sobre todo si no se valoran criterios más allá de lo puramente formal y en esto, no solamente los jueces, sino los ministerios públicos, los secretarios y, en general, todos los que intervienen directamente con las actuaciones judiciales, aportan su cuota de oprobio. Por desgracia para nosotros, los potencialmente expuestos al escrutinio legal, la mayoría de los juzgadores forman un sándwich increíblemente homogéneo de incompetencia y banalidad; en la base, tenemos un conglomerado de ineptos, personajes sin vocación ni interés por ejercer la ley con un mínimo sentido moral, escasamente capacitados; negligentes en la mayoría de los casos, sin argumentos profesionales suficientes para esperar de ellos la ecuanimidad y la imparcialidad que su labor requiere. Como unos auténticos necios esgrimen sus inconsecuencias para defenderse de las posibles críticas que su mala actuación pueda generar. No quieren saber, no les interesa creer, que su trabajo es una misión delicada y difícil, que requiere acuciosidad y reflexión ilimitadas para dar a cada quien lo que cada quien merezca. Son de una mentalidad tan obtusa y cerrada, que han perdido de vista el magnífico aporte que significa la utilización del sentido común en su trabajo y que es una de las razones por las que una gran cantidad de sus fallos, sean un verdadero insulto a la inteligencia. En la capa intermedia tenemos un relleno de gente que ha aprendido a sacarle provecho a su puesto, han adquirido, también, ciertos conocimientos psicológicos y pueden distinguir, a la primera mirada, quien pasa y quien no, por la delgada tela de su tamiz. En la capa superior, para completar el emparedado, tenemos a los egocéntricos y volubles, pagados de sí mismos, satisfechos de su posición, enamorados del coto de poder que les ha sido asignado; éstos dan entrevistas a los medios de comunicación, acuden a simposios, dictan cátedra en escuelas superiores de derecho, son la crema y nata del poder judicial. Todos empero, pueden llegar al colmo de la pedantería y la prepotencia si no están de humor para lidiar con los casos elusivos y difíciles que se les puedan presentar y no es ningún secreto, al menos para lo que ustedes llaman la opinión pública, que una gran mayoría de los juzgadores tienen, en el fondo de sus escritorios, un morralito con piedras, "según el sapo es la pedrada" de tal manera, que cuando calibran el tamaño del sapo y calculan sus posibilidades económicas, le sueltan una piedra acorde a su tamaño. Aunque no le guste a nadie, excelencias, es la verdad. Una de las causas que condicionan éste comportamiento, es la ausencia de filtros efectivos, que detecten a tiempo conductas y caracteres que no compaginen con la labor que deben desempeñar. Nuestros jueces y magistrados, nuestros ministros, son designados; no tienen que atenerse al resultado de una votación popular, ni al escrutinio severo y puntual de un comité de vigilancia social. Entonces, se deben más a los intereses del postulante, que a los principios éticos de su trabajo.

Ahora bien, decíamos que si la ley se aplica a rajatabla, sin que medien elementos de ponderación, puede ser tan nociva y contraproducente como su ausencia o su mala aplicación. Así pues, el uso de la razón en el ámbito judicial, es elemental y debiera ser aplicada por hombres sensibles y sensatos, con un elevado concepto del honor y la justicia, pero sobre todo, con un gran amor por su profesión. Desafortunadamente, el poder judicial no es el único que adolece de tan lamentable falla, la gran mayoría de los mexicanos no razonamos muchos de nuestros actos, somos, en el mejor de los casos, instintivos, viscerales. Los impulsos, las emociones, son los que rigen nuestra conducta, no el pensamiento racional. Este comportamiento intuitivo deriva, sin duda, de un enorme sentimiento de inseguridad. Nuestra inseguridad, es hija natural de la incertidumbre y la incertidumbre, a su vez, alimenta la aprensión que nos provoca el desconocimiento del futuro inmediato. No tenemos la certeza de lo que ocurrirá a nuestro alrededor en el corto tiempo, por eso vivimos el día a día, sin preocuparnos en serio por lo que pueda venir más adelante. Estamos acostumbrados a coger "El toro por los cuernos," como dice el refrán, y capotearlo según sea el caso. Somos maestros de la improvisación y nos envanecemos de ello, no tenemos la costumbre de hacer planes de largo plazo y empeñarnos en que se cumplan. Imbuidos de un fatalismo inescrutable, dejamos todo al azar. Cualquier situación no contemplada en nuestra rutina nos incomoda, nos descontrola y puede dar salida a nuestro yo, canalla, con una celeridad e intensidad asombrosas. El machismo, el agandalle, son en realidad armas defensivas con las que buscamos ocultar nuestra inseguridad, nuestra misoginia y nuestras muchas limitaciones y que, en contra de lo que muchos podríamos suponer, no son una prerrogativa del género masculino, sino que afectan también a una cantidad insospechada de mujeres, que no solo son muy machas y gandallas, por sí mismas, sino que además presumen de ello... La carga emocional que llevamos a cuestas desde el nacimiento y que nos constriñe tanto que puede resultar insoportable, conduce muchos de nuestros actos, obnubilando nuestro pensamiento e impidiéndonos ver hacia adelante. Estos rasgos, característicos de nuestra herencia cultural, han terminado por mermar y aún sustituir cualquier sentido de civilidad que pudiéramos conservar y nos han convertido en una sociedad ambivalente, con dos comportamientos contrapuestos, perfectamente diferenciados conviviendo en un solo cuerpo: De la puerta de mi casa para adentro, puedo ser amable, cariñoso y comprensivo, un gran amigo y un estupendo anfitrión; de la puerta de mi casa para afuera, puedo ser intolerante, necio y prepotente. Busco siempre mi beneficio personal, sin importarme por encima de quien tenga que pasar. De la puerta de mi casa para adentro, todas las mujeres que habitan en ella son castas, nobles y obsecuentes. De la puerta de mi casa para afuera, todas las mujeres son putas y merecen que las trate con la punta del pie. Somos dos mitades en conflicto permanente, pugnando cada una por anular a la otra. La lucha interna que nos divide nos ha vuelto proclives a la violencia que es hoy, más inusitada y explosiva que nunca. Creemos que los golpes que asestamos en una riña, que las peleas callejeras, en las que intervenimos y en las que tenemos la oportunidad de humillar al otro, nos hacen poseedores de la razón que en realidad rechazamos, o no nos atrevemos a discernir. Nuestro primitivismo social se alimenta, en parte, de la gran cantidad de tabús y fobias que arrastramos desde que nos formamos como país y, en parte, de la supina arrogancia con la que sustituimos elementos de juicio que podrían señalarnos otros términos en nuestros desencuentros. Esa carga emocional que nos gobierna, es al mismo tiempo un freno que nos impide avanzar, en lo particular y en lo social. Pero la dependencia esclavizante que padecemos de nuestros impulsos y que tanto nos envilece como nación, parte de la certeza simple y añeja, de la ausencia total de justicia en todos los órdenes de nuestra vida.

Por esa causa, los sociólogos no han tenido ninguna dificultad en catalogarnos como un país disfuncional. Evolucionamos por inercia, copiando de fuera los modelos que nos parecen adecuados para lo que los políticos llaman eufemísticamente, idiosincrasia y que cada vez tiene menos que ver con los residuos de nuestra identidad nacional, pero que en buena medida explican nuestra rapacidad. Somos necios e intransigentes, poco afectos a meditar, a aquilatar verdaderamente, las consecuencias, muchas veces irreversibles, de nuestras desmesuras. Nuestro afecto (que no amor, necesariamente) por la no justicia, nos fue inculcado desde el principio de los tiempos; lleva tantos años conviviendo con nosotros, está tan atado a nuestra esencia, que se ha vuelto congénito y lo transmitimos a nuestros hijos de generación en generación. De ahí las expresiones con las que pretendemos que educamos a nuestros vástagos: "Abusadillo, desde chiquillo", "Póngase buzo, caperuso", "Linga, linga, el que se apendeja, se chinga". Aunque duela decirlo, nacimos así y no hay nada que hacer al respecto. La ausencia de civilidad emanada de esas enseñanzas, provoca que nos revolvamos como fieras heridas cuando no se nos da aquello a lo que creemos tener derecho: estamos listos a descargar nuestro odio inexplicable en contra de todos aquellos que se interpongan en nuestro camino, ya sea que pertenezcan al lado contrario, que porten uniforme o que simplemente se nos queden mirando de un modo que nos parezca retador. Esta separación, en situaciones determinadas, del intelecto cognoscitivo, del mero instinto animal, hace que nuestros actos desemboquen en la violencia inaudita y desproporcionada con la que nos expresamos muy seguido y que está en total discordancia con los actos que decimos reivindicar. Algunas de las mentes más lúcidas de nuestro país han concluido, tiempo ha, que ésta conducta es un reflejo de la carencia histórica de satisfactores sociales, que nos llevan periódicamente, a la manifestación de nuestra inconformidad de la única manera que lo sabemos hacer; esto es, ejerciendo la violencia en todas las formas que se nos ocurran. Pero ésta sinrazón de nuestros actos, que, bien mirado, se perece más a la desvergüenza, no es exclusiva de las capas más desprotegidas de nuestra sociedad, como mañosamente se reitera en los medios de comunicación, sino que se da en todos los niveles, e involucra a todos, sin excepción. Sin embargo, a mí se me antoja otra posible explicación que no por ser más común es menos insultante: Impunidad, una impunidad que también es histórica y que, tal vez por eso, ha tomado carta de naturalización en nuestras conciencias. La impunidad que, como una hidra invencible, nos escupe su veneno a la cara mientras se multiplica por dos, regenerándose una y otra vez, hasta el infinito, cada vez que pretendemos acotarla. La bendita impunidad que nos vuelve invisibles en medio de un mar de gente; que nos permite romper cristales, incendiar automóviles, pintarrajear paredes, robar comercios, violar mujeres, golpearlas hasta casi dejarlas muertas, agredir al que se nos ponga enfrente o ejecutar linchamientos sin remordimientos de conciencia, lo mismo que maquinar fraudes millonarios a costa de los fondos públicos. El surgimiento no tanto inexplicable como ofensivo, de fortunas desmesuradas y el asesinato de parientes y amigos que nos son molestos o creemos peligrosos, sin tener que pagar por ello, sin tener que responder ante nadie porque nadie nos ve ni nos señala aunque nos tengan enfrente. La policía es, en el mejor de los casos, otro observador pasivo, porque ¿Quién en su sano juicio, sería capaz de meterse en un rio embravecido, en un torrente que arrasa con todo lo que encuentra a su paso sin importarle los despojos que va dejando regados como única evidencia de su poder destructivo? ¿Qué oficial de policía se va a querer enfrentar con un bribón de cuello blanco, sabiendo que su trabajo estaría en riesgo con una simple llamada telefónica, o la seguridad de su familia, que quedaría completamente expuesta, desprotegida, en caso de actuar en cumplimiento de su deber? Si no hay culpables, no hay culpa y si no existe un sentimiento de culpa que nos contenga, aunque sea mínimamente, entonces, lo podemos volver a hacer, tantas veces, como el hastío o la nostalgia nos lo permitan ¿Por qué hemos llegado a ésta situación? ¿Quiénes son los responsables? ¿Cómo fue que nos empezamos a degradar como individuos y como sociedad de ésta manera?

En un país como el nuestro, en el que se pueden cometer todos los crímenes, todos los excesos que la imaginación pueda incubar sin que haya responsables directos, la conclusión puede parecer pedreste o simplona. Nadie es culpable de nada porque la responsabilidad y la conciencia, son dos sentimientos, dos entes de los que nos hemos divorciado desde hace mucho tiempo, hemos aprendido que ignorar nuestra conciencia, es una puerta abierta, una invitación al crimen, que nos permite actuar libremente sin el pesado fardo del sentimiento de culpa. Así pues, la culpa...

La culpa, no es de ninguno de ustedes, aquí presentes, señores ministros de la corte, tan escrupulosos, tan meticulosos en lo que se refiere a la interpretación de la cosa legal, si lo analizamos con detenimiento, la culpa, en realidad, no es de nadie, nunca lo ha sido y nunca lo será. Aquellos que hacen las leyes, se justifican siempre diciendo que hicieron lo mejor que se podía haber hecho al momento de su expedición, aunque las negocien con grupos de poder, aunque las redacten de tal manera que puedan ser aplicadas al mejor postor, los que las aplican, dicen que les dan el mejor uso que se les puede dar ¡por supuesto! según marcan las normas y procedimientos, los que las padecen o las utilizan, dicen que así está escrito y se atienen a ello, confían en la ley, aunque solo sea de dientes para afuera.

Empero, casi nunca, ninguno de los afectados queda completamente satisfecho con los resultados y entonces, si tienen los medios, recurren a instancias fuera de nuestro país para intentar obtener resoluciones que sean, por lo menos, imparciales, y aunque este tipo de acciones nos ponen en evidencia ante el mundo, cada vez con más frecuencia, es casi seguro que no obtendrán ninguna satisfacción, si está en manos del estado poder evitarlo. Todos sabemos, señores magistrados, que México es un país corrupto, que la corrupción permea en casi todos los rubros de nuestras actividades y que, hagamos lo que hagamos, no podrá ser erradicada nunca. Pero la corrupción, lo mismo que su hermana gemela, la impunidad, no son la causa de nuestros males, sino el efecto de algo mucho menos complejo de lo que nos imaginamos y que por conveniencia, no nos mencionan más que de pasada, sin profundizar mucho en el tema para que el público no empiece a hacer preguntas engorrosas que incomoden o molesten a los responsables de tal calamidad. Me refiero, de nueva cuenta, a la aplicación de la ley, nada más, pero nada menos, la aplicación correcta de la ley de un modo inteligente, parejo, simple y llano. Los políticos de todos los signos, los individuos que ostentan algún cargo de responsabilidad, público o privado, se desgañitan diciendo que somos un país de leyes y que el nuestro, es un estado de derecho, es verdad; tenemos leyes para todo, leyes que previenen, leyes que sancionan y leyes que protegen, de hecho, nos hemos dado gusto firmando leyes al por mayor; acuerdos, convenios, tratados internacionales de todo tipo, que sabemos que no vamos a cumplir, porque la intención no es cumplirlos, sino que se diga en el exterior y nosotros nos sintamos satisfechos, que somos vanguardistas y estamos al día en cuanto a leyes se refiere. Hemos llegado al absurdo de tener leyes amontonadas en todas partes, sin que sirvan para nada porque la finalidad era, precisamente, que fueran utilizados lo menos posible. Muchas de ellas duermen el sueño de los justos en algún lugar, empolvándose, enmoheciéndose de manera criminal sin cumplir con el propósito para el que fueron creadas. Tenemos muchas leyes que sirven para poco, en lugar de pocas leyes que sirvan para todo, los mexicanos sabemos que el verdadero problema en nuestro país, no es la carencia de leyes, sino su brutal y cotidiana mala aplicación, su uso convenienciero y amañado, la deformación de su espíritu por la gran cantidad de "interpretaciones" que se pueden hacer de ellas y en esto, señores de la corte, todos somos responsables; unos por omisos, otros por tramposos y los más, por negligentes. "Que se cumpla la ley, en el buey de mi compadre", reza el refrán ¿No es así, señores jurisconsultos? Solamente los que padecen sus fallos, las más de las veces descabellados o faltos del más elemental sentido común, se dan cuenta del tamaño del desamparo en el que se encuentran y van descubriendo, mientras recorren el tedioso camino procesal, el verdadero y feo rostro de la inquina y la perversidad. Se me ocurre aquí, que puesto que tenemos un montón de leyes sin ninguna utilidad, se podrían subastar al mejor postor y obtener alguna ganancia con ello, aunque sea mínima, de tanto engendro legaloide. La otra opción sería poner un puesto callejero y venderlas en baratillo, tomando en consideración que a alguien le pueden servir para algo ¡Llévela, llévela! ¡Aquí está su leeey, marchantita! ¡Bara, bara! ¡Pts, pts, joven, joven si necesita una ley para que le den chamba, aquí se la proporcionamos, a buen precio! ¡Seño, señito, si su vecina le caí gorda aplíquele una ley sancionadora, bien efectiva! ¡Por aquí, caballero, pásele nomás, usté que tiene cara de preocupación, alégrese, mire, ésta es una ley protectora contra toda clase de atropellos y además, para que vea que soy derecho y quiero que se vaya de aquí contento, le ofrezco, si me la compra, un paquete de amparos que le pueden servir para cualquier cosa, y, es más, le ofrezco un paquete de amparos anti amparos, para que se lleve todo, de una vez, órale, cómprese su ley !... ¿Chunga, chunga dicen ustedes, señores jueces? ¡Magistrados, oh, oh, oh, ministros! Es cierto, lo que pasa es que son muchos puestos, muchos cargos y uno se hace bolas, y no es que sea mala voluntad, ni mucho menos, más bien es mala memoria, poca capacidad de concentración. Como les digo, es solo una ocurrencia, una idea, boba, si ustedes quieren....

¿Derecho? ¿Dicen ustedes que vivimos en un estado de derecho? ¿Persisten en su afán, a pesar de todo lo dicho? en verdad, lo dudo, pero, aunque así fuera, esa condición no rige para todos los mexicanos, a menos que empecemos a hablar con medias verdades, o a distorsionar los hechos, como tenemos costumbre, y creamos que el que nos escucha tiene la obligación de tragarse nuestros infundios sin chistar, como siempre. Yo quisiera, les solicitaría encarecidamente, que, por lo menos en ésta ocasión y ya que estamos en esto, juguemos un juego que les gusta mucho a los estadounidenses y que casi siempre da buenos resultados porque los involucrados en el mismo actúan de buena fe, la palabra clave, aquí, es buena fe.... El juego se llama, ""decir la verdad" y consiste, muy señores míos, en que por lo menos, durante este debate ¿ juicio? ¿No que no era ningún juicio, ya vamos a comenzar? De acuerdo, por lo menos durante el tiempo que dure este juicio, digamos la verdad, simple y absoluta, sin retruécanos verbales, sin tecnicismos jurídicos mal intencionados, sin analogías epistemológicas ramplonas, ni frases de doble sentido y, le cai al primero que la riegue.... Perdón, perdón vuesas usías, es solamente una expresión coloquial.... ¡No, no, no! no quise ofender a nadie de los aquí presentes; usías es un tratamiento que se deba en el pasado a los personajes de calidad, como los aquí presentes, aunque si lo prefieren podría decir, vuestras usías, o para emplear un lenguaje más comprensible, vuestras señorías. ¡No, no, no! Nadie habló de un hueso a nadie y tampoco estoy insinuando que sean unos ignorantes ¡Por favor!... Sí, señor presidente del jurado, no volverá a ocurrir, lo prometo ¡Nomás ténganme paciencia, caray! Decía, que la condición de estado de derecho no rige para todos los mexicanos en general, sino que es aleatoria, como se dice hoy en día, una muestra inobjetable de tal afirmación se puede encontrar en las cárceles del país, en cualquiera de ellas. Están pobladas en su mayoría por gente pobre, sin recursos, con escasa o nula preparación escolar. No niego que una gran cantidad de los reclusos no merezcan estar ahí, por los crímenes que hayan cometido, pero otros, muchos de ellos, no saben qué delito ajeno están pagando y si lo saben porque se los hayan dicho, no tienen forma de demostrar su inocencia, pues en éste país, aceptémoslo, no es el estado el que tiene que demostrar la culpabilidad de los acusados, sino, por el contrario, son éstos los que deben comprobar que no han infringido de ningún modo la ley. De los ricos, de los pudientes, de los que tienen conexiones o gozan de algún tipo de prestigio, casi no se conoce a nadie que pise por mucho tiempo un reclusorio a menos que se trate de un político caído en desgracia, lo que también es sumamente raro (pues casi siempre les dan oportunidad de escapar antes de que se pueda cumplimentar una orden de aprehensión) Además, si ustedes me lo permiten, el estado de derecho implica la noción de ciudadanía. Un indígena, de cualquier parte del país, un campesino pobre, un obrero o un empleado que ganen el salario mínimo, un profesor de escuela rural, un artesano humilde ¿Son cabalmente considerados como ciudadanos? ¿podemos afirmar sin ruborizarnos, que un vendedor ambulante, un limpiador de parabrisas, un traga fuegos o un vendedor de chicles en cualquier esquina de nuestras ciudades, son reconocidos como tales? creo que no, a menos que no tengamos empacho en mentir descaradamente. Antes bien, estos grupos marginales son el blanco preferido de nuestro escarnio y nuestro racismo, no tan soterrados y que hipócritamente tratamos de maquillar, presentándolos ante la opinión pública como meros pasajes de descontrol emocional. Somos habitantes de un lugar, de una ciudad, de un país, simplemente, que es muy distinto de ser vistos como ciudadanos, claro que si les preguntáramos directamente, muchos dirían que sí lo son, pero ésta noción de ciudadanía está tan alejada de su pensamiento, como puede estarlo la estrella más lejana al sistema solar. Cierto, frecuentemente nos topamos con la expresión, "Ciudadano." Ciudadano por aquí, ciudadano por allá.... "Con nosotros el ciudadano presidente"..... "Según afirmó, el ciudadano senador de la república"..... "El ciudadano diputado habló ayer de los temas".... "El ciudadano primer ministro hizo hincapié"..... Esos son los verdaderos y únicos ciudadanos en éste mal hadado país. Se apropiaron del término de una manera ominosa y cínica y el resto de los habitantes debemos conformarnos con verlos pasar. Por supuesto, los primeros en negarlo, con todo el énfasis que suelen utilizar en estas circunstancias, son los señalados, pueden acusarnos de distorsionar los hechos, de mezclar erróneamente o a propósito, conceptos de sociología política, con cuestiones de simple educación cívica.

Pueden aducir, con todo el peso de su sapiencia, que mis argumentos no tienen nada que ver con el penoso asunto que nos trajo aquí y que mis pseudo-teorías no están avaladas por ningún criterio científico riguroso, que permita tomarlas en consideración; que son artimañas de mi parte para evadir, de algún modo, mi responsabilidad en los actos criminales que se me imputan. No es así, siempre me hecho responsable de mis actos y he sabido responder por ellos en todo momento.... Tienen razón cuando afirman que mis alegatos no tienen ningún sustento académico. Estas reflexiones están dictadas por la experiencia, más que por otra cosa y no tienen sino la intensión de demostrar que cualquier acto de inconformidad hacia este ingrato sistema que padecemos, es tomado, siempre, como un agravio de lesa humanidad por los que detentan el poder y que por ese motivo, actúan siempre de la única manera que saben hacerlo, (persiguiendo judicialmente a los denostadores) para salvaguardar sus intereses, cuando piensan que los mismos se ven amenazados. En éste punto, no importa que me critiquen o se mofen de mis palabras, son las únicas con las que me sé expresar, pero pueden ustedes examinarlas minuciosamente, si así les place. Después de todos los análisis, enfoques o criterios con que se les ocurra viviseccionar mis argumentos, el resultado será el mismo, y eso tampoco se puede cambiar. Me gustaría agregar, si lo consideran pertinente, que la pérdida de noción de ciudadanía implica, necesariamente, la pérdida de noción de nacionalidad... (¡Aquí vamos!). Cierto, resulta alarmante y desconsolador, la enorme cantidad de mexicanos que no conocen la letra del Himno Nacional, por ejemplo, que desconocen el aniversario de nuestras fechas más importantes y lo que en ellas se conmemora. No les importa saber, no les interesa; tampoco les quita el sueño su desconocimiento brutal de nuestra historia. Viven en México, pero no se sienten comprometidos con él, porque los encargados de implementar y ejecutar los planes educativos, están más interesados en cuestiones políticas que en la alarmante baja calidad de la enseñanza. El concepto de noción de pertenencia, también ha sufrido una merma importante en su significado. A la pregunta expresa de nuestro origen, tal vez, podemos responder que somos oaxaqueños, tamaulipecos, chilangos. Podemos agregar que somos de Chacala, en Jalisco, o de Comitán, en Chiapas, pero ahí terminaría nuestra explicación, nuestro concepto de pertenencia. La implementación de numerosas credenciales de identificación, la existencia de un registro civil, de un padrón electoral, no nos otorgan, por sí mismos, la calidad de ciudadanos que tanto pregonan los gobiernos y que tanto nos ningunean en los hechos. De nueva cuenta... ¿cómo empezó todo? ¿Cuándo comenzó ésta degradación de lo nacional que antes tanto nos enorgullecía? Veamos, ustedes son mayores que yo, en edad, ¡claro está! así que recordarán que alrededor de mil novecientos sesenta y tantos, nuestras mujeres empezaron a dejar de hacerse trenzas, hicieron a un lado los rebosos y levantaron el dobladillo de sus faldas hasta bien arriba de las rodillas ¡bien por eso! los varones empezamos a usar pantalones de terlenka, de la marca Topeka creo, nuestras costumbres y nuestros gustos comenzaron a cambiar vertiginosamente, llevados de la mano por una nueva camada de intelectuales post revolucionarios, que decían de los mexicanos que éramos nacos, culturalmente atrasados y patrioteros sin ningún motivo. Decían que nos veíamos ridículos, mediocres y absurdos y nuestro país era catalogado por ellos y por los extranjeros, como un país surrealista; éramos el país de los absurdos y las situaciones ilógicas y no era posible continuar así, si queríamos ser tomados en serio. Nuestras mujeres dejaron de llamarse Lupitas y los hombres Jesús o José. Empezamos a burlarnos y a hacer escarnio de los que no nos quisieron seguir en nuestros nuevos modos (aunque nuestra mentalidad siguiera siendo la misma) los intelectuales estaban felices de poder cambiar ¡por fin! el rostro de un país que detestaban en el fondo de su alma. Para no ser tildados de patrioteros, nacos o surrealistas empezamos a renegar y a olvidarnos de todo aquello que nos era propio como nación. Estos mismos intelectuales que nos criticaban, que nos conminaban en sus escritos a cambiar, estaban enamorados en cambio del patrioterismo de otras naciones, el francés, el estadounidense, el ruso o el patrioterismo alemán y en sus reuniones, en sus fiestas, festejaban nada más que con güisqui ¿tequila? ¡fúchi! el tequila era un producto tercermundista que no hacia buena mezcla con su discurso.

Antes, durante y después de la guerra de revolución, el pueblo estuvo representado, impulsado, por una pléyade de intelectuales, no solamente nacionalistas, sino valientes y decididos, dispuestos a enfrentar el poder con la fuerza de sus convicciones y nosotros como pueblo, íbamos con ellos de la mano, asumíamos sus ideas y sus posturas y las hacíamos valer como propias, pero ese enjambre de mentes brillantes empezó a declinar, fueron muriendo poco a poco y empezaron a ser sustituidos por pensadores de otra estirpe, muchos de ellos educados en el extranjero, sin conexión directa con nuestro pasado inmediato, con puntos de vista ajenos a nuestras costumbres, que ni habían vivido las luchas armadas y sociales, ni se sentían del todo comprometidos con su legado. Entonces comenzaron a tomar distancia de las antiguas ideas y del pueblo que las seguía, alegando criterios modernos y novedosos que, decían, serían el trampolín desde el cual nuestro país daría el gran salto hacia un futuro luminoso. Lo primero, era repudiar, aunque no tan abiertamente, todo lo que oliera a pasado, todo aquello que se opusiera al progreso de la nación.

No tuvieron empacho en aliarse con el gobierno, encontrando cualidades en nuestros gobernantes que antes no se notaban. Como recompensa, muchos de ellos fueron nombrados embajadores, agregados culturales, colocados en alguna oficina

gubernamental de mediano nivel (como correspondía al nivel de
su intelecto) también se convirtieron en estrellas de la televisión,
en donde podían expresar sus puntos de vista como "analistas
expertos" en algún tema de moda. Entre tanto, el pueblo quedó al
garete, a la deriva, pues, sin saber qué camino seguir, sin acertar
a hilvanar pensamientos o acciones que lo sostuvieran en la lucha
por sus reclamos; los grandes grupos sociales se atomizaron y
cada quien empezó a jalar para su lado, creyendo, ingenuamente,
que la menor presión sobre nuestros políticos, iba a obrar el o los
milagros que no se habían obtenido antes, con actos multitudinarios,
en otras palabras, cambiamos el pan por migajas. Hubo, sin
embargo, pensadores brillantes y sin ataduras que persistieron
(y persisten) en señalar las lacras que nos agobian desde el
principio de los tiempos, una de esas inteligencias magnificas se
llamaba Carlos Monsiváis; el sabio Monsi, el maestro Monsi, el
amigo Monsi. Ustedes tal vez no me crean, porque a lo mejor
nunca lo hicieron, dada la calidad de su "pedigrí" pero yo descubrí
al sabio Monsi cuando era muy pequeño, (acababa de aprender a
leer y escribir) en la revista Chanoc -"Aventuras de mar y selva"-
ahí aparecía el joven Monsiváis dando cátedra en toda clase de
temas y con un conocimiento enciclopédico de los mismos. Al
paso de los años, Carlos Monsiváis se convirtió en la conciencia
de México, en el azote de todos aquellos que, empoderados de
algún cargo, escupían sin recato sus estupideces y su ignorancia.
En sus libros, en sus columnas y artículos periodísticos, Monsiváis
ponía siempre el dedo en la llaga, con una gran dosis de sorna,
burlándose sin piedad de los mentecatos, de los mojigatos, de los
tramposos de toda laya que abundan en nuestro país, pero, sobre
todo, de los demagogos y cínicos que ostentan el poder. Cuando
el buen Monsi falleció, éste país se quedó sin conciencia.

Pero estábamos hablando de la no justicia, del no ejercicio
pleno de nuestra ciudadanía, del calvario que significa andar
mendigando de aquí para allá que se nos haga caso, que se nos
escuche, que se nos atienda y ustedes lo han puesto en duda a

pesar de mis pobres pero titánicos esfuerzos por demostrarles la validez de mi opinión.

Les sugiero entonces, para el efecto de la materia que nos ocupa, que presenten una denuncia de cualquier índole ante el ministerio público, local o federal; que vayan a la comisión de los derechos humanos y levanten una queja......por.... por... "usufruto" ¡ja, ja, ja,ja, ja! ¡Por favor, no se enojen ustedes! es sólo un chistoretito inocente, reconozcan que no estuvo tan mal, después de todo, fue para romper el hielo... Yo sé que no estamos en un circo y no pretendo estarme mofando de nadie, pero no soy más que un ignorante y a veces meto la pata sin querer... Está bien, prosigo. Apersónese cualquiera de ustedes, debidamente disfrazado, por supuesto, en la procuraduría del consumidor, diga que quiere exponer una queja porque la plancha que compraron no calienta, o que el televisor, siendo nuevo, hace ruidos extraños al cambiar de canal, o porque su bicicleta no agarra los frenos y su hijo se ha caído varias veces rompiéndose el hocico, o quéjense porque de plano, la casa nueva que adquirieron con tantos sacrificios escurre agua por todos lados, o porque las puertas están descuadradas y no cierran correctamente. De seguro la persona que los atienda se va a mostrar amable y receptiva y después de escucharlos con atención les diga que no se preocupen, que todo se va a corregir. Es posible incluso, que les den una palmadita en el hombro al acompañarlos a la salida y los despida con una sonrisa. Lo más seguro es que, en cuanto ustedes se den la vuelta, su queja o su demanda vayan directo al bote de la basura, o sea relegada en un rincón apartado en donde no estorbe. Ahora bien, si ustedes son persistentes, o tercos y quieren que efectivamente se solucione el problema que los llevó a cualquiera de los lugares mencionados, o si están decididos a malgastar su tiempo y su dinero hasta que les hagan caso, entonces, lo más probable es que los empleados que los atendieron la primera vez, los pongan en contacto con su jefe inmediato y éste los escuche y se finja indignado por lo que les pasa y salga y truene los dedos y alguien acuda presuroso y balbucee algunas frases entrecortadas e incongruentes y los mire a ustedes con azoro y vuelva a salir para buscar algo que sabe de antemano no va a encontrar. Al no poder resolverles su problema como hubiera querido, el personaje en cuestión los va a mandar con otra persona que los va a atender de inmediato en cuanto ustedes toquen a su puerta, pero esa persona no se va a encontrar (¡ptss, que mala suerte!) en ése momento, por lo que van a tener que regresar otro día. Este modus operandi, esta manera de no hacer nada, pretendiendo que se hace todo, que es tan común, tiene una sencilla explicación, todos ésos burócratas, no fueron contratados para resolver problemas, sino para cubrir una nómina que justifique la existencia de la institución en la que trabajan, solo eso, de tal suerte que, en lugar del estado de derecho que ustedes defienden con tanta enjundia, vivimos en un perpetuo y atroz estado de indefensión del que solo podemos escapar, a medias, untándole la mano al que creemos que nos puede librar de la maraña de trámites que nos pongan enfrente. Cierto, existen agrupaciones, instituciones privadas no lucrativas e incluso comunidades, que intentan afanosamente atemperar nuestra malsana afición por la ilegalidad y la corrupción pero, ¡ay! ¡son tan pobres sus resultados y nosotros somos tan necios y tan mezquinos, estamos tan hechos a la mala vida!

Pero estaba tratando de explicar mi teoría, al tiempo que intento una respuesta congruente y aceptable, de las preguntas que están pendientes desde hace mucho y que parece nadie quiere contestar, o porque no las saben o porque no tienen intención de hacerlo. Solo espero que no se vayan a dormir con mi perorata y, sobre todo, tomando en cuenta la sabiduría que ustedes ostentan, les suplico que me corrijan o me saquen de los errores que involuntariamente puedan llegar a cometer.

Todo empezó, según creo, inmediatamente después de la conquista. ¡No pongan ésas caras, por Dios! Es solo una teoría, la cual por cierto, revolotea como golondrina en el ánimo de mucha de nuestra gente. Opino que la destrucción de la ciudad de México-Tenochtitlán y, en general, la conquista del imperio azteca y los territorios aledaños, fue producto, no de una campaña heroica, pensada, analizada y ejecutada con precisión, sino de una traición. Una hermosa y efectiva traición, elucubrada y llevada hasta sus últimas consecuencias por un enano advenedizo llamado Hernán Cortés, (el señor Cortés apenas despegaba del piso 1.58 metros)

Por la época que nos ocupa, era gobernador de la isla de Cuba el adelantado Diego Velázquez, que estaba dado a la tarea de organizar expediciones de exploración y reconocimiento por las recién descubiertas costas del Golfo de México. Dichas expediciones tenían más un fondo de codicia que de simple afán exploratorio, pues los españoles, desde el descubrimiento del nuevo continente y su incipiente colonización, buscaban con un afán enfermizo, los lugares en los que se pudiera encontrar oro, en cantidades tales, que el rey Midas se quedara boquiabierto.

Por noticias llevadas ante él, por el esforzado Juan de Grijalva, que había recorrido en sus barcos buena parte de la costa, supo Diego Velásquez de un grande y rico imperio al interior de ésa tierra, vasta, pródiga y misteriosa llamado Culúa, México, en donde, al parecer, abundaba el metal que tanto les llenaba el ojo. Se apresuró entonces a pedir permiso para organizar una armada y luego buscó afanosamente al capitán idóneo para dirigirla. Después de barajar algunos nombres, alguien le sugirió a Hernán Cortés, diciendo de él, que era un hombre esforzado, con don de mando y que se sabía hacer obedecer, y Diego Velázquez aceptó el consejo, cosa que lamentaría muy pronto y hasta el dia de su muerte. Una vez designado, el buenazo de don Hernando se dio a la tarea de armar una flota en toda la barba, contrató gente, convenció amigos y se endeudó cuanto pudo para adquirir pertrechos y bastimentos en suficiente cantidad para un viaje prolongado, por supuesto, también dispuso de los dineros que

Velázquez aportó para la expedición, el cual, alarmado ya, de ver una actividad tan febril por parte del recomendado, trató en vano de impedir que se le siguieran vendiendo enseres y aún de evitar la partida de la armada. Ordenó a dos de sus asistentes que apresaran al susodicho pero éste logró convencerlos de que se le unieran y, en una villa llamada de la Trinidad, abordó sus naves y se hizo a la mar en el momento mismo en que llegaba Velázquez a caballo y le recriminaba desde tierra, a grito abierto, su ingrato proceder, y la respuesta cínica y desvergonzada que recibió, lo dejó sin habla.

Al llegar a la isla de Cozumel se detuvo e hizo un recuento de sus barcos y sus efectivos: 11 navíos, 550 españoles, cerca de 50 marineros y alrededor de 200 o 300 indios, más algunos negros que llevaban como esclavos. (JOSE LUIS MARTINEZ: HERNAN CORTES, 1992).

- ¿Perdón, señor presidente? ¿Lecciones de historia, dice usted? De ninguna manera, solo estoy tratando de poner en contexto mi argumentación ¿Animadversión irracional? ¿Odio patológico? ¡Pero, claro que no! bueno, sí, tal vez un poco, en todo caso mi animadversión, como dice usted, no puede ser mayor que la que sentía el maestro León Tolstoy por Napoleón Bonaparte, por ejemplo, que era tanta y estaba tan bien documentada, que lo llevó a escribir su extraordinaria novela histórica Guerra y Paz, la cual por cierto, complementó con un riguroso ensayo "post scriptum" en el mismo cuerpo del libro, tan severo, tan crítico, que tachaba al corzo de hombrecito de pequeñas ideas y arrogancia mayúscula. Ahora bien, mientras el mundo entero se desvivía en alabanzas de toda índole para Napoleón, Tolstoy lo redujo a su justa dimensión, como personaje histórico y como hombre.

-No me estoy comparando con nadie, señor presidente, lamento mucho no saber expresarme con corrección, si, señor, no, señor, enterado señor.- ¡juuum! Bueno, voy a tratar de continuar. Una vez que tocó tierra y después de algunos encuentros bélicos sin mayor importancia, en las costas de Tabasco, donde por cierto, los caciques del lugar le regalaron a un grupo de mujeres en el que iba incluida la malinche, el enano Cortés (si no les gusta la palabra enano, puedo utilizar la expresión "chaparro "que es su sinónimo) está bien, solamente Cortés, señor Cortés... (¡Pinche madre!) –No, nada señor ministro, nada, de veras, en absoluto... Sí señor, como usted mande.

Cuando se hizo la repartición del botín, a la caída de La gran Tenochtitlán, empezaron las inconformidades, las suspicacias, la soterrada animadversión al conquistador que pretendía, sin esforzarse mucho por ocultarlo, el prestigio y la fama para él solo. Así pues, no acababa de establecerse la nueva forma de gobierno en la tierra recién conquistada, Cortés ya tenía instaurados pleitos legales en su contra, en España, uno, llamado juicio de residencia por sus abusos de toda índole cometidos en el nuevo mundo, y otro, por el supuesto asesinato de su mujer legal llamada Catalina Xuarez Marcaida. Y como si fuera una carambola con ranversé, o efectivamente la maldición del extinto emperador Moctezuma, empezaron una serie de calamidades e infortunios, tanto para el conquistador, como para el país que consideraba de su propiedad, que aún hoy en día se sienten sus efectos. Después vino la desastrosa y carnavalesca expedición a las Hibueras con la designación infortunada de las personas que se quedarían al mando del gobierno de la ciudad, durante su ausencia, y aunque, sabedor tardío de su mala decisión, trató de enmendarla, resultó peor el remedio que la enfermedad, pues los nuevos designados, Salazar y Chirinos agrandaron y aún desencadenaron el desastre que ya estaba en puerta.

Apresan y sueltan al mayordomo de Cortés porque abusaba de su posición y se desmandaba con los indios a su cuidado, además, le gustaba jugar a las cartas (lo que estaba prohibido) pero sobre todo y más que nada, en la segunda ocasión en que lo prendieron, fue para que les dijera en donde estaba escondido el tesoro del conquistador, ahorcan al susodicho y se apropian de los bienes que buscaban, e imponen nuevos tributos a los conquistados. Después de tantos exabruptos, los partidarios de Cortés, por fin, toman prisioneros a los desmandados y los enjaulan, en tanto que un tal licenciado Zuazo, nombrado por Cortés antes de su partida, como justicia mayor, reprime a sangre y fuego, usando perros de presa con tal propósito, una rebelión indígena en ciernes.

¡Qué bonita lección de civilidad y legalidad para los habitantes todos del naciente país! ¡Qué forma tan eficaz y expedita de solucionar problemas! Pero, sobre todo, que manera de pasar por encima de las ordenanzas y lineamientos habidos en ese entonces para la buena marcha del gobierno, así haya tenido éste, el carácter de provisional. Cuando por fin regresó de Honduras, el señor Cortés se encontró con la novedad, aparte de lo anteriormente señalado, que unos barcos que ordenó que se construyeran en las costas de Oaxaca, para su nuevo proyecto expedicionario, habían sido destruidos por instrucciones de sus adversarios, como pudo, armó una nueva expedición que recorrería la costa occidental del país, hasta llegar, no sin tropiezos y magros resultados, hasta el territorio que ahora conocemos como de la Baja California, descubriendo a su paso, un brazo de mar que después fue bautizado con su nombre, sin embargo y como dice la letra de un famosísimo y hermoso tango argentino, el musculo duerme, la ambición trabaja y fueron la ambición, la envidia, la malquerencia y otras lindezas de la condición humana, las que hicieron que don Hernando se pasara el resto de su vida defendiéndose de acusaciones y pleitos legales, tanto en la corte española, como en otras instancias administrativas.

Debió ser desgastante para el enano andar de la Ceca a la Meca persiguiendo al emperador para que le concediera audiencia y más aún, para que lo quisiera escuchar, toda vez que el trono de España, en ese tiempo, por razones políticas, era itinerante y ora se establecía en un lugar, ora se establecía en otro. Muchas veces ocurrió, que cuando Cortés llegaba al sitio donde le aseguraban que se encontraba la corte, ésta había levantado el vuelo y ahora estaba en otra ciudad. También para los funcionarios de la corona, debió ser pesado estar lidiando constantemente con un tipo que a toda costa quería salirse con la suya y cuyos argumentos empezaban a sonar trillados, por decir lo menos; que si su fidelidad al rey y a la corona, que si sus enormes sacrificios, que si el le había dado esto y aquello al imperio, que si las acusaciones en su contra eran infundadas, etc.

Pero, permítanme sus excelencias una pequeña pausa, para hacer algunas precisiones que considero importantes en la base de mi relato. Una vez que sintió que había puesto suficiente distancia entre él y Velázquez, el chaparrín Cortés tomó tres decisiones que serían fundamentales para el buen desarrollo de su empresa; regaló a la malinche a uno de sus subordinados más cercanos, envió todo el oro y las joyas rescatadas al rey de España y ordenó desmantelar y aún quemar los barcos en los que había llegado la expedición. Por supuesto, no todo al mismo tiempo, ni en ese orden, porque, pese a las alabanzas que se le han prodigado respecto a su supuesta inteligencia, el señor Don Hernando era muy elemental, en cuanto a pensamiento se refiere. Lo que si no podemos objetar es la muy buena suerte que tenía, esa clase de suerte que se da, sorprendentemente, en muy contadas ocasiones y a un número muy reducido de personas, y el aventurero llegó, por desgracia para nosotros, al lugar preciso, en el momento indicado.

De la malinche es muy poco lo que se ha escrito, la mayor parte son suposiciones, simplezas imaginativas sin sustento no solo documental, sino analítico. Algunas de las referencias son completos disparates escritos nomás por no dejar. Pero puede ser que la causa real de estos desatinos tenga que ver con el resquemor que provoca en algunos historiadores, no tanto la procedencia del personaje, sino su origen, esto es, la conclusión unívoca de que nuestro mestizaje no fue el resultado de "el encuentro entre dos culturas" como aún persisten en clasificarlo muchos sesudos analistas, sino el resultado del apareamiento primitivo de la codicia con la vulgaridad.

Empero, con lo poco creíble que puede ser rescatado y de acuerdo a la descripción que se tiene de su persona y de su comportamiento al lado de los invasores, podemos deducir que, en nuestra humilde opinión, la dama podría haber sufrido de trastorno bipolar severo, No es ninguna invención de mi parte, tampoco se trata de otra teoría descabellada, créanme, todo es cuestión de conjuntar y analizar los pequeños detalles dejados aquí y allá y darles una forma distinta de la que se ha usado hasta ahora, veamos:

A principios del siglo dieciséis, en éstas tierras de América, las mujeres desempeñaban un papel bastante secundario en sus respectivas sociedades, lo que no significa, necesariamente, que fueran sumisas al extremo, o que no tuvieran un peso específico en la toma de decisiones; según el descendiente directo de Moctezuma, Fernando de Alvarado Tezozómoc, podían ser tan valientes y osadas como los varones, y no tenían empacho en demostrarlo cuando la ocasión lo ameritaba, esto era muy notorio, sobre todo en los dominios del imperio mexica. Tratándose de una cultura profundamente religiosa y por lo mismo, de costumbres conservadoras a ultranza, podemos afirmar que la mayoría de estas mujeres eran reservadas, prudentes y hogareñas, pues eran educadas para tal fin. Doña Marina, en cambio, era dicharachera, extrovertida y muy osada, tanto, que llegaba a la exageración, su comportamiento "anormal" para las mujeres de su tiempo, pudo deberse a su procedencia costeña, pero también hace pensar en muchas posibilidades de inestabilidad mental. ¡No se sulfure, señora ministra! ¿Acaso piensa usted que sólo los hombres pueden sufrir este tipo de enfermedades? ¿Qué me dice entonces de Juana la loca, o de la infortunada emperatriz Carlota, por citar solamente a dos de ellas? El, o los posibles trastornos emocionales que padeciera la señora malinche, tenían que influir necesariamente en la relajación de su conducta, así pues, es probable que su concepción de la moral fuera muy amplio o que estuviera alterada por problemas psicológicos específicos, veamos; aceptó de buen grado y sin chistar, que la regalaran con un extraño recién llegado, después aceptó sin reticencias convertirse en la amante del conquistador e inclusive le dio un hijo, cuando el enano se cansó de ella, la dio en matrimonio a otro de sus subalternos, sin que ella dijera, ésta boca es mía y, al morir el marido, no tuvo empacho en volverse a juntar con alguien más. Yo sé que esto que digo es insuficiente para sustentar mi tesis, sobre todo, si tomamos en consideración que la dama no era mexica y que por tal motivo, no tenía por qué guardar un comportamiento medianamente similar al aquí expuesto. Bernal Díaz del Castillo nos dice, en su "Historia verdadera de la conquista de la Nueva España:" "Que en las batallas contra los indios del interior del país, la malinche se mostraba especialmente activa, animaba a los españoles a pelear con denuedo, gritaba, vociferaba y se revolvía de coraje si es que por casualidad, sus nuevos amigos cedían aunque fuera un poco de terreno, recriminándolos e insultándolos de mala manera. Llama la atención este comportamiento tan poco ortodoxo en una indígena, joven e inexperta, como se supone que era ella, aunque perteneciera a otra tribu. Algunos historiadores de buena fe, han tratado de seguir su rastro y los orígenes de su cuna, y han concluido, más con un cierto sesgo romántico, que con un soporte lógico plausible, que podría tratarse de una princesa cautiva, dada a los recién llegados para que se holgaran en su persona. Sin embargo, pese a los muchos esfuerzos, hasta ahora no se sabe con certeza de donde era originaria. Posiblemente el error consiste en querer atribuirle un linaje que nunca tuvo, esto es, su comportamiento nos habla más bien de un personaje común y corriente, plebeyo, barriobajero, alguien acostumbrado a vociferar, proferir maldiciones y palabrotas y a comportarse frente a los hombres con una desenvoltura rayana en el descaro. ¿Prostituta? Puede ser, y no lo digo en el sentido peyorativo de la palabra, para que no comencemos con suspicacias, pero la expresión "la que se sienta a horcajadas" describía esta actividad con más precisión y elegancia que las que usamos hoy en día. Para la gente revoltosa existen también adjetivos que ilustran cierto tipo de comportamientos, a saber; argüendera, chimolera o mitotera, no se refieren precisamente a personas con educación o clase. Cabría preguntarse entonces ¿era una mujer de la vida galante, despreciada por su forma de ganarse la vida, mal vista y mal querida por la mayoría de sus congéneres y que para acabarla de amolar fue vendida o regalada como esclava al señor del lugar adonde llegó la expedición cortesiana y de nueva cuenta, vuelta a regalar como objeto sin valor? ¿fué acaso esa serie de infortunios y menosprecios lo que incubó en su pecho un odio tan profundo para con los de su propia raza que no quedó satisfecha hasta ver cabalmente cumplida su venganza? Si usásemos un razonamiento simple, podríamos llegar a la siguiente conclusión, en caso de que la malinche hubiera sido un personaje importante o de buena cuna, o, efectivamente, una princesa de algún lugar cercano a la costa, lo más obvio, lo más lógico, hubiera sido que, al ser entregada al capitán recién llegado y como muestra de buena voluntad, como una deferencia, le habrían informado, que entre las cautivas regaladas iba una de especial condición, para que se sintiera halagado, ¿acaso sabedor de su origen, el extremeño, no le habría prodigado atenciones especiales desde el principio, en lugar de pasársela a un subalterno, como en realidad ocurrió? Y cabrían aún más preguntas, o más razonamientos, pertinentes todos, de éste episodio trágico y ruin de nuestra historia, por ejemplo y siguiendo a Bernal Díaz; azuzaba y conminaba a los españoles para que no fueran flojos ni negligentes en el combate, corriendo de un lado para otro, gritando, señalando los puntos débiles de las formaciones indígenas. Si se sigue la ruta trazada por ésta actitud podemos continuar preguntando lo siguiente;

¿estaba ella presente cuando Cortés aperreaba sin misericordia a los cautivos a los que ejecutaba? es más que probable, dada la descripción anterior de su comportamiento ¿disfrutaba descaradamente, cuando los perros se comían vivos a éstos pobres infelices, arrancándoles las entrañas a dentelladas? ¿el dolor y la sangre derramada nunca fueron suficientes para paliar su animadversión hacia su propia gente? cuando el extremeño ordenaba mutilarlos, y les eran cortados los pies y las manos de tan mala manera, que casi todos fallecían en poco tiempo, ¿eran cosas que la excitaban? Basados en estas preguntas simples, pero elementales, no sería descabellado creer que tal vez hubiera deseado participar directamente, en la acometida de tales atrocidades y solo la detenía la mala opinión que de ella se pudieran formar sus nuevos camaradas. Todo se obscurece, se nubla, no nos permite ver más allá, que lo que humanamente podemos especular, pensar, creer que fue. ¡Oh misericordioso, celestial, sapiente dador de la vida! ¿Qué hicimos mal, que dejamos de hacer? Tal vez nuestros sacrificios no fueron suficientes o no fueron los correctos, tal vez estaba escrito que así tenía que suceder. El hado cruel, amancebado con la parca, posó sus garras en las tierras de Anáhuac, empeñado en destruir para siempre nuestro jardín florido, cortando sus brotes de raíz, arrancándolos de la superficie de la tierra para que no vuelvan a retoñar. Nuestro sufrimiento apenas empieza. A partir de ahora, nuestro dolor tendrá otra causa, seguiremos caminos que no habíamos recorrido antes, nuevos, ásperos, humillantes. Nuestros ríos, nuestros lagos, no tendrán ya la misma claridad, ni sus aguas reflejaran nuestros rostros taciturnos, nuestra hambre no podrá ser saciada, nuestros recuerdos serán el único consuelo que podamos tener ¿A dónde podremos llevar nuestra tristeza? ¿Qué cantos de nuestros abuelos nos acompañaran? La tierra gime, se agita como una gran bestia herida, Las casas se derrumban, crujen al caer, como si se les escapara la vida. ¿A qué parte del Mictlán podremos ir que no conozcamos ya? Nuestros cuerpos han sido quebrados como si fueran de arcilla, como si de madera seca fueran, como si hubieran sido alcanzados por un rayo infernal se doblan. Todo ha durado un instante apenas, un suspiro apenas, pero tan profundo, tan intenso, que en ese suspiro cabe la eternidad completa ¡Que así sea!... Odio, dicen, señores ministros, odio profundo y cruel. Odio enfermizo, nacido de la insania. Ojalá que estén de acuerdo conmigo, en que, el de Doña Marina, era odio de verdad, inexplicable y patológico, como dicen ustedes, tan destructor e inverosímil, que es difícil aceptarlo sin sospechar siquiera, que pudiera haber algo de anormal en el modo de pensar y actuar de esa mujer. De dos hechos importantísimos no se tiene ningún relato, ninguna información acerca de su conducta durante el desarrollo de los mismos, al parecer, no tuvo nada que ver con los genocidios perpetrados por los españoles en el santuario de Cholula y la explanada del Templo mayor, en donde miles de indios fueron virtualmente sacrificados sin ninguna justificación válida. Hombres de todas las edades, mujeres, ancianos y niños imposibilitados de poder defenderse o escapar, porque fueron atrincherados, cogidos desprevenidos en trampas sin salida, el primero, ejecutado por el extremeño y el segundo, por su compinche Pedro de Alvarado. Como yo no encuentro la lógica en este tipo de acciones, explíquenme por favor, ustedes que todo lo disciernen con tan buen entendimiento ¿Qué clase de hombres pueden incubar en su mente, en un instante, tal clase de horror impredecible? ¿Quién puede ser capaz de ejercer tanta brutalidad, en un momento y después acostarse a dormir como si hubiera realizado una hazaña magnífica, digna de ser contada a los amigos? ¡Aaah! Un hálito maligno flota en el aire, se conjunta y espesa como una capa de neblina, se cierne sobre nuestros agotados cuerpos, nos penetra, se unta en nuestros huesos adhiriéndose como un bicho invisible, el olor a sangre es nauseabundo, sabemos bien que no se quitará por mucho tiempo, hagamos lo que hagamos, día llegará en que estemos tan acostumbrados a él, que se volverá imperceptible, parte de nuestra esencia, una segunda piel. En la expedición a las Hibueras, el joven emperador Cuauhtemotzin fue cruelmente ejecutado. Fue ahorcado, decapitado y descuartizado y sus restos arrojados en una o varias de las ciénagas que circundaban el lugar donde estaba instalado el campamento, en el ahora estado de Tabasco. Refiere Bernal Díaz que la malinche (otra vez) tuvo una participación directa en el crimen, pues fue ella la que instigo con Cortés ("el carnicero de Extremadura") para llevar a cabo tal infamia, también ésta y para variar, totalmente injustificable.

Y nuevamente la pregunta que no se ha querido hacer como es debido ¿por qué?

La explicación oficial del mercenario Cortés fue que se había descubierto una conspiración, por parte del mancebo, para sublevarse, tomarlo prisionero, cenárselo en una ceremonia religiosa y volver por sus fueros a gobernar ¡Que excusa tan más estúpida, por favor!... ¿Están asqueados, señores magistrados? Imagínense como me siento yo, ¡ah, no es por mi relato! ¿Por mis invenciones, señor secretario de la corte? ¿que, qué; mente calenturienta? ¿Ay, mira cómo eres! ¡Habíamos quedado en que nos íbamos a respetar! ¡Eso, señor presidente, dele duro pa´ que se le quite! Discúlpenme, me dejé llevar. ¿En dónde nos quedamos? ¡Ah, sí! Esa es la explicación conocida, la otra, la mía, es la siguiente: Estando acampados en el lugar referido, sin que fuera notada, la tal malinche entró a la tienda donde estaba Cuauhtemotzin encadenado, con grilletes en pies y manos, probablemente fue a burlarse de su situación, o a hacerle algún tipo de insinuación sexual (el emperador era joven y apuesto, para los de su raza) tal vez creyó que lo escucharía lamentarse de su situación y le pediría que lo ayudara de algún modo, por lo menos, que lo trataran con menos rigor, ahora, volteados los papeles, ella estaría en posibilidad de ayudarlo y, quien sabe, tal vez pedir al jefe su liberación posterior, ya sin el cargo de emperador, claro, al regresar del viaje, inclusive, tal vez si.... Pero no fue un pedido de auxilio lo que recibió del joven prisionero, sino una andanada de insultos recordándole sin miramientos su actual triple condición, a saber; esclava, prostituta y traidora. Ante ésta respuesta, totalmente distinta de la que había esperado escuchar, la maniaca malinche corrió donde su nuevo amo y le contó lo ocurrido, tergiversando dolosamente los hechos. El resultado, ya lo hemos visto. No que el conquistador fuera manipulable, ni mucho menos, pero, bien mirado, también a él le convenía la acción propuesta por su cómplice, se deshacía de una pesada carga y se evitaba problemas futuros con una posible insurrección. Dios los crea y ellos se juntan, nunca como entonces el refrán tuvo tanta validez, por otra parte y por si fuera poco, no se han encontrado indicios, en ningún escrito o relato, que nos hagan pensar que en ésta relación perversa, hubiera existido alguna clase de sentimiento parecido al amor, es más, todo indica, por sus actos, que los dos estaban incapacitados para albergar un sentimiento tan sublime como ése. Por su parte, no se sabe que el capitán haya sentido amor por nadie; ni por sus mujeres, ni por sus hijos, ni por sus parientes más cercanos, aún por su propia madre. Menos por su emperador o por sus amigos más fieles, sentía (siempre según Bernal Díaz) afecto por algunos, incluida una de sus hijas, pero nada más. Yo, por ejemplo, puedo sentir afecto por mi perro o por mi gato, y aún lloraría por ellos si algo les llegara a pasar, pero de eso al amor, hay un abismo. Doña Marina no era diferente en éste sentido. Tampoco de ella se sabe que hubiera sentido amor por alguien en particular, ni siquiera por el conquistador, lo que puede llevarnos a la conclusión, absurda, si ustedes quieren, de que ambos padecían de un estado de sociopatía disociativa con episodios esquizoides recurrentes, que los volvía inestables, con arranques de ira inusitados y los incapacitaba para sentir por otros algo más noble que el desdén. Mire usted, señor ministro, eso habría que preguntárselo a un psiquiatra experto en el tema, yo solo lo menciono porque lo vi en un programa de televisión y me pareció, como se dice, ad-hoc para describir el carácter.... poco convencional de los mencionados. Y ya, para terminar con el tema y reforzar la idea del verdadero origen plebeyo de la señora malinche, debemos recordar que no sabía leer ni escribir, no ya los pictogramas propios de la época utilizados en el imperio mexica y sus alrededores sino la escritura simple y llana que nos enseñaron los españoles. Así, podemos agregar una cuarta condición a la mujer que se dio a los conquistadores por nada, ¡Ignorante! pero además, y si siguen sin creerme, algo raro habrá notado el extremeño en la conducta de doña Marina, que lo obligó a deshacerse de ella lo más pronto que pudo y la casó con el primer soldado borracho que se encontró en la calle. No puedo imaginarme la cara de ese pobre infeliz, cuando despertó al día siguiente, con una cruda fenomenal y una bruja encima de él; pero la doña debe haberse sentido honrada, satisfecha por estar casada con un español "haiga sido como haiga sido" y tan enamorada, que seguramente le llamó, para consolarlo, con los adjetivos más tiernos y cariñosos que había aprendido de su amante: Bien mío, corazoncito, rorrín.

Después de la conquista, la malinche se perdió en el anonimato, no así su nombre, que quedó como un estigma que nos ha marcado para siempre.

El segundo acto de importancia que llevó a cabo Don Hernando, fue enviar al rey Carlos, lo más pronto que le fue posible, el poco oro y las joyas que había logrado rescatar hasta entonces, pero, a pesar de todo lo que se ha escrito hasta ahora, ese hecho no estuvo dictado por la inteligencia, sino por la cobardía. En efecto, el enano Cortés sabía, mejor que nadie, que los actos de traición, el pillaje y el apoderamiento de una flota, se pagaban directamente con la horca y lo que menos quería, ni en esos momentos, ni nunca, era sentir el rigor de un nudo corredizo en su pescuezo, así que, haciendo de tripas corazón, sus empeños más inmediatos se encaminaron a comprar la voluntad de su soberano mediante sobornos, sobornos reales, claro está, llamados eufemísticamente, en aquel tiempo, "quinto del rey" ja, ja, ¡quinto del rey! No deja de sorprenderme como los poderosos de todos los tiempos y de cualquier parte del mundo, tienen la asombrosa capacidad de ponerle nombres tan sutiles a sus corruptelas, con el objetivo de que nadie se entere que también ellos pueden ser comprados. El cohecho funcionó, y bien, hasta la muerte del susodicho. Los sobresaltos jurídicos y los apuros financieros de la última etapa de la vida de tan noble caballero, eran nomás parte del juego, un juego que el mercenario nunca se imaginó que iba a tener que jugar por tanto tiempo. Desmantelar las naves y mandar quemarlas, constituyó sin duda, un acto temerario, pero una prolongación, al fin y al cabo, de su traición original. ¿Que por qué digo esto, señores del jurado? Una traición, para que sea efectiva, tiene que ser completa, sino, no sirve para nada y me imagino que Don Hernando no le comunicó sus intenciones a nadie de los que lo acompañaban, pues de haberlo hecho, lo más seguro es que muchos de ellos, o tal vez la mayoría, hubieran abandonado el proyecto de inmediato, porque, ¿ Quien, con un poco de entendimiento, se adentraría en un país desconocido, gobernado por un rey tan poderoso, como les habían dicho que era el emperador Moctezuma, con la seguridad que se saldrían con la suya ? Así que, quemar los barcos, imposibilitando con ello una posible desbandada de sus huestes, tenía un propósito similar al de los sobornos, esto es, evitar por todos los medios, que sus subordinados se le fueran a desmandar y aún a revelar y se largaran, poniéndolo en serios aprietos ante Velázquez y ante su rey lo que equivaldría a poner en riesgo su preciosa vida. Por su elemental forma de razonar, esto era, o todos coludos o todos rabones (lo que me pase a mí, nos pasa a todos) así que no había vuelta atrás, había que echarle todas las ganas si querían volver a su casa, con sus seres queridos. Pero además, estaba la ilusión de hacerlo cargados en oro, convertidos en hombres ricos, por lo que no tendrían que volver a trabajar nunca más. Ante esta perspectiva, decidieron apoyar a su capitán y seguirlo hasta las últimas consecuencias. Ahora bien, sus más entusiastas panegiristas no escatimaron tinta para ponderar sus supuestas dotes de gran estratega y comandante, así como su visionaria concepción de la empresa que tenía que acometer con el reducido ejército que lo acompañaba. ¡Bravo! Cuando el enemigo a enfrentar no cuenta con armamento equiparable al de los invasores: Cuando no se tienen armaduras ni escudos de metal. Cuando no se tienen caballos, ni espadas, ni armas de fuego de grueso calibre, la "hazaña" puede adquirir tintes epopéyicos y el genocida puede ser elevado a la categoría de héroe mitológico.

Pero una vez que logró su objetivo, una vez que se hizo con las ruinas del imperio mexica, cuando tuvo que lidiar con hombres de su misma procedencia y calaña, iguales a él en todo, en ambición, en malos modos, en mañas, ahí se terminaron sus tan cacareadas cualidades y ya no pudo hacer otra cosa, que dedicarse a defender lo que tan malamente había obtenido.

No quiero parecer repetitivo, pero, a propósito de la muerte del emperador Cuauhtémoc, hago saber a ustedes que cuento con la copia de una extensa carta, no registrada por los anales de la historia y que Cortés envió al rey de España subrepticiamente, junto con un lote de joyas y oro de la mejor calidad, que sirvió, como los demás envíos, para pagar parte de los costos de las guerras españolas con el resto del mundo. La encontré por casualidad, señor presidente, entre mis pocos atributos no figura el de la investigación, desgraciadamente. En una biblioteca pública, en las Charcas, San Luis Potosí, no, no tengo idea de cómo llegó a parar ahí, fue pura casualidad, creo. Estaba aburrido, esperando mi turno para una entrevista de trabajo en la clínica del IMSS COPLAMAR de ese lugar y alguien me sugirió que me distrajera un poco yendo a la biblioteca, cosa que no hice de mucho grado, debo reconocer, pues bien, después de hurgar libros en los estantes aquí y allá, me topé con uno que tenía el título de "Mapas de las colonias españolas del nuevo mundo" lo que llamó mi atención y más por curiosidad que por otra cosa, tomé el susodicho libro y comencé a hojearlo sin mayor entusiasmo y más o menos como a la mitad del mismo, metida entre los dobleces muy cuidadosamente hechos de un mapa de las costas pacíficas del Perú, encontré la carta que les digo, pero estaba tan deteriorada, que la parte posterior de la misma, estaba completamente pegada por el moho a la parte central de dicho mapa. Confieso mi crimen, señores jurisconsultos, al tratar de despegarla, con todo el cuidado del que me creí capaz, la tal carta se empezó a desbaratar y ante el temor de que tan valioso documento se perdiera irremisiblemente, la copié para tenerla conmigo como un souvenir de mi viaje por aquellas tristes y áridas tierras potosinas. Si, si, la traigo conmigo, casualmente. ¿El autor? Américo prepucio, o algo así. ¿Cómo? ¿Ves? ¿Ves? ¿Que veo? ¡Ah, sí! Repito con usted ¿Ves, pu, Vespu, cio, ah, ya veo, si, Américo Vespucio ¡muchas gracias, señor secretario de la corte!

¿Que se las entregue? ¡Por supuesto que no, es mía! ¿Para verificar su autenticidad? Pero, si ya les dije que la original se desbarató apenas la toqué. ¡Expertos! ¿cuáles expertos, por Dios?

Todos sabemos que los expertos en México valen pa´ pura.... ¡Perdón, perdón, sus señorías, es que soy muy tonto! Sí, su señoría, ¡Señores expertos....! Comprendo, comprendo, señor presidente, ahí que muera. Se las puedo leer, con mucho gusto y después, si ustedes quieren podemos sacarle una copia fotostática para mí y ustedes pueden quedarse entonces con ésta que yo traigo... Bien, ¡juuump, juump!

A vuestra maníffica majestad, rei de España e destas partes del mundo por la gracia de nuestro señor, rei Don Carlos, sabido he, por boca de algunos amigos mios, que vos recibites una queja direta en propia mano, de unos que son enemigos jurados de mi persona, si bien yo no les he hecho mal nenguno, he que le dicen a vos que yo maté al mancebo que se dicia rei destas tierras de tenuchtitan e que se llamaba Guatemozin, e que yo no mandé la tal calamidad e muerte del susodicho rei e que lo vía como mi´jo mio pues estaba a mi cuidado y yncargo. Pero

a vos dijieron una infamia que yo no quisierede que vos creais
e que lo orqué e decapité e descuarticé e tiré sus partes en las
ciénagas de donde estábamos pasando muchas penalidades
e hambre sin remedio de Dios, ni socorro para con nos, e que
la lengua doña Marina questá muy buena (tachonado) ques
muy vuena persona para conmigo, tampoco hubo nada que ver
porque mis pisquisas y ynvlstigaciones que yo fice dispues deste
desastre me concluyeron quel indiciado Guatemozin se suicidó
por su propia mano del e que meditando en tan terrible cosa que
sucedió pude coludir que lo fiso por su grande pena qui sintia por
todos los males qui nos facia e nos fiso antes, con su guerra para
con nos, e no pudiendo soportar la tal carga de pecados prefirió
acabalar ansina deste modo sin querer esperar la justicia de vos.
E questaba encadenado porque era imndiciado por los crímenes
que he referidoos e también por asociación delictuosa con fines
de lucro e incitación a la violencia e resistencia de particulares,
e que la pena questo le dio fue muy mucha que non lo pudo
sofrir e se orco. Que cuando este suscedido suscedió, estaba
nos viendo de la manera de salir deste detestable lugar y non
estábamos en el campamento en ese momento que suscedió la
tal muerte e que si no si encontraron sus restos del fue porque se
lo comieron sus propios paisanos que tenían muncha necesidad
e ambre e que les gusta comer carne humana, e que dispues
desto tiraron los güesos en los pantanos para que nos no lo
pudiésemos incontrar que fue una calamidad y tragedia muy
grande. Y que dejo aquí este engorroso asunto y paso a decir a
vuestra honorabilisima majestad que os he enviado un cofre con
algunas vagatelas que son destos reinos tenidas de muy mucho
valor e que sobrepasan los 48 mil castellanos hechas mis cuentas
e que yo he pensado enmientras aca estábamos en las selvas
que aquí a llegado mucho personaje de aventura e mala catadura
que non son de nengun provecho para vos e que meten cizaña
e malos pensamientos en la gobernación e que para evitar estos
desmanes y otros que se avecinen e pensándolo muy mucho y
con mucho detenimiento yo creo es menester que se conforme

un partido que via pór todas las cosa de la gobernación e que por nos haver traido la emancipación e coltura e conoscimiento a estas tierras, que se diga revolucionario y que más adelante que su generosa magestad de vos dispongáis deste modo que llegue el tribunal de la inquiscicion que se le podría agregar el apelativo de iinstitucional e que ansi se podrían lo gobernar estos ricos territorios a perpetuidad con grande prestigio y honra para vuestra munificencia e que yo como vuestro muy humilde vasallo de vos que non quiero ser que me nombre con títulos de pompa como marques o conde o nada e que solo me complacería que yo fuese puesto con el nombre de presidente vitalicio del tal partido que se formare e que vigilaría la buena marcha de vuestras disposiciones yyncargos reales por la gloria de Dios e vuestra regia majestad ¡ y olé ¡

¡Puufff! ¿Qué les parece el tal Cortés, era una cajita de monerías, verdad? Seguramente el monarca español lloró ante tales muestras de fidelidad desinteresada. Aquí aprovecho para contradecir al maestro José Luis Martínez que dice que, al final de su vida, el mercenario pidió ser enterrado en la capital del imperio que desmadró, porque había llegado a apreciarlo y aún a amarlo ¡Cómo no! Lo amaba tanto, que ni siquiera se preocupó por aprenderse el nombre y la pronunciación de los sitios y los personajes más importantes con los que tuvo contacto por tanto tiempo ¡Tenuchtitan, que bárbaro! Es como si nosotros dijéramos Bella-dolid, en lugar de Valladolid, pero en fin, todas las cosas caen por su propio peso ¿no lo creen ustedes así, señores magistrados?

Una última reflexión, antes de terminar, por favor, ¿En dónde me quedé? ¡Ah, sí!

En un principio; tanto el emperador como sus consejeros, creyeron encontrar una salida fácil a los conflictos interminables que representaba el quejoso, con una idea simple, sí, es correcto, le empezaron a dar largas a la solución de los problemas que el señor Cortés les amontonaba en sus escritorios. No significa que en realidad no hicieran nada, simplemente que, salvo en contadas ocasiones, nunca se preocuparon por asegurarse que sus resoluciones fueran ejecutadas eficazmente. Así, al ver la gente de La Nueva España que esa era la manera de resolver conflictos y que además no tenían que responder por sus omisiones, empezó a copiar la mala costumbre de dejar que los pleitos judiciales durmieran el sueño de los justos o a estirar la mano para solucionarlos con prontitud, sin embargo, ésta actitud inescrupulosa, trajo consigo una consecuencia ingrata y de malos augurios para todos, y que persiste hoy, más fuerte y viva que nunca, el que más daba, era el que se salía con la suya. Ahora bien, no siempre las cosas eran o son así. En absoluto, resultó que los que no tenían suficiente dinero para comprar veredictos, tenían amigos, familiares o conocidos en los cargos públicos que los podían ayudar y los ayudaban, claro está, a cambio de otro tipo de favores, muchos de ellos inconfesables. En todo éste galimatías legaloide, la policía siempre fue espectadora, actora de segunda mano, brazo ejecutor de los ganones e institución sin peso específico de las decisiones judiciales. Desde entonces y hasta la fecha. A cambio de ese abandono, de esa renuncia de la policía a cumplir con su deber, nosotros echamos mano de la manera más conocida que tenemos para desquitarnos; los empezamos a designar con apodos, con motes que nos parecieron no solo oportunos, sino graciosos y ocurrentes, a saber: Patas planas, cuico, azul, tecolote, genízaro, gendarme, ojitos pajaritos, gaznápiro, tira, Policarpo, chota, Policleto, todo, excepto la designación que verdaderamente les correspondería como guardianes del orden y la ley, oficial de policía. Y no se piense aquí, que estoy poniéndome del lado de éstos infelices, apartados de la sociedad por nuestra voluntad y por gusto de ellos, pues ninguno ha puesto de su parte para que las cosas sean diferentes, pero también aquí tenemos una visión chata de las cosas, los que pagan siempre los platos rotos cuando las cosas se salen de control, son los policías comunes y corrientes, los policías de la calle, ya sea que anden en patrullas, en motocicletas o a pie. Nunca nos hemos detenido a pensar que ellos reciben órdenes de alguien más, de sus jefes inmediatos, llámense jefes de sector o de oficina o de corporación o lo que sea. Son éstos maleantes de escritorio, que nunca han dado la cara, que nunca hemos sabido quiénes son, los que exigen cuotas a sus subordinados, los que les venden los uniformes y las armas que les proporcionan los gobiernos. Los que les alquilan las patrullas, las motocicletas, los que tazan a precio de oro las esquinas más productivas; los que los inducen a delinquir, porque el de más arriba exige su mochada y alguien tiene que pagar. Con todo, nuestros policías no están exentos de culpa, no son, ni con mucho las indefensas ovejas que pudiera pensarse. La gran mayoría de ellos sabe muy bien a qué va, cuando se incorpora a las filas policiacas; si entrar a una corporación les significó, en muchos casos, desembolsar una suma importante, saben cómo recuperarla pronto, porque ven a la sociedad no como el objetivo primario de su trabajo, sino como una enorme vaca lechera a la que pueden ordeñar sin peligro de que los detengan y si eso llegara a ocurrir, con cambiarlos de demarcación es suficiente. ¿Cuántos de esos aviesos individuos han sido verdaderamente acusados, realmente perseguidos, encarcelados, por corromper de manera tan abyecta a una institución con la que deberían estar comprometidos por convicción? Lo que hacemos, si es que acaso hacemos algo, es despedirlos por la puerta de atrás, donde nadie los vea ni los moleste, así, no debería extrañarnos si nos los llegamos a topar más adelante, en otra parte, con el mismo o un mejor puesto que el que tenían y si por casualidad alguien llegara a cuestionar al que los contrató, la respuesta puede ser tan cínica como ofensiva: Los tienen ahí por su "experiencia" y a otra cosa. Pero, como ya lo hemos mencionado, creo, la otra mitad de la culpa es nuestra, absolutamente. Con la negligencia del haragán, creamos un monstruo que pensamos inofensivo y al cual echamos muy pronto a la calle y desde ahí, lo fuimos creciendo, alimentándolo con migajas de sobremesa. Lo consecuentamos, lo apapachamos. Por largo tiempo, regodeados con nuestra obra, no pusimos mayor atención a sus desmanes que nos parecían simples ocurrencias de mozalbete con tiempo de sobra para sus travesuras. Hasta llegaron a parecernos simpáticas las mordiditas con las que lo manteníamos tranquilo; nunca se nos ocurrió pensar que ese monstruo, del que esperamos siempre una obediencia ciega, se nos iba a voltear y nos iba a tirar tarascadas de las que no nos podríamos recuperar en mucho tiempo y después, al sentirnos agredidos de manera tan injustificada, hipócritamente, alzamos los brazos al cielo preguntando ¿Por qué, por qué?

Como ustedes comprenderán, nada de esto es casual, nada se ha dejado al azar, ni a ocurrido por generación espontánea; nuestros cuerpos de policía están estructurados, desde el principio de los tiempos, para que los poderosos, los influyentes, tengan una oportunidad y una clara ventaja en caso de delinquir y su delito sea un caso digno de ser sancionado por la ley y nosotros, la sociedad, lo hemos permitido siempre, haciéndonos de la vista gorda, al fin que "Ojos que no ven corazón que no siente" ¿No es así?... Perdón, sus señorías, ¿Me permitirían beber un poco de agua, por favor? ¡Gracias, muchas gracias! Con tantas cosas que decir, se seca la garganta y se desvía uno del camino con mucha facilidad, y, perdón, ya casi termino con mi explicación de la conquista, reconozco que se los he dicho varias veces, pero, ya ven ustedes, el tema, los temas dan para mucho más de lo que se piensa, bien.... Siguiendo al historiador Luis González y González, en los primeros años de vida de la nueva colonia, la ciudad de México era un verdadero muladar, con calles sucias y polvorientas. En el mercado, hecho con tablones y ramas principalmente, se aglomeraban los perros, las ratas, las moscas y toda clase de insectos alrededor de la carne colgada en los puestos; la sangre de los animales sacrificados escurría hacia el piso formando charcos hediondos o arroyos que iban a parar a los antes limpios y navegables canales de la Gran Tenochtitlán. En general, la pestilencia era tan penetrante y nauseabunda, que los transeúntes caminaban de prisa, cubriéndose la nariz mientras atendían sus negocios.

Por las mañanas, la gente acostumbraba tirar el contenido de sus bacinicas al exterior y los canales que bordeaban la ciudad, antes repletos de canoas y chinampas cargadas con toda clase de mercaderías y flores, ahora estaban atestados de basura y de los cuerpos putrefactos de toda clase de animales que la gente tiraba sin miramientos. Los árboles de los bosques cercanos fueron talados inmisericordemente para la construcción de las nuevas viviendas y muy pronto los cerros quedaron pelones, desprovistos de vegetación y vida silvestre.

Los hermosos lagos que los españoles tanto admiraron a su llegada, comenzaron a ser desecados y la ciudad pronto empezó a sufrir las consecuencias de tan estúpida decisión por medio de inundaciones cada vez más constantes y severas. Para todos aquellos a los que les gustan las imágenes idílicas del pasado, olvidando mañosamente las lacras dejadas a su paso, debemos agregar que, por lo menos durante los primeros cien años de vida de la Colonia, los asesinatos, los asaltos, los pleitos de cantina eran el pan nuestro de cada día; abundaban los borrachos que amanecían tirados en las banquetas sazonados en su propio vómito. Los juegos de azar, principalmente las cartas, prohibidos desde el principio, eran la causa de la ruina de innumerables familias, muchas fortunas se vieron peligrosamente disminuidas y los suicidios por este motivo eran frecuentes y preocupantes. En ese coctel infernal, estaban mezclados individuos de todas las capas sociales, de todas las castas habidas en esa época. La miseria de la inmensa mayoría de los pobladores, sobre todo indígenas, es otro factor que se menciona poco. Los limosneros, los pedigüeños, abarrotaban los atrios de las iglesias, las plazas públicas y los mercados buscando su subsistencia, pero estas cosas importan poco porque, si se les tomara en cuenta, obnubilarían la imagen que las buenas conciencias tienen de sí mismas.

En un coloquio celebrado en la capital, a propósito de la mexicanidad y en el artículo que le siguió, Octavio Paz celebraba que por fin nos hubiésemos reconocido como un país de mestizos, que la aceptación a cabalidad de nuestro mestizaje nos haría reconciliarnos de una vez y para siempre, con nuestro pasado. Desgraciadamente no es así, porque la herida causada por la conquista, aparentemente cicatrizada, sigue abierta en muchas formas, tiene múltiples fístulas por las que emanan efluvios que no podemos comprender. Nuestra herida es profunda y aún duele, por sus bordes escurren incesantemente; la tristeza, la decepción y la amargura y estos sentimientos no nos permiten abrirnos con los demás como quisiéramos, la nuestra, es una herida que lastima con cada bocanada de aire que aspiramos, que nos provoca un molesto sentimiento de orfandad, de abandono, de soledad insuperables. Algo hemos perdido en el camino, algo nos ha sido arrebatado para siempre y nunca lo recuperaremos, tal vez por eso, los males del alma que padecemos sean incurables. Esta sensación de desamparo que nos oprime tanto, que casi nos ahoga, no ha podido ser explicada por ningún filósofo, por ningún científico, porque sus diagnósticos parten de un supuesto erróneo, que consiste en creer que todos los males del alma, se pueden remediar con solo reconocerlos. EL buen maestro Miguel León Portilla, menciona en su trabajo "La visión de los vencidos" que un historiador "X" comparó la caída de Troya, con la destrucción de La gran Tenochtitlán, pero esa tesis, novedosa en su momento, no puede ser aplicada al tema de la conquista, toda vez que de Troya, destruida, escapó Eneas con un buen número de supervivientes que más tarde, al arribar a la península itálica, sentaron las bases de las que surgiría el Imperio Romano, en cambio, la cultura mexica no tuvo ninguna oportunidad, fue devastada hasta sus cimientos y el espíritu de su gente, hecho trizas, lo mismo que con los otros pueblos conquistados, no hubo escapatoria porque no había a donde huir, ni forma alguna de comenzar de nuevo. Ciertamente, no hay explicación plausible para entender el desánimo que nos agobia de vez en tanto. Dicen algunos que son simples pretextos, herencia maldita de eso que decimos haber superado, pero que en realidad no logramos asimilar. Otros, menos severos, afirman convencidos que se trata de un mito, de una leyenda que recordamos como una divagación, una superchería colectiva que ya no puede afectarnos por todo el tiempo transcurrido. Puede ser, en todo caso, si de una leyenda se tratara, sería la leyenda de la llorona clamando por sus hijos perdidos, y nosotros, seriamos, somos los hijos perdidos, añorando el regreso de su madre arrebatada. Tal vez, ésta sensación de soledad que nos acompaña, explicaba Octavio Paz, el ensayista, es la causa por la que somos tan exageradamente bulliciosos, fiesteros, y escandalosos. Hacemos ruido para hacernos notar. Buscamos la compañía de los demás para no sentirnos perdidos, olvidados en el laberinto sin luz y sin esperanza en el que hemos sido aherrojados en contra de nuestra voluntad. Pero eso no explica, por sí solo, nuestra ira soterrada, nuestros afanes autodestructivos. Tal vez, cada que nos miramos al espejo, el reflejo que vemos de nosotros mismos nos desagrada sobremanera, lo que vemos de nuestro interior nos aterra o nos asquea y al descargar nuestra furia en contra de los demás, en realidad nos estamos agrediendo a nosotros mismos, queremos destruir en los otros todo aquello que odiamos de nuestra otra mitad y no conocemos otro camino que la violencia para lograrlo, tal vez, solo tal vez... pudiera ser diferente, si lo intentáramos. Es verdad, como dijo Paz, el poeta, somos un país de mestizos, pero por nuestras venas no solo corre sangre española, también tenemos una buena porción de sangre francesa, inglesa, alemana, italiana, polaca, rusa, checa y eslovaca, sangre africana forma parte de nuestra mezcla, sangre japonesa, china y árabe; somos un pueblo mestizo en muchas formas, pero somos, ante todo y sobre todo, rarámuri, yaqui, mayo, cora y huichol. Somos gente tarasca, otomí, chichimeca, gente zapoteca y olmeca y maya, gente que se dice tojolabal y tzoltzil y totonaca y, finalmente, somos aztlantecas, que vinimos de la tierra de Aztlán, no aztecas como la ignorancia española nos bautizó en su momento; somos mexitín, que es como decir, somos hijos del maguey (y del nopal y del maíz, agregaríamos nosotros) somos los descendientes de los habitantes del único-mundo, de la inmaculada, bella y generosa México-Tenochtitlán, somos mexicas, pues; esos son nuestro origen y nuestra esencia, nuestra verdadera y original cuna, aunque muchos persistan en el empeño de querer olvidarlo. La conquista y colonización del sub continente americano costó la vida de aproximadamente setenta millones de seres humanos por causa de las masacres, el trato abusivo y cruel hacia los conquistados y las enfermedades con las que nos obsequiaron en su tiempo y para las que los naturales no tenían ninguna defensa. Esto representa, casi dieciséis millones de muertos más que en la segunda guerra mundial. Que yo sepa, España jamás ha pedido perdón por los crímenes cometidos por sus ancestros en nuestra tierra, que así sea, pues.

El señor Cortés falleció en la ciudad de Sevilla, España, el dos de diciembre de 1547, pero con su muerte, lejos de acabarse los enredos judiciales que lo atosigaron en sus últimos momentos, éstos se prolongaron en las personas de algunos de sus seres más cercanos, y nos quedaron como herencia y lección de cómo la ley se puede incumplir y retorcer hasta el infinito para no darle solución a los problemas. Los huesos del conquistador se pudren en alguna parte de la ciudad de México, que no quiero mencionar.

OYE COMO VA...... II

¿Cómo, señor ministro? Discúlpeme, no lo escuché, es que está usted un poco retirado y la verdad, con éste oído casi no escucho nada. No, no es congénito, lo he ido perdiendo poco a poco, pero últimamente se ha acelerado mi mal. Yo creo que es por tanta música de banda que oigo, ya ven ustedes que esa música hay que oírla fuerte, para agarrarle el sabor.

¡Juan Pueblo, señor ministro, mi apelativo es Juan Pueblo! No, no Juan Pablo, Pueblo es mi nombre, Juan Pueblo, no es ningún alias, así me llamo de veras, así me pusieron mis papás. No, no tengo estudios universitarios ¡Qué más quisiera yo! ¿Mis conocimientos? los he adquirido de a poquitos, leyendo aquí y allá, sin orden ni concierto, pero más que nada, viendo, señor, viendo todo lo que ocurre a mi alrededor, arriba y abajo, atrás y adelante, y sobre todo, pensando, pensando mucho en todas las cosas que nos pasan, en cómo es posible tanta calamidad, tratando de entender, de encontrar una lógica, una explicación aceptable, para mí, de porque somos como somos y la verdad, me apenan, me abruman mis conclusiones, me matan la esperanza, parece que no tenemos manera de salirnos de esta vaina, como decía Gabriel García Márquez en algunas de sus novelas. No señor, no pertenezco a ningún partido político, aunque no me crean. Si, si tengo convicciones políticas, pero son tan simples, tan sencillas, que no hay un solo partido, de los establecidos legalmente, que las contengan y por eso me he abstenido de pertenecer a alguna agrupación. Tengo hijos, señora ministra, cuatro y una esposa y una casita propia que saqué a crédito, por parte del FOVISSSTE, ya casi termino de pagarla. ¿A la escuela? Sí, claro, mis hijos estudian, no quiero que se queden como yo, a medio camino de todo, aunque no sé bien a bien para que lo hacen, si de todos modos al salir, no van a poder encontrar trabajo de lo que están estudiando, es más, ni siquiera cualquier tipo de trabajo decente, mucho me temo que van a andar deambulando de un lado para otro sin conseguir nada y después, se van a tener que conformar con cualquier cosa que les dé para comer, pero así están las cosas aquí y ni modo ¡Eso no es verdad, señor, todos los puestos de trabajo bien pagados están destinados a los hijos de los influyentes, aunque sean unos buenos para nada! En la universidad, su señoría, unos ya casi terminan su carrera, los otros dos, están empezando, apenas.

¡De ninguna manera, señor... señor... ministro primer vocal ¡Puff, está largo el titulito! Correcto, correcto, nada de titulito... Con todo respeto, ¡si señor! Si, si pago mis impuestos, tengo que, hacienda me tiene con la mano torcida, soy lo que todo mundo conoce como un causante cautivo, así que, pago porque pago, no tengo las ventajas que tienen ustedes, por ejemplo, pueden declararse en ceros si gustan, o pueden acumular recibos hasta por ir al baño y lo más seguro es que incluso les regresen una lana, con las debidas disculpas por haberlos hecho pagar de más. No tosa usted, señor ministro secretario, es la pura verdad, yo soy el que paga todo en este país nuestro; pago los constantes aumentos en la canasta básica, los aumentos al predial, al agua, a la luz, a las gasolinas, a los medicamentos, el fisco me hace manita de cochino cada vez que se le antoja y yo lo tengo que aceptar de buena gana, sin replicar. Yo soy el que se tiene que apretar el cinturón a cada rato para que las finanzas públicas no se vayan al carajo, soy el que paga los rescates bancarios, mientras los señores banqueros se la pasan felices haciendo de las suyas con la complacencia de las autoridades que se hacen de la vista gorda ¡faltaba más! No sea que estos caballeros se vayan a llevar el dinero del país y entonces ¿Qué hacemos? Si se les atoran las cuentas y no les alcanza el presupuesto para sostener el tren de vida al que están acostumbrados todos ustedes, me abrochan, abrochan, señora ministra; no es ninguna vulgaridad, ¿Acaso ya se les olvidó la muy ilustrativa Roqueseñal? a mí no se me ha olvidado, ni se me olvidará nunca. Eso no solo fue una vulgaridad, como usted dice, sino una muestra clara del desprecio que los políticos sienten por nosotros, pero, como dicen en mi pueblo, "no tiene la culpa el indio, sino el que lo hace compadre" nosotros lo pusimos ahí, al votar por su partido, así que, bien merecido y tampoco tenemos conciencia ciudadana, como ustedes tanto se empeñan en hacerme creer, si al día siguiente del insulto, hubiéramos ido en bola a reclamarle su actitud a ese fulano, les aseguro a ustedes que no solo se hubiera disculpado, sino que habría salido corriendo con rumbo desconocido, pero ¡Estamos tan acostumbrados a tanta porquería, que ya no hacemos mucho caso de los desplantes soeces y prepotentes de estos gañanes!

¡Vamos, señor presidente, eso no es cierto! Leí hace tiempo, y un amigo entrañable me lo repitió después, que México es un país joven aún, que tenemos relativamente poco tiempo de estar imbuidos por el espíritu de la modernidad, pero eso es una patraña de a kilo, siempre estamos tratando de ser modernos, de seguir el ritmo del desarrollo que otros países nos marcan y siempre estamos un paso atrás, sin decidirnos a ser lo que supuestamente queremos, porque envidiamos los adelantos de otros, pero no estamos dispuestos a pagar el precio que ellos han pagado, por eso no acabamos de despegar, de salir del hoyo en el que nosotros mismos nos hemos metido, por eso siempre nos quedamos en el intento, por eso hacemos las cosas a medias. Le tememos a las consecuencias que puedan significar un compromiso cabal con la modernidad, con la modernidad en todos los órdenes, no solo en el económico. Vivimos en una sociedad feudal disfrazada de progreso, nuestro territorio está copado por caciques, por terratenientes millonarios, por industriales avaros que no están dispuestos a ceder ni un ápice de sus fortunas o su poder por nada del mundo, pero éstos supra-señores, éstos pro hombres que se vuelven tan comprensivos, tan caritativos cuando de ser aplaudidos se trata, han aprendido que con unas migajas es suficiente para que la población se mantenga quieta, sin exigir nada más que lo necesario para "irla pasando". Saben, desde hace mucho, que si la gente ocupa todo su pensamiento, buscando la manera de paliar sus necesidades cotidianas, no le queda tiempo ni ganas para andar alborotando con la exigencia de sus derechos. Acabamos de festejar (que no celebrar) doscientos años de independencia, estamos solamente unos pocos años atrás de los Estados Unidos, pero la ventaja que nos llevan los güeros es enorme y, al paso que vamos, necesitaremos por lo menos otro siglo, para acercarnos un poco a sus estándares de vida. Aunque les parezca extraño, no soy pro-yanqui, es nada más que un ejemplo.... Porque los tenemos de vecinos, señor secretario y esa es una condición que no podemos remediar.

Ahora, si están de acuerdo, si les parece bien, les solicito respetuosamente un pequeño descanso, llevo cuatro horas parado, delante de ustedes y ya me duelen las corvas, la verdad; también les pediría, si no tienen inconveniente, me den permiso de ir a comer, ya hace hambre, saben ustedes y mis tripitas me están gruñendo, ¿Los tacos? Los tacos fueron por la mañana y no me los pude terminar porque sus tiras me apañaron gacho cuando estaba por comerme el tercero..... ¡Perdón, perdón de veras, señores ministros, me fui de la boca, quise decir señores oficiales de policía, discúlpenme, por favor! Si, si, si, ¡gracias, muchas gracias! ..... ¿Cómo, señor ministro, que no me pueden dejar salir? Pero si me han repetido muchas veces que no estoy detenido..... ¿Escaparme y a dónde? ¿Cómo? ¿Con que ojos, divina tuerta si no tengo en que carme muerto? ¿Comer aquí? ¿Descansar? ¿Un receso? ¡Perfecto! ¿Qué vamos a encargar? ¿Cómo que cada quien va a pagar lo que consuma? ¡Uuutah, ya estuvo entonces que yo solo los voy a ver comiendo, como en la película de Pedro Infante, "A toda máquina", creo que se llama!... No tengo dinero, sus excelencias, los cuicos que me trajeron para acá me pasaron a la báscula y me bajaron todo lo que traía, no, no era mucho.... Como doscientos pesos y un reloj citizen, de segunda; si, como no, uno de ellos es ese que está ahí, parado en el rincón, ese que tiene lentes oscuros, como de ciego y el bigote tupido, como si se acabara de comer un perro y le hubiera quedado la cola de fuera ¡ juar, juar, juar, que buen puntacho! en serio, ese es uno de los que me atracó.... ¡Ándele chiquito, ora le toca a usted, para que vea lo que se siente! Si, esto es lo que me habían quitado, gracias. Entonces... de la comida.... ustedes pidan lo suyo, señorías, por mí no hay fijón, pues, ¿Que usted va a pagar, señor presidente? ¡Hombre, no como cree, de veras, me aguanto tantito! Bueno, ya que insiste. No, joven, yo no sé qué será eso, mire, aquí en la calle de Donceles, dos cuadras hacia abajo, está el mercado de.... Venden una barbacoa de primera, calientita, tráigame por favor cuatro flautas con salsa borracha, de esa que hacen con chile pasilla frito y pulque y le ponen quesito añejo encima ¡ah! y un buen vaso de consomé, dígale a don Sebas que va de mi parte, el me conoce y ya sabe cómo me gusta que me lo prepare, que me mande dos limoncitos y la cebolla aparte, ¡ por favor!

Señora ministra, veo que se le antojó mi encargo, vamos, no se apene usted, si gusta, puede pedir lo mismo, le aseguro que nunca ha probado una barbacoa tan rica como la que vende don Sebas, no, no es de Texcoco, ésta la traen de un pueblito que se llama Capuluac, la meten al horno, cubierta con sus pencas de maguey y la dejan toda la noche, sudando, escurriendo su sabor en la tina donde aparan el consomé, le ponen garbanzos y arroz y yerbas de olor, y eso es todo, no, nada de sal, en serio, y no es por nada, pero dicen que ese caldo es capaz de resucitar a un muerto, es muy tonificante ¿sabe usted? ¡Ándele, anímese! ¿Su colitis, su señoría? Si, comprendo; las tensiones de su trabajo, las discusiones, los enredos jurídicos, las mal pasadas. Dormir poco, si, sin tiempo suficiente para el ejercicio: estar tanto tiempo sentados, escuchando a los quejosos, es cierto, nadie les pregunta como están, como se sienten, pero es que su sola presencia cohíbe, su señoría, impone y pus, la mera verdad ¿Quién se atrevería a preguntarles tales cosas y menos aquí, en éste recinto sagrado? ¡mmmm! ¿Me permite una humilde opinión, señora ministra? Yo creo que su colitis deriva, en gran medida, de su constante preocupación por su colitis, no, no es una chanza, a veces nuestras enfermedades se agudizan de tanto estar pensando en ellas. No, no ignorarlas, pero tampoco permitir que nos roben los mejores momentos de nuestra vida y el placer de comer es uno de esos momentos, además, si me permite decírselo, dese sus gustos de vez en cuando y tómese su medicación para evitar molestias posteriores y a lo que sigue. La mera verdad, no creo que la barbacoa le haga daño, más bien, pienso que eso es lo que necesita, usted misma lo podrá comprobar ¡Eso! Ya ve, joven, otra orden para la señora ministra, ¡válgame! También usted, señor ministro primer vocal y usted, señor ministro secretario, bueno, entonces cuatro órdenes de flautas doradas de barbacoa, con sus respectivos consomés ¿de tomar? una cervecita ¿no se puede? entonces agua fresca, nada de bebidas embotelladas ni nada que se le parezca, agua fresca de sabor, yo les recomiendo la de horchata, pero si prefieren de otra cosa, está bien.

¿Tarjeta de crédito, en la barbacoa? ¡No, señor presidente, como cree usted, es un puestecito, un changarrito dentro del mercado y por supuesto no manejan tarjetas de nada! Solamente efectivo, su señoría, o, como dice el refrán, "Cayendo el muerto y soltando el llanto." ¿No trae efectivo? ¿O sea que lo de la invitación fue puro cuento? ¿O sea que de todas maneras voy a tener que pagar? ¿O sea que, sea como sea, de todas formas, siempre me abrochan?

¿Un préstamo, dice? ¡Ay, señor presidente! ¿Cómo cree usted que le voy a venir a cobrar después? A lo mejor hasta se hace usted el ofendido si me atreviera a venir, mejor ahí muere y como les dije hace un rato, no hay fijón, total, yo pago la barbacoa, en serio, yo invito. Mi buen, lánzate de una buena vez, no vaya a ser el diablo. Claro, claro su señoría, no se apene usted, a todos nos puede pasar, en otra ocasión, quizás.

¿Qué tal está la barbacoa, señores? ¿Verdad que no exageré?... Por casualidad, señor ministro, los que andamos en la calle siempre descubrimos lugares donde se puede saciar el hambre por poco dinero, pero también, pequeñas joyas culinarias en donde el sazón lo es todo, principalmente cocinas económicas, que además, tienen la enorme cualidad de preservar los ricos y muy variados sabores de nuestra cocina tradicional. Ya ven ustedes que últimamente ha habido una gran proliferación de negocios de comida rápida, quesque sana, puras porquerías insulsas y sin chiste, pensadas precisamente para la gente que no tiene tiempo de comer adecuadamente y disfrutar el sabor de lo que consume. En éstos tiempos lo único que importa es paliar el hambre para seguir con la rutina cotidiana de correr de aquí para allá sin ningún sentido; si le preguntáramos a alguien porque corre, porque se apresura tanto, seguramente no sabría qué respondernos, corre porque tiene que correr, va de prisa porque los otros van de prisa también y esta persona no puede darse el lujo de quedarse atrás, eso es lo que nos estresa, sus señorías, lo que nos pone tensos y de constante mal humor, sobre todo, cuando llegamos a donde teníamos que llegar y descubrimos que corrimos en vano, que nos apresuramos sin ninguna necesidad, pero ¡en fin!

Oigan, éste lugar que tienen aquí está bien padre, es amplio, confortable, seguro, se está a gusto en él, ustedes sí que se saben tratar bien, se saben consentir, me gusta.

¿Que si sé mucho de cocina mexicana, señor secretario? Un poco, solamente, no sé todo lo que quisiera saber y, de todos modos, cada vez hay menos personas que sepan preparar nuestros platillos como se debe, la modernidad liberó a nuestras mujeres de la esclavitud de la cocina; recuerdo que, cuando era pequeño, mis tías apenas acababan de levantar los trastes del desayuno, ya estaban arrimadas a la estufa para preparar la comida y, después de la comida, la cena. Nunca descansaban, las pobres, pero la recompensa de esos ricos guisos lo era todo. La cocina mexicana exige tiempo y dedicación y amor, por supuesto, y ya casi nadie está dispuesto a pasarse las horas cocinando algo que tal vez no sea debidamente apreciado por los comensales. Les dije hace un rato que andando en la calle se descubren sitios verdaderamente maravillosos, tanto por el sabor de sus guisos como por sus precios, pero la otra cara de la moneda es que también se encuentra uno con cada porquería mal hecha, que es un verdadero milagro que muchos no muramos por problemas intestinales debidos a esas "experiencias culinarias." Mi madre, señora ministra, mi madre me hizo lo que soy, me formó, me educó, me enseñó lo poco que sé. Tenía manos de ángel para la cocina, conocía sus secretos más íntimos y preparaba los platillos más delicados y perfectos que ustedes se puedan imaginar. Las albóndigas en chipotle, el encacahuatado, el pipian, el mole verde, el caldo de olla, la colita de res en caldillo de jitomate, las chalupas, los nopalitos navegantes ¿usted los comió ya, señor ministro? ¿Y, qué tal? ¿Tenían chile pasilla? el chile pasilla es fundamental en ese plato, se debe cocer entero y uno lo va desmenuzando con la cuchara de a poquitos, para agregar el sabor del chile lentamente y que no abrume al resto de los ingredientes ¡así es, en efecto! Miren ustedes, Laura Esquivel escribió una novela magnífica, adornada con la descripción detallada para la preparación de ciertas recetas, pero, en mi humilde opinión, se quedó corta, no en la narración de la trama, que, les repito, es excelente, sino en una continuación que completara la culinaria nacional ¡Claro que es un trabajo titánico que requeriría de una minuciosa investigación! Pero piensen ustedes en el resultado, sería algo de incalculable valor para los que amamos nuestra cocina. Fernando del paso había prometido escribir una novela que hablara de eso, pero yo creo que se arrepintió.... De los que preparaba mi mamá; las milanesas de ternera y la sopa de tortilla, que algunos llaman sopa azteca, su señoría, para las milanesas preparaba un aderezo con ajo, perejil y pimienta, bien machacados, untaba los bisteces por los dos lados y los dejaba que reposaran, para que la carne se impregnara adecuadamente, después, los empanizaba y los freía y los servía con un guacamole ligeramente picoso, una ensalada a la vinagreta, de pepino, jitomate, lechuga y cebolla y una porción pequeña de frijoles negros chinitos; a la sopa de tortilla le ponía una gran cantidad de epazote, crema y queso para fundir y a mis hermanos y a mí nos encantaba ver como el queso se iba deshaciendo en hebras a medida que hervía. Solo de acordarme me dan ganas de volver a ser niño, solo para volver a comer así. ¡Dios, nos hacemos viejos tan pronto, dejamos de hacer tantas cosas creyendo que tendremos tiempo para después, que cuando menos acordamos el tiempo se nos vino encima y ya no hacemos nada de lo que pretendíamos! ¿Otro poco de agua, su señoría? Se discutió don Sebas, nos mandó bastante de todo, más de lo que le mandamos pedir, le han de haber dicho que era para acá, para ustedes y se puso esplendido, pero no piensen que es por quedar bien, o por lambisconería, eso está fuera de los pensamientos de don Sebastián, él es un hombre bueno, noble, amable, siempre con una sonrisa en los labios, siempre dispuesto a ayudar al que lo necesite, nunca se ha expresado mal de nadie, siempre está buscando una justificación, una excusa para el mal comportamiento de los demás, los que lo conocemos lo queremos mucho y en su cumpleaños, nomás habían de ver la cantidad de gente que llega a su casa a felicitarlo y la montaña de regalos que recibe y eso lo hace muy feliz y le da gracias a Dios y a la vida por, los dones que le han sido otorgados. Qué más quisiera yo, señora ministra, en éste país y en el mundo, hay muy pocos don Sebas que sean buenos a cabalidad a propósito ¿Cómo le está cayendo el consomé, está bueno verdad? Ya verá que al rato se va a sentir animosa, tonificada, con muchas ganas de continuar con su trabajo.

¿Saben que se nos olvidó, de plano? ¡El postre! Un pay de limón estaría perfecto, o un flan napolitano, o tal vez un dulce de zapote con jugo de naranja y licor de café, para acentuar el sabor, unas ramitas de yerbabuena como adorno y una cereza encima, eso sería perfecto y después, para el desempanse, un tequilita. Ya no lo vemos así, porque lo hemos olvidado, pero el tequila ayuda a desdoblar las grasas de nuestros alimentos, disminuye sustancialmente el colesterol y el riesgo de formación de ateromas en las arterias y vivifica la circulación de la sangre en todo el sistema, pero... Si, ya sé que no se puede tomar aquí, no estoy proponiendo que nos emborrachemos, simplemente que ayudemos a nuestro organismo a tener una buena digestión.

¡Como debe ser! ja, ja ¿ya ven ustedes, señores ministros como hasta el buen humor regresó a todos nosotros? Señora ministra, está muy chapeada, seguro es el efecto del consomé ¡vamos, no se apene, todos nos sentimos así, es un estado emocional de satisfacción, de euforia, casi, que nos permite ver las cosas con otra cara, con optimismo, con más claridad! Hasta dan ganas de echarse un sueñito, para reposar, mientras el cuerpo hace lo suyo. Me imagino que tampoco eso se puede hacer ¡Lástima!

¿De mi mamá, señor ministro, quiere que le cuente de mi mamá? Bueno, en realidad es poco y simple lo que les podría decir acerca de ésta mujer; es la historia de muchísimas mujeres en nuestro país, en nuestro continente, en el mundo, tal vez.... Imagínense a una mujer con seis hijos en escalerita, el menor de ellos con menos de un año de edad, imagínense que está embarazada de seis meses y que el marido, de plano, tira el arpa y se larga, imagínense también, que son inmensamente pobres, como en una novela de Charles Dikens, viven en una casucha humilde de un solo cuarto, con piso de tierra y techo de lámina de cartón. Todo su mobiliario está compuesto apenas por dos camastros, una mesita y dos banquetas, hechas por el esposo con tablones que encontró aquí y allá, una estufita de petróleo de dos quemadores y algunos cacharros para cocinar. No hay cuadros colgados en las paredes de ladrillo pelón y sin pintar, ni radio, ni ningún objeto que sobresalga por su valor o por su tamaño. Los chamacos están desaliñados, mugrosos, con piojos en la cabeza y jiotes en los brazos y la espalda. Imagínense que ésta situación tiene menos de un año de haberse presentado y que no hay manera de revertirla, porque es el último escalón antes del fondo (la mendicidad). Efectivamente, hacía menos de un año, el estatus económico y social de ésta familia era otro. El padre trabajaba en la recientemente creada Nacional Financiera, su cuñado, que tenía un puesto de importancia, lo había logrado colocar a su lado, percibía un buen sueldo, un sueldo envidiable, a decir verdad, así que, comían bien, vestían bien, vivían bien, para los estándares de esa época, casi a finales de la década de los cincuenta, del siglo pasado. La hijita mayor era el orgullo de la casa, era ligeramente rubia, tenía el cabello rizado y los ojos verdes, como una aceituna, grandes y expresivos, todos coincidían en que había abueleado, esto es, se parecía al abuelo paterno que era blanco y tenía los ojos profundamente azules, era asturiano de nacimiento, había llegado a nuestro país con la última remesa de refugiados que el presidente Cárdenas rescató de la hecatombe de la guerra civil española; aquí se estableció y conoció a la mujer con la que se casó y con la que procreó cinco hijos, de los cuales, el padre era el segundo. En un tiempo en el que los jardines de niños eran una novedad y un lujo que pocos podían darse, porque la mayoría de ellos eran particulares, y el gobierno federal no los había considerado todavía, como parte del sistema educativo, la niñita, la hija mayor, la princesita del mundo como la llamaba la hermana del padre, asistía a un kínder de paga vestida con su elegante uniforme estilo marinerito, muy de moda en ese entonces, sus calcetas blancas y sus simpáticos zapatitos negros de charol, entretanto, la mamá se afanaba en la cocina preparando la comida del día, mientras tarareaba por lo bajo los cuplés de Sara Montiel, o alguna tonadita de Joaquín Pardavé; yo la escuchaba desde el fondo del patio, donde acostumbraba jugar. Mi madre era una mujer feliz en ese entonces. Pero el padre, o sea, mi padre, era un bohemio irredento y en aquel entonces, acababa de conocer a un músico, un organista ciego, originario de Guadalajara, creo, que era la novedad musical en la capital y que se llamaba Ernesto Gil Olvera y del cual decían todos que era un mago, porque hacia hablar, literalmente, a su órgano, instrumento que empezaba a ponerse de moda también en ese tiempo y ya se usaba en algunas grabaciones de música popular. Grabó un disco con varios temas y, en cierta ocasión que fue a la casa, invitado por mi padre, me regaló una copia autografiada que conservé durante muchos años, como un tesoro invaluable. Al decir que mi padre era un bohemio, en realidad quiero decir que era un borracho, un desobligado, un irresponsable que prefería pasársela bebiendo en las cantinas con sus amigos, que ir a trabajar. Muy pronto empezaron a dejarse sentir las consecuencias de tal afición; mi padre fue corrido vergonzosamente del banco y entonces, comenzó la debacle. Un buen día, vestidos con nuestras mejores galas, como si fuéramos a una fiesta, abandonamos nuestra confortable casita y empezamos a peregrinar de un lado para otro, primero, con la familia de mi papá, después, con una hermana de mi mamá, en la colonia Escandón, por el rumbo de Tacubaya. Ahí fuimos testigos, por primera vez, de los pleitos desmesurados entre mi mamá y mi papá. Seguimos vagando sin rumbo fijo, de casa en casa, de colonia en colonia, cada vez con más necesidades, cada vez con menos cosas, con menos muebles, cada vez más pobres, hasta que terminamos en la colonia Las Águilas, que en ése tiempo estaba en las goteras de la ciudad. No sabemos cómo mi padre consiguió ese infame cuartucho en donde nos fue a botar, ni en qué condiciones, pero recuerdo que cuando llegamos, por la tarde, lo tenían acondicionado como bodega y gallinero y mis padres tuvieron que darse a la tarea de sacar todos los trebejos y pollos y darle una buena barrida, para que pudiéramos dormir, creo que nunca les pasó por la cabeza que también estaba infestado de pulgas, piojos, chinches, garrapatas y toda clase bichos nocivos que durante algún tiempo nos hicieron las noches difíciles. Esa situación, que podría haberse convertido en un nuevo comienzo, en un borrón y cuenta nueva, no lo fue, porque mi padre siguió haciendo de las suyas y un buen día, sin decir agua va, simplemente ya no volvió. Imagínense entonces, que ésta mujer, en lugar de sentarse a llorar su desventura, estrujándose las manos y clamando a Dios por su triste destino, se viste con los mejores trapos con los que cuenta y, después de dar un sinfín de consejos e instrucciones a sus dos hijos mayores, se lanza a la calle para buscar el sustento, pues ni ella ni sus cachorros han comido en todo el día y ya les gruñen las tripas de hambre. Regresa muy tarde, por la noche, trae en la mano una bolsita de papel con algunos bolillos dentro, pues es todo lo que pudo conseguir, se quita el suéter que trae puesto, abre los bolillos en la mesita y rasca con una cuchara los restos de frijoles adheridos a la cazuela de barro que está sobre la estufa, le ordena a su hijo mayor que vaya al campo y le traiga unas ramitas de pericón y con ellas prepara un té ligeramente desabrido por falta de azúcar.

Después de la cena, desviste a sus hijos y los acomoda en los camastros para que duerman, ella se queda sentada en una de las banquetas, pensando, meditando, tanteándole el agua a los camotes. A la mañana siguiente, muy temprano, despierta a sus hijos que aún duermen, les da indicaciones, les deja un peso sobre la mesita para que compren un cuarto de sopa de pasta, medio kilo de tortillas y un poco de azúcar, les hecha la bendición y se va para regresar hasta muy entrada la noche, igual que el día anterior, su vientre es cada vez más voluminoso y le cuesta trabajo moverse, pero en su rostro hay una gran determinación, una mirada firme y un gesto adusto que ella trata de disimular con una ligera sonrisa cuando está con sus hijos, no habla mucho, no es muy explícita, pero lo que dice es perfectamente claro y entendible por todos. Cuando llega de trabajar, siempre pregunta que hicimos, como nos fue, si sus órdenes fueron cumplidas al pie de la letra, si tuvimos algún problema y con quien; esa rutina se convierte en un ritual, hasta que llega el momento del parto. ¡Dios, que terrible tragedia nos aguarda! ¡Qué pruebas más dolorosas e incomprensibles, como si la miseria no bastara, como si no fuera suficiente no tener que comer! ¡Como si debiéramos pagarle al mundo el precio de nuestra existencia! Pasan las horas, lentas, interminables, es de noche, casi, mi madre está recostada en uno de los camastros, sudorosa, exánime, una gran mancha roja asoma por debajo de su cuerpo empapando las sabanas, por fin, en un susurro, mi madre me llama, me pide que vaya corriendo a casa de doña Hilaria y le avise que la necesita, que me apresure, que no me vaya a entretener en el camino con otras cosas. Cumplo sus órdenes al pie de la letra, salgo corriendo como liebre a la casa de la señora Hilaria que está algo retirada de donde vivimos nosotros; en ése tiempo, la colonia las águilas era un lugar despoblado, con algunas casitas aquí y allá, desperdigadas por el monte sin orden ni concierto, mucha gente tenía cultivos en sus terrenos y existía una pequeña variedad de fauna silvestre; conejos, camaleones, serpientes ratoneras, de las que no son venenosas, uno que otro venado. Cuando llovía, las luciérnagas alumbraban la noche con sus danzas intermitentes, había mariposas, escarabajos, ranas, en fin, al llegar, toco el portón de madera con una piedra para que la doña salga pronto, cuando abren la puerta, observo apenas el rostro moreno y enjuto que me interroga con la mirada y explico rápidamente mi comisión, la buena señora se santigua y me dice que me adelante, que ella me alcanza, regreso de prisa, mis hermanos están asustados, mudos, se abrazan unos a otros sin saber qué hacer, no lloran, solamente observan la cama donde está tirada nuestra madre que se ha puesto blanca como el papel. Llega doña Hilaria, trae una bolsa de trapo llena con tiliches, nos saca del cuarto y nos dice que esperemos afuera sin hacer ruido, cierra la puerta y nosotros nos sentamos en el quicio, a esperar, parecemos polluelos desamparados, con frio y con hambre, aunque, con el susto, el hambre se nos ha olvidado de momento. Al cabo de un buen rato, sale la señora Hilaria, está tensa, con cara de preocupación, levantamos nuestras caritas interrogativamente, pero ella ni siquiera lo nota, simplemente nos dice, - ¡espérenme aquí, no me tardo! – En efecto, regresa pronto, es muy ágil, para la edad que debe tener, al entrar, se olvida cerrar la puerta completamente, tal vez la prisa; me asomo por la rendija, despacito, despacito, para no hacer ruido, la luz del foco, encendido por la partera desde que llegó, ilumina tenuemente la habitación, dándole un aspecto fantasmagórico a lo que veo... mi madre yace postrada con los ojos cerrados, chorros de sudor escurren aún por su cara, tiene el cabello completamente revuelto y algunas hebras mojadas se le adhieren a las mejillas, el charco de sangre se ha vuelto inmenso, cubre casi toda la superficie de la cama, mi madre está desnuda, tiene las piernas abiertas y, en medio de ellas, la cabecita de un niño inmóvil cubierto de grasa y sangre se deja ver claramente. Dejo de asomarme, regreso a mi lugar y me siento en medio de mis hermanos que me preguntan sin mucha convicción -¿Qué viste? -Un niño, les respondo por lo bajo -¿Otro hermanito? -Sí, -¿Cómo es? -No lo sé, no se mueve, yo creo que está muerto. El asombro por mi respuesta, hace que mis hermanos enmudezcan y se queden meditando sus propias conclusiones con sus cabecitas apoyadas sobre las rodillas. Doña Hilaria no tarda en salir y nos dice a todos – niños, va a venir la cruz verde, váyanse rápidamente a la carretera para que la esperen, cuando oigan la sirena, háganle señas para que sepa dónde es, apúrense y no se vayan a distraer jugando. - ¡Jugando, jugando! Me acuerdo que mis hermanos y yo permanecimos ahí, en la oscuridad un buen rato, un rato interminable hasta que por fin, a lo lejos, escuchamos el ulular de la ambulancia que se acercaba a toda velocidad, la ausencia de edificaciones en aquel entonces hacia que el sonido fuera más intenso y dramático de lo que debía ser en realidad. Puestos a un lado del camino, agitamos nuestros pequeños brazos haciéndole señas al vehículo que pasa cerca de nosotros como bólido, sin tomarnos en cuenta, mis hermanos y yo nos miramos consternados, sin saber qué hacer, mi hermana, la mayor, dice, a lo mejor es para otro enfermo ¡cierto, a lo mejor! Después de un rato, escuchamos de nuevo el sonido de la sirena y, esta vez, el vehículo se detiene junto a nosotros y el chofer nos pregunta donde vive una señora que tuvo un bebé, le señalamos el sendero hacia abajo y corremos delante de la ambulancia para enseñarle la casa. Inopinadamente, algunos vecinos se han acercado a nuestra vivienda, la noticia se ha esparcido como reguero de pólvora y el ruido de la ambulancia acrecienta el morbo y la curiosidad.

El ajetreo es intenso, pero preciso, las cosas se suceden a una velocidad que no nos podíamos haber imaginado nunca. Mis hermanos y yo, somos espectadores de piedra, nadie nos habla, nadie nos dice nada, nosotros solo observamos, sin atrevernos a preguntar. Meten el cuerpo de mi mamá, cubierto con un sarape, en la parte posterior de la ambulancia, cierran con estrépito las puertas y el vehículo sale disparado con rumbo desconocido. Alguien nos empuja, después de un rato, al interior de la casucha, la cama donde estaba mi madre se encuentra vacía, no tiene ya las sabanas ensangrentadas ni el colchón, alguien limpió la casa con gran rapidez, alguien, también, nos acomoda en las banquetas y nos pone enfrente sendos platos de sopa caliente, frijoles negros refritos, bolillos y jarritos de humeante café negro, después de la cena, alguien nos acuesta en la única cama disponible, acomodándonos de algún modo. El bebé, que en realidad era la bebé y que mi hermana la mayor ha traído cargada desde siempre y que, inexplicablemente tampoco lloró durante ésta odisea, se atraganta con el té que le han puesto en la mamila y ahora duerme plácidamente en medio de nosotros. Alguien apaga la luz, alguien nos contempla unos instantes antes de salir y cerrar la puerta.

A la mañana siguiente, cuando nos despertamos, es bien de mañana, los rayos del sol se filtran por las hendeduras de la puerta y pintan líneas doradas sobre la pared, donde están nuestros camastros. Nos apresuramos a vestirnos esperanzados en que nuestra madre ya se encuentre con nosotros, abrimos la puerta, una multitud se arremolina en torno nuestro tocándonos, acariciándonos, haciendo preguntas incomprensibles que no sabemos cómo contestar, estamos azorados, la mayoría de ellos lleva bultos, bolsas de todo tipo llenas de alimentos; frijoles, arroz, sopas de pasta, aceite, ¡huevos! azúcar, sardinas, sobrecitos de café Legal que así se llamaba ese café, hasta agua. ¡Bendito Dios! Nunca habíamos tenido una despensa con tantas cosas para comer, por lo menos, desde que podíamos recordar. De nueva cuenta, alguien, a quien no conocíamos, se metió a nuestro cuarto llevando en las manos dos rejas de madera, de esas en donde se embalan los jitomates, las acomodó boca abajo pegadas a una pared, las cubrió con unas hojas de periódico que también llevaba consigo y empezó a acomodar nuestro tesoro con gran habilidad, después, dándome una palmadita en el hombro, salió y se fue, despidiéndose de los vecinos. De igual manera, la mayoría de las personas que se encontraban en el patio, una vez que dejaron sus obsequios, se retiraron, quedando solo unas cuantas gentes que querían enterarse bien a bien de lo que había ocurrido la noche anterior. Mi hermana la mayor (tenía siete años apenas) les dio una explicación más o menos congruente pero ni aún así se marcharon, por lo que optó por meternos a la casa y preparó, lo mejor que pudo, unos huevos revueltos y café negro; la leche era un lujo en esos tiempos, para la mayoría de la población, pero era leche buena, de vaca de a de veras. Mucho tiempo más tarde, llegó nuestro tío.... hermano de mi mamá, pero no nos dio noticias de ella, a pesar de nuestra insistencia por saber; solamente nos respondía, luego, luego, pero se veía triste, apesadumbrado y creo que, en el fondo, se arrepentía de habernos ido a ver, si bien su obligación familiar era un mandato superior que no podía eludir, estuvo con nosotros un buen rato y luego se marchó, dejándonos en ascuas. Pasaron muchos días, largos, tediosos, interminables, algunos vecinos todavía se arrimaban a nuestra puerta para saber de nosotros, para preguntar si algo se nos ofrecía, si necesitábamos alguna cosa. Como a las dos o tres semanas, no recuerdo bien, temprano por la mañana, se apareció por nuestra humilde vivienda otro tío, éste, totalmente desconocido para nosotros, era el esposo de mi tía fulana, hermana de mi mamá, y vivían en tal y tal parte. Iba por mí, para llevarme al lado de mi madre que estaba muy grave en un hospital. Báñate, me ordenó y ponte ropa limpia, pero no había agua en la casa, ni en esa, ni en ninguna otra, había que acarrearla de lejos, una vez que la pipa hubiera llenado los botes que se formaban temprano, haciendo una larga fila, no estaba permitido llenar más de cuatro botes o latas, de ésas, donde venía antes el aceite comestible a granel; pero nosotros no teníamos botes, ni cubetas, ni latas, formábamos algunos cacharros para la comida y para lavar los trastes. Si las casa no tenían agua corriente, tampoco tenían baños, ni drenaje, la gente hacia sus necesidades en descampado, detrás de las matas o de los árboles, de aguilita, decíamos nosotros ¿Antes? Nos preguntó el tío, no sabíamos, creo que mi papá se encargaba de eso. ¿Cuánto tiempo sin bañarnos? Nos mirábamos unos a otros sin saber que contestar, avergonzados por esa clase de preguntas absurdas ¿Que no miraba este señor que éramos bien pobres? ¡Carajo!

Nunca supimos donde consiguió agua suficiente el tío recién conocido, el caso es que, por lo menos esa vez, todos pasamos por el estropajo y el jabón y después del baño, como que ya no nos veíamos tan feos. Una vez vestidos y aliñados, le dio algunos consejos a mi hermana y me arrastró con él a toda prisa, tomamos un camión y otro y otro, hasta que llegamos a una gran avenida que cruzamos a toda carrera, para evitar los coches que se nos venían encima, doblamos una esquina y otra, la avenida principal se había quedado muy atrás y de pronto, nos topamos con la mole de un edificio grande y gris que a mí me pareció gigantesco. Mi tío se agachó hasta que sus ojos se toparon con los míos y me dijo, tomándome de los hombros, que lo esperara ahí, que iba a ver si me daban permiso de pasar, que no me moviera para nada ni le hiciera caso a nadie, si es que me hablaban. Tardó mucho en volver, pues ya estaba atardeciendo cuando lo vi acercándose apresuradamente y con la vista perdida en alguna parte.

No tienen compasión, me dijo, no me dieron permiso de que entraras conmigo, hay que esperar. Se sentó en cuclillas, con la espalda recargada en la pared del hospital y después de algún rato me empezó a hacer preguntas; que si sabía dónde estaba mi padre, que si sabía si mi mamá tenía algún dinero guardado por ahí, que si íbamos a la escuela, que si estábamos comiendo, que quien nos cuidaba. Mi tío quería saber lo más que se pudiera por si ocurría lo peor. Hasta entonces no capté la gravedad de las cosas que nos habían ocurrido, ni tampoco la gravedad del estado de mi madre que se debatía entre la vida y la muerte, pues no solo la cantidad inconcebible de sangre que había perdido durante el parto había mellado su organismo, sino una gran infección, cogida en la casa por las condiciones insalubres en las que se presentó el alumbramiento, estaban acabando con ella. Los médicos estaban haciendo su mejor esfuerzo, no la habían dejado ni un momento, desde que fue internada y habían tenido que efectuar dos operaciones de emergencia tratando de contener la peritonitis que parecía resistirse a todos los antibióticos utilizados. La habían transfundido varias veces pero su organismo parecía no querer responder. ¿Cómo explicar la sensación de soledad y abandono que nos abruman? ¿Cómo traducir en palabras la angustia, el miedo atroz? ¿Cómo, a los cinco años, se pueden tener palabras para explicar en detalle el sufrimiento, el terror de sentirse desamparados? Lloré en silencio, recuerdo que lloré hasta que mis ojos se quedaron sin lágrimas, hasta que sentí que mi alma se secaba por completo a causa de mi desesperación. Mi tío guardaba silencio, observándome con conmiseración, un nudo en la garganta le impedía articular palabra.

Ya no recuerdo como o a qué hora regresamos a mi casa, tampoco recuerdo a qué hora se fue mi tío, lo que sí recuerdo es que volver a ver a mis hermanos, no me devolvió la tranquilidad, imaginaba a mi madre agonizando, muriendo de muchas maneras distintas, hablándonos y sin hablar, vestida con el camisón del hospital o con su ropa de siempre, pero alejándose de nosotros, diciéndonos adiós con su hermosa manita derecha. Esta imagen recurrente persistió en mi mente hasta mucho tiempo después que regresara mi madre, porque volvió ¡Jesús! Volvió para cumplir con su deber, para cumplir con su destino, que éramos nosotros.

Cuando la vimos aparecer, fue como si el sol hubiera entrado por la puerta, deslumbrándonos con su presencia. Nos abalanzamos para abrazarla, pero sus hermanos, que venían con ella, nos lo impidieron con gestos y palabras tiernas. Su madre está delicada, todavía, no puede hacer esfuerzos ni cargar objetos porque se puede lastimar. Sin hacer mucho caso de la recomendación, la rodeamos para abrazarla y besarla como no recuerdo que lo hayamos hecho antes. Los tíos estuvieron con nosotros un rato largo y poco a poco se empezaron a despedir hasta que quedamos finalmente solos. Una vez acomodada en uno de los camastros y ya en calma, lo primero que nos preguntó fue si ya habíamos comido y como nos la habíamos arreglado para pasar tanto tiempo solos, le contamos de la nobleza de los vecinos, de cómo nos habían ayudado y cuidado, de cómo nos echaban una vuelta de vez en cuando para saber de nosotros, de su gran desprendimiento al obsequiarnos despensas, sobre todo, porque muchos de ellos estaban en la misma situación de pobreza que nosotros. Le hicimos saber de las visitas de nuestros tíos y de cómo los veíamos tan agüeitados que siempre temimos lo peor. Olvidaba decirles que los vecinos también hicieron una colecta, enterados más o menos de cómo habían ocurrido las cosas, se dieron a la tarea de juntar un dinerito para cuando volviera mi madre y se lo entregaron al día siguiente de su regreso, no era mucho, ¡pero cómo nos ayudó!

A cuenta gotas, mi madre nos fue informando de todo lo que pasó desde que empezó con los dolores del parto, de cómo, inopinadamente, se le había roto la fuente antes de tiempo y que las dificultades se habían presentado, porque el niño venia de nalgas y era muy grande, además. - Era varoncito, nos dijo con un cierto tono de amargura en la voz y pesó cerca de seis kilos, por eso fue tan complicado el asunto, de no ser así, estaba preparada para tenerlo yo sola y que doña Hilaria nada más viniera a terminar de ayudarme. - ¡En fin! pasaron algunas semanas más, antes de que mi madre se recuperara del todo y un buen día, cuando menos lo esperábamos, apareció mi papá con su sonrisa encantadora y un ramo de flores en las manos. Como se empezó a volver costumbre, nos sacaron del cuarto mientras ellos se sinceraban y hacían las paces. Mi madre volvió a cantar y a sonreír y, por un breve tiempo, pareció que volvía a ser una mujer feliz. Ahorita no recuerdo quien lo dijo, no sé si fue Kierkegaard o Dostoievski o algún otro sabio filósofo, o escritor, pero alguien dijo que la felicidad es solo una idea, una mera ilusión con la que la gente se protege de los momentos difíciles o desagradables, para no volverse loca con tanta calamidad.

Después de ésa reconciliación, vinieron muchas otras, mientras nosotros crecíamos sin ver que hubiera ningún cambio en nuestro alrededor. Mi madre había recuperado su fortaleza física y los pleitos con mi padre eran cada vez más frecuentes y despiadados. El seguía con su rutina de irse por algunos días y regresar más tarde como si nada hubiera pasado, pero le estaba colmando la paciencia a mi madre que había perdido ya toda esperanza de salir adelante a su lado. En el intermedio, nos había nacido otra hermanita, mi hermana la mayor y yo hicimos nuestra primera comunión y empezamos a asistir a la escuela. Cierto día, que mi mamá estaba como agua para chocolate y para su mala suerte, como diría Fernando del Paso, se apareció mi padre, después de una de sus ya célebres ausencias parranderas, traía un pastel en las manos con el que esperaba comprar la indulgencia de su mujer, no lo hubiera hecho, el pobre, mi madre cogió el pastel y se lo restregó en la cara, después, tomó la tranca con la que asegurábamos la puerta de la casa y lo empezó a golpear despiadadamente en todo el cuerpo, cayera donde cayera, al tiempo que lo llenaba de improperios con palabrotas que no habíamos escuchado antes, total. Presa del estupor primero y del terror después, por tan inesperado recibimiento, el buen hombre salió a trompicones del cuarto y, cuando divisó campo abierto, echó a correr como alma que lleva el diablo sin voltear la cara ni una sola vez, empastelado, ensangrentado, humillado a la vista de todos. A lo mejor sigue corriendo, el pobre, pero yo creo que, con la clase de vida que llevaba, ha de haber felpado hace tiempo, nunca más lo volvimos a ver ni a saber de él, en absoluto.

Vistas así las cosas, mi madre se dio a la tarea de sacarnos adelante con las únicas armas con las que contaba, su humilde trabajo y una férrea voluntad. Lavó y planchó ropa toda su vida, primero, en casas particulares, después en la lavandería de un hotel de mediana categoría que se cayó con el gran terremoto de la ciudad de México. Como si hubiera quedado inmunizada después de su primer encuentro con la muerte en el hospital, nunca se volvió a enfermar, ni un dolor de cabeza, ni un resfriado, ni una tos, nunca se incapacitó, nunca faltó o llegó tarde a su trabajo, nunca puso pretextos para no hacer o dejar de hacer las cosas que debía. Solamente al final, ya viejita, me decía que le dolían mucho sus manos y yo nunca pude hacer nada para remediarlo. Cuando se equivocaba, ofrecía una disculpa inmediata, pero se aferraba a sus puntos de vista cuando creía que estaba en lo correcto, en ese sentido, era completamente inflexible y no torcía su decisión aunque los demás opinaran en contra, era pulcra y meticulosa, siempre estaba atrás de nosotros para jalarnos las orejas o aconsejarnos si ese era el caso. Muy al principio, después de que mi padre se fue, las golpizas que nos daba le habían creado una mala fama entre los vecinos de nuestra colonia, que crecía de manera desproporcionada, pero nadie se atrevía a decirle nada, a reprocharle nada, porque todos tenían muy presente la forma como mi padre había salido huyendo del hogar. Sin embargo y conforme fuimos creciendo, mis hermanos y yo supimos que nuestra madre había hecho lo correcto con nosotros, la única forma de evitar que nos desbalagáramos, que nos volviéramos unos canallas sin oficio ni beneficio, era con mano dura, sobre todo, porque ella se iba a trabajar y nos quedábamos todo el santo día solos, sin rienda ni control, yo creo que le funcionó el sistema, porque todos mis hermanos salieron trabajadores, responsables, buenos padres, magníficos esposos o esposas, sin ninguna clase de vicios de los cuales pudieran avergonzarse, gente de paz, ciudadanos ejemplares, de ésos que pasan desapercibidos porque se dedican a su familia, sin meterse con nadie y por eso nunca dan de que hablar. Todos amamos a nuestra madre entrañablemente, todos la recordamos con gratitud y veneración y no pasa ocasión en que no reconozcamos que fue gracias a su esfuerzo y entrega, que pudimos formarnos hombres y mujeres de bien. Mi madre murió hace tiempo, sus señorías, y todos sus hijos estuvimos presentes cuando dejó éste mundo, pero aún hablamos con ella, aún le pedimos consejo o ayuda cuando nos sentimos tristes o agobiados y hemos podido comprobar, de muchas maneras, que ella aún permanece con nosotros, cuidándonos, amándonos con todo el amor que siempre nos demostró mientras estuvo a nuestro lado.

¿Llora usted, señora ministra? Llore entonces, no se contenga, las lágrimas son un bálsamo para el alma, tienen la virtud de fortalecer el espíritu cuando el espíritu es noble y sensible.

¿Perdón, señor ministro secretario, que si veo a mi madre de vez en cuando, que si puedo sentir su presencia?... Permítame responderle de éste modo; yo no veo a mi madre ni hablo con ella como si fuera un fantasma que no puede descansar en su tumba, por cuestiones que haya dejado pendientes en el mundo de los vivos. No miro a mi madre como lo hacía James Joyce, como una obsesión, no necesito escribir un Ulises para quitarme de la cabeza traumas psicológicos producidos por su pérdida. Aunque usted pueda dudarlo, a lo cual por supuesto, tiene derecho, la interacción con nuestra madre es amigable y sensata y no una divagación rayana en una especie de locura inexplicable.

Yo provengo de esa mujer, sus señorías, todo lo bueno que pueda haber en mí, es su herencia; lo demás, los gazapos, las dagas, la mala leche, mi complemento pues, son mi propia aportación a mi otra mitad.

¡Uh, uh! Se terminó el recreo, parece que ya nos llaman de vuelta a la sala de plenos ¿Yo por delante? Está bien.

Se lo agradezco mucho, señor presidente, pero, si usted me lo permite, preferiría estar en pie, primero, estuve mucho tiempo parado, aquí, frente a ustedes, después, en el descanso, estuve sentado también mucho tiempo, así que ahora, quisiera no tener que sentarme, mientras me repongo, si no les parece mal.

Disculpen mi curiosidad, esos expedientes tan voluminosos que tienen encima de sus escritorios ¿Para qué son? ¿La transcripción del juicio? ¿Tanto hemos hablado? ¡Válgame! La comida estuvo bien ¡Gracias! al menos a mí me gustó y espero que a los señores ministros también.

Sus señorías ¿Faltará mucho para terminar? Tengo muchas cosas que hacer, todavía y ya es muy tarde. Mi familia debe estar con pendiente de mí. Sí, señor ministro presidente, comprendo que este es un asunto que no puede quedar a medias, al garete, como quien dice.... Los expedientes se pueden extraviar, si claro.... Todos estamos cansados, tiene razón.... Necesitan saber; bueno, la verdad es que también yo, sigo sin entender por qué me trajeron aquí y no veo la relación entre sus preguntas y lo que dicen que pasó en el Paseo de la Reforma. Les aseguro que no solo no tuve que ver nada en ese mitin, ni en lo ocurrido después, sino que me vine a enterar cuando los señores oficiales de policía me traían para acá. Puede ser cuestión de semántica, de gramática o de fonética, pero veo que a duras penas nos entendemos, como si habláramos idiomas distintos. Discúlpeme señor ministro secretario, eso no es verdad. Yo si les creo. Siempre les he creído, a pesar de todo, aunque lo duden, ustedes siempre han significado mi última esperanza, el último refugio al que puedo acudir en casos extremos, pero, ¿Saben una cosa? Casi siempre me han defraudado, no recuerdo una sola ocasión en que me haya sentido orgulloso de ustedes o sus decisiones, porque, vamos a ver: Fueron ustedes los que validaron el anatocismo, que fue haber validado la usura; validaron el impuesto a la tenencia de automóviles, aunque ese impuesto hubiera sido diseñado para ser temporal; validaron la devolución a sus antiguos dueños, de los terrenos de la Refresquera Pascual, sin importarles que en esos terrenos estaban las instalaciones de la factoría, eso significó avalar todos los actos criminales cometidos en contra de los trabajadores de esa embotelladora y que fue la razón por la que la perdieron su posesión después de una lucha jurídica descarnada y desgastante. Validaron la creación del FOBAPROA para el rescate de los banqueros y no les importó que los ciudadanos tuviéramos que pagar esa terrible deuda por todos los años que fueran necesarios; esto es, los pobres salvando a los ricos para que no dejaran de serlo, porque ¿Cómo nos íbamos a quedar sin millonarios? ¿A cambio de qué, nos obligaron a pagar? Una y otra vez he tenido que resignarme a seguir esperando que algún día, Dios mediante, entiendan que son ustedes y solamente ustedes, los que pueden poner freno a toda la sarta de corruptelas e impunidad que nos ahogan; que actúen por iniciativa propia, sin estar esperando a que alguien proteste escandalosamente para llamar su atención y que ustedes, conchudamente, respondan que son asuntos que no les competen. Puedo estar cometiendo un error de apreciación, pero he visto con demasiada frecuencia, que parecen estar esperando demandas mediáticas en las que los reflectores les apunten directamente a la cara para que puedan lucirse con declaraciones a la prensa que formen parte de los titulares al día siguiente. Tampoco es excusable que estén esperando a que los representantes del poder legislativo le pongan o le quiten comas o x a nuestras leyes para poder actuar; a todos nos gustaría que ejercieran su trabajo con la plena convicción de que es la patria la que está de por medio ¡Por Dios!.... ¿Qué no meta a Dios en esto, señor ministro primer vocal? No lo hago, las referencias teocráticas que utilizo en mi vocabulario se deben a que soy católico convencido....No, no soy practicante ferviente, ya veo hacia donde se encamina su pregunta, que, dicho sea de paso, en otras circunstancias me parecería ofensiva, no soy un fanático de ninguna especie, ni religioso, ni político, ni nada que se le parezca y para que acaben de salir de dudas, les diré que me considero un hombre libre, un hombre de izquierda, soy un socialista... Ni extremista ni moderado, un socialista, nomás y no necesito que nadie me lave el cerebro para reafirmar mis convicciones... ¿Cómo que qué clase de batido es ése? Miren ustedes, por alguna razón, "inconfesable" se dice ahora, a la gente le han hecho creer que no se puede practicar una religión....No, no cualquier religión. Que no se puede ser católico y socialista, que hacer esto, sería como estar con Dios y con el diablo, al mismo tiempo. Eso es una patraña que se ha manejado desde hace tiempo y la mera verdad, ha sido la causa, por lo menos en México, de que mucha gente se vea atrapada entre dos polos supuestamente contrarios e irreconciliables. Nuestros políticos actuales conforman una ensalada intragable de indefiniciones ideológicas. Con el objetivo primario de sacar adelante sus intereses grupales, ni tienen tiempo, ni quieren explicar de qué se trata lo que califican como ideología. Pero, nunca falta un pelo en la sopa. Resulta que nuestros políticos no aspiran al poder para ejercerlo, sino para disfrutarlo; esto es, les seducen las canonjías, los sueldos, el escaparate social que representa un cargo público, pero no están dispuestos a ofrecer nada a cambio; son holgazanes, conchudos, cínicos, torpes y necios. No necesitan de una inteligencia muy amplia para seguir las instrucciones que les dan sus jefes. La rebatinga por el poder se ha degradado tanto, que los lugares comunes son el menú principal en la oferta de todos los partidos políticos y esa es otra de las razones por las que, en sus campañas, sus lemas y sus tesis se parezcan tanto, que la gente no sabe, realmente, por quien o porque está votando, de ahí el refrán que utiliza la población en muchas partes de nuestro país para decidir su voto y que ha permitido que el PRI se mantenga incólume y presuma de ello en todos los medios a su disposición "Más vale malo por conocido, que bueno por conocer". En verdad creo, que si fuéramos un poco menos ignorantes y necios, si conociéramos someramente nuestra historia patria, seriamos todo, menos priistas. Desde el principio, ese partido estuvo pensado para controlar a la población, para ejercer el poder por sí solos, sin tener que compartirlo con nadie, para deshacerse, por cualquier medio, de opositores, agitadores e inconformes al régimen. Demasiado pronto olvidó sus orígenes y con Miguel Alemán en la silla, dio un golpe de timón de 180 grados situándose al lado de la derecha más recalcitrante. Este señor les enseñó a los miembros de su partido a sacar provecho de su posición, les enseñó como enriquecerse escandalosamente con los dineros del erario y los discípulos aprendieron tan bien, que inclusive crearon un dicho vergonzante que a ellos les pareció sagaz e ingenioso: "Señor, no te pido que me des, sino que me pongas donde hay" pero lo más lamentable de todo; les abrió las puertas de la impunidad para cualquier clase de delito que pudieran cometer. Dicen ufanos que el PRI, es el partido de las mayorías, cierto, tantos años de manipuleo, de atosigamiento mediático, tenían que rendir sus frutos, pero se cuidan mucho de reconocer que también es el partido de los magnicidios, de los fraudes electorales más burdos y descarados de nuestra historia reciente, del asesinato impune de miles de ciudadanos que pretendían un verdadero cambio democrático, es el partido que celebra ruidosamente abrocharse a la ciudadanía con dictámenes abusivos, y groseros, pretenden no darse cuenta del daño tan enorme que le han hecho a nuestro país al sostener y proteger a delincuentes comprobados en las gubernaturas, o francamente inútiles y anodinos; afirman de manera insultante que eso es lo que la gente quiere. El PRI es el partido del desencanto, de la frustración…. Para estar a tono con sus actos, con su mezquindad ilimitada, con la traición a sus principios fundacionales, les sentaría mejor el nombre de Partido

Involucionario Anti institucional. En serio, Nosferatus redivivos por la gracia de un dedo inmaculado, no hay una sola institución que haya escapado ilesa a su mordida insaciable: BANOBRAS, BANRURAL, CONASUPO, PEMEX, C.F.E., IMSS, ISSSTE, COMUNICACIONES Y TRANSPORTES, AGRICULTURA Y GANADERIA, LOTERIA NACIONAL ¡Uff! Es cuento de nunca acabar ¿Hay alguien que haya pagado por eso? ¿Alguien se preocupó jamás por restituirle a la patria todo lo robado? Ahora, si me lo permiten, déjenme decirles una cosa respecto de la falsa polémica entre política y religión; si a la gente le dan a escoger, la política siempre va a salir perdiendo... ¿Por qué? Por la sencilla razón de que no nos pueden quitar el derecho a la esperanza. Soy católico, es cierto, pero mis creencias y mi práctica religiosa están muy alejadas de los conceptos tramposos que manejan los jerarcas de mi iglesia. Yo no me guio por lo que dicen el cardenal primado ni los voceros de la arquidiócesis. Reconozco al papa, eso sí, y a algunos miembros prominentes de la grey, pero nada más, aborrezco por completo el comportamiento totalmente anti cristiano de algunos de nuestros jerarcas, aquellos que fuman puros y asisten a las corridas de toros y viajan en jets particulares, los que se codean sin recato con delincuentes en sus fiestas escandalosas, los que pretenden construir monumentos a la estulticia con fondos públicos, otorgados por gobernadores alcoholizados y deshonestos, los mismos que nos mandan a chingar a nuestra madre cuando los criticamos y después pretenden postularse como candidatos a la presidencia, convencidos que el pueblo de México, en su ignorancia es estúpido a más no poder y olvida fácilmente los agravios. Regodeados en su liviandad, orgullosos de su ingénita soberbia escupen sin recato sus salmos impíos, condenando todo lo que escapa a su órbita. A pesar de sus grandes conocimientos de teología, estos modernos fariseos no han comprendido, ni remotamente, una de las enseñanzas más simbólicas de Jesucristo. "Dar al Cesar lo que es del Cesar y a Dios lo que es de Dios" Esta máxima cristiana no se refiere al dinero, exclusivamente, significa simple y llanamente, que las cosas del gobierno deben ser atendidas por el gobierno y las cosas de la religión deben serlo por la iglesia. ¿Es tan difícil de entender? ¿Perdón, señora ministra? No en realidad, nunca asistí a ningún convento o monasterio, mire usted, cuando era joven, tuve la fortuna de conocer personalmente a monseñor Sergio Méndez Arceo el inolvidable obispo de Cuernavaca y, aunque no de primera mano, a monseñor Samuel Ruiz, ahora que estuvo el enredo zapatista, fui a Chiapas, por curiosidad, quería ver que se siente estar inmerso en una página de la historia, pero solamente fui a escuchar y a ver, estos hombres increíbles reafirmaron mis creencias y decantaron mis convicciones religiosas. Está también el padre Solalinde, como un ejemplo muy cercano de caridad y amor al prójimo, ese es el tipo de credo en el que se basa mi fe, el que trata de seguir las enseñanzas de Cristo a pesar de las acechanzas y las amenazas, a pesar de las agresiones y las trabas tanto burocráticas como de particulares interesados en que las cosas se mantengan como están. Tal vez todas estas personas creen que cuando se mueran, con un simple arrepentimiento, será suficiente para que puedan descansar en paz. Algunos son tan necios que piensan que dando dinero a la iglesia van a poder salvarse del castigo que les espera por sus crímenes infames, no se han enterado que la venta de indulgencias terminó hace más de doscientos años, ¿Cómo podrían saberlo, cuando difícilmente reconocerían su mano diestra de la siniestra, ¡Pobres!

¡Claro que no, señor presidente! Tengo muchos defectos, tantos, que no sé dónde meterlos para que no sean tan evidentes, pero una vez que los he reconocido intento que influya lo menos posible en los actos de mi vida. Así es, señora ministra, es una cuestión de fe. Verán ustedes, esta es otra noción que los agnósticos no quieren aceptar, pues si lo hicieran, todos sus argumentos se vendrían por tierra. Aquí no importan las evidencias, los hechos, lo que importa, según ellos, es el concepto. En realidad, es un tema muy difícil de desarrollar y mis limitaciones intelectuales no me permiten ir más allá de lo que acabo de expresar. Lo que si les puedo asegurar es que jamás, en la historia de la humanidad, ninguna religión ha sido tan atacada, tan vilipendiada, tan expuesta al escrutinio público, como la católica, lo cual, por lo demás, a mí me parece bien. Pero ésta iglesia que tanto escozor les produce a algunos, ha logrado sobrevivir a todos los intentos por disminuirla o acotarla, por acabarla. Por supuesto, la mayoría de los señalamientos, y acusaciones están fundamentados en hechos que no se pueden refutar. Históricamente, mi iglesia ha hecho todo lo posible para ser señalada con dedo flamígero por sus acusadores; en algún punto equivocó el camino, se volvió manipuladora, encubridora, egoísta, misógina, avara y muchas otras lindezas difíciles de enumerar y desde entonces, ha tenido que afrontar las consecuencias de esa mala decisión; pero a pesar de todo, ha logrado mantenerse en pie y viva, eso es lo realmente importante y si la iglesia se ha equivocado, sus detractores también lo han hecho. También, históricamente, han pensado que La iglesia es su cabeza, esto es, el Vaticano y que si tumban su cabeza, el cuerpo morirá sin remedio, son necios y ciegos. No se les ha ocurrido pensar, ni por un momento, que esa iglesia que detestan, no tiene una, sino dos mil millones de cabezas y que tendrían que cortarlas todas, una por una, para acabar con ella. No pueden aceptar, porque ni siquiera lo han considerado, que nuestra iglesia no son los templos, ni las catedrales, ni siquiera los sitios más prominentes de peregrinación. La base de nuestra iglesia no son sus grandes pinturas, ni sus libros, ni sus tesoros sacros; la base somos nosotros, su grey, la iglesia somos todos y cada uno de los que la conformamos, tanto en las grandes ciudades o en los lugares más apartados del planeta.

Pero los atacantes no descansan, están elucubrando constantemente nuevas formas, nuevos modos de socavar su espíritu y han llegado al extremo de cuestionar la razón primaria y fundamental de nuestra religión, esto es, la mismísima existencia de Jesucristo. Se han atrevido a decir que Jesús no fue real, que es un invento, una ocurrencia de alguien sin nada mejor que hacer que maquinar una forma de controlar la voluntad de los hombres. L a consecuencia lógica e inmediata de ésta tesis seria entonces, que José y María, sus padres putativos, son un infundio: Pedro, Juan, Lucas, Mateo, Tomás, Judas, en fin, todos los apóstoles, todos sus seguidores, son un infundio también, la existencia de María Magdalena, Poncio Pilatos y Caifás, fueron producto de la imaginación exacerbada del maquinador. Por supuesto, la decapitación de Juan el bautista, no ocurrió y el baile de los siete velos de Salomé, para agradecer a Herodes Antípas por tan esplendido regalo, fue, en realidad, una coreografía diseñada para presentarse en un teatro de un lugar llamado Brodway. José de Arimatea fue convencido a cooperar prometiéndole que, al llegar el Renacimiento, los grandes pintores del momento plasmarían su figura en los inmensos murales que se iban a pintar en las futuras iglesias y que más adelante se le podría admirar en estampitas y revistas y en algunos programas de una cajita mágica llamada televisor y el, buena gente como era, posó junto a una cruz de las muchas que estaban dispuestas para el efecto en el monte de la calavera. Déjenme decirles algo, señores-no creo en nada- Aún, si Jesucristo no hubiera existido, aún si fuera una invención, aun así, yo sería creyente y católico, para más señas. Lo sería, por la simple razón, que me parece maravillosa la idea de que pudo haber existido un hombre que muriera por mí, que se sacrificara por mí, para expiar mis pecados y lavar mis culpas ¿Puede acaso haber algo más conmovedor y convincente que esto?

Esa iglesia que los molesta, que no les permite dormir tranquilos, que alimenta su antagonismo con cada acto, con cada error, con cada equivocación inocente o premeditada, es la que permitió el desarrollo de las artes plásticas más celebradas por todos ustedes, es la que tradujo a los grandes pensadores greco latinos dándole continuidad a la evolución de las culturas de éste lado del hemisferio. En otras palabras, señores-nada está bien- la iglesia Católica es la iglesia de la civilización occidental por antonomasia, les guste o no ¡Pendejos!

¡No, no, a chirona no, por favor, se los suplico, "jué un esabructo", me cai, no volverá a ocurrir, palabrita de honor, palabrita de honor!...

Oigan, señores policías, ya ni la amuelan, ya me llevaban de a ollita y ni cuenta me di a qué horas me cargaron ¡chale! ¡Gracias, señor presidente y discúlpenme todos ustedes, me dejé llevar, me emocioné! ¿Agua? Si, por supuesto ¡Gracias! Que susto me dieron, palabra. Lo que pasa es que... ¿No les parece a ustedes chocante el que periódicamente aparezca por ahí algún artículo que pretenda poner en entredicho sus creencias? Miren ustedes, por ejemplo, está la novela de ese señor Don o Dan o no sé qué, Brown, que escribió una novela llamada El código Da Vinci, pues resulta que después hicieron la película y el canal gringo de televisión Discovery Chanel apadrinó una mesa redonda y un debate con el contenido de la novela como base. No sé, me imagino que el escritor de marras habrá creído que iba a causar un gran sismo al interior del Vaticano, o que los fieles íbamos a echar a correr en desbandada buscando como desesperados otros ritos religiosos. A esto es a lo que me refiero, precisamente. Nada ocurrió, para desgracia suya, tal vez pensó que estaba inventando el hilo negro y al comprobar el tamaño de su fracaso, quizás se convierta en un borrachín sin remedio, millonario, si ustedes quieren, pero borracho al fin y al cabo. Empero, estos descreídos aparentes, tienen su propio culto, su propio dios. Adoran, como los antiguos, a un becerro de oro llamado dólar y si bien su ídolo no los consuela, porque su propia condición se lo impide, al menos les da los medios para que sostengan su vicio.

Pienso que soy una persona progresista, señor ministro primer vocal, no me atrevería a decir liberal, porque eso implicaría algunas cuestiones que, en mi muy particular modo de pensar no compaginan con la liberalidad, sino con el libertinaje. Soy tolerante, en realidad, todo lo que humanamente se puede ser; acepto todas las diferencias que existen en nuestra sociedad, todas las pautas que marcan los tiempos que corren.... No, no soy prejuicioso, no necesariamente, pero tengo mis puntos de vista y me gusta que me los respeten, como yo respeto los de los demás.

Perdón.... ¿Me podría repetir la pregunta? Biliongra..... Es que no entendí bien... ¿Me podría repetir....? ¿Repito con usted? Si, está bien, bi-blio-gra-fia.... bi-blio-gra-fia, a ver, biblilogar ¿No? O, pues, está muy difícil ¿Qué es eso? ¡Ah, oh, ya entendí, ya entendí! Si, bueno pues, he leído a algunos autores, como no. Los clásicos, por supuesto, ya saben; Sócrates, Platón, Aristóteles, Sófocles, Esquilo, Eurípides, Esópo, Heródoto, Virgilio, Dante Alighieri, Polibio, Plutarco, Cicerón y mi preferido, Suetonio, con su gran obra "Vida de los doce cesares" Si, por supuesto, su señoría, Plutarco y Suetonio fueron historiadores romanos, lo sé, pero su trabajo es apasionante. He leído de todo un poco, aquí y allá, todo lo que he podido comprar o pepenar. A Erasmo de Rotherdam, y su "Elogio de la locura" lo mismo que "La tierra de Utopia" del infortunado Tomás Moro.

También he leído a San Juan de la Cruz, pienso de él, que es uno de los poetas más eróticos y cachondones del renacimiento, recuerdo de él un poema en particular; "Noche oscura" creo que se llama, dice algo así como "Siendo ya tarde por la noche y estando mi casa sosegada, salí sin ser notada..... Mira que pícaro sinvergüenza, para ser monje, además, es el único poeta que ha tenido que escribir dos veces el mismo libro, el primero, con el contenido de su poemario y el segundo, para justificar y explicar lo que quiso decir en el primero ¡Que melé! Pero no piensen ustedes que ese es todo mi bagaje literario, he leído todo lo que he podido; de la literatura rusa, desde sus inicios; Lérmontov, Pushkin, Turgueniev, Chejov, Gogol, la literatura inglesa, alemana, francesa, por supuesto, española, estadounidense, italiana, mucha literatura latinoamericana y por supuesto y por encima de todo, literatura mexicana, todo lo que he podido, todo lo que mis muy limitados recursos me han permitido, siempre preferí comprar un libro que comprarme calzones y ustedes no lo creerán, pero tengo un amigo entrañable, pediatra, con el que al principio de nuestra amistad, mediamos el tamaño de nuestras carencias por el tamaño del agujero en las suelas de nuestros zapatos, sin embargo éramos ávidos lectores y procurábamos estar siempre al día en cuanto a novedades literarias se refiere. Así es, compraba libros y colecciones literarias a más no poder, hasta que la necesidad por mirar por mi familia empezó a obligarme a dejarlo por la paz. Mi pasión por la lectura no fue una casualidad, ni empezó de la noche a la mañana. Desde niño, me llamaban la atención los libros, me preguntaba que contendrían, que cosas dirían, el significado mágico de todas las letras juntas, formando palabras. Cuando aprendí a leer y escribir me atiborré de todo lo que pudiera caer en mis manos, empezando por la gran cantidad de revistas, "revistas de monitos" les llamábamos nosotros, que había en esa época, en nuestro país. Porque deben saber, señores ministros, que, efectivamente hubo una época en la que la publicación de revistas era una industria de verdad, Las había para todos los gustos y todas las edades. Recuerdo que, cuando íbamos de visita con mis abuelos maternos, apenas llegar y saludar, corríamos al tapanco para bajar cajas y cajas de revistas que mis abuelos guardaban entre los cachivaches. También mis hermanos y yo, hacíamos trabajitos y mandados para juntar unos tlacos y poder comprar nuestros cuentos preferidos. Entre los que recuerdo están: El Charrito de Oro, una revista de foto montaje en color sepia, Ayúdeme Doctora Corazón y José G. Cruz presenta: El Santo, el enmascarado de plata, también en foto montaje y también en ese color. Había una revista llamada Alma Grande y su inseparable amigo "el sueco" un bigotón rollizo y pelirrojo y cuya trama se desarrollaba en los desérticos paisajes del estado de Sonora, Los Super sabios, del gran Germán Butze, Chanoc "aventuras de mar y selva" en donde aparecía el sabio Monsiváis jugando partidos de futbol, descalzo y con cocos como balones y con los miembros de la tribu en contra de las selecciones más importantes del momento; La familia Burrón, del maestro Gabriel Vargas. También comprábamos una revista llamada "Tradiciones y leyendas de la Colonia" que hablaba del origen del nombre de algunas calles del centro de la ciudad, así como de algunas leyendas que se iban perdiendo en el olvido, Tawa "El hijo de las gacelas", El pirata fuente, que hablaba de futbol, Kalimán, el hombre increíble. "El Pantera". Si Ramón López Velarde llamó a Cuauhtémoc, el único héroe a la altura del arte, yo diría que Gervasio Robles, alias El Pantera, es el único anti-héroe mexicano a la altura del comic, era un hombrón alto, esbelto, con un enorme mechón de pelo blanco en la frente, similar al de Tongolele. Era feo como una majadería, pero era machito y cumplidor a carta cabal, fungía como madrina de algunos judiciales, para los que hacía el trabajo sucio, pero después se independizó y era temible con sus enemigos. Creo que un encuentro con Boogie "El aceitoso" del maestro Fontanarrosa, habría resultado en una confrontación épica, aunque me inclino por el empate, porque los dos eran igual de cabrones ¡Pts, oooh! así hablamos acá abajo, señorías, es nuestro lenguaje común, además, esa palabra está contemplada en el diccionario de la lengua, no es ninguna vulgaridad. No, no estudié en los Institutos Patrulla (Iiiimagínese) ¿A poco nada mas ellos hablan así? Además, a cada rato me interrumpen para regañarme y así no se puede, francamente, me cortan la inspiración, porque primero están con que les explique eso de la bilirrubina o biligrafina o qué sé yo y luego me dicen que qué naco y que... así no se puede, señor juez y yo mejor me voy.

¿Cómo que no es para tanto? Si vieran lo gacho que se siente que nomás lo estén sobajando a uno, porque, vamos a ver, ustedes están allá y yo acá, o como quien dice, entonces, para que o porque. Porque vamos a suponer que si ustedes, muy limpios y muy pulcros y toda la cosa y ¿Entonces, yo qué? No hay derecho, señor juez, magistrado, no hay derecho y luego el ministro secretario, que si la religión y que si arriba y abajo y que si la cárcel, y que repita conmigo y así no y tampoco así y.... ¿Cómo? ¿Verdad que no? ¡Ahí está el detalle, su señoría, ahí está el detalle! Si hablando se entiende la gente, si yo siempre he dicho.... ¿Qué ya estuvo? Bueno, está bien, me callo, total, a quien le interesa lo que yo pueda decir ¡Chale!

Tal vez, cuando me vieron entrar, pensaron "éste es ojal y me lo abrocho" y al darse cuenta que la cosa no era por ahí, empezaron a cambiar su estrategia, pero déjenme decirles una cosa, sus excelencias, yo también he podido comprobar una cosa; tienen ustedes una piel muy sensible, quizás tanto como la de nuestros gobernantes más conspícuos. Discúlpenme, por favor, pero no puedo evitar sentirme como un bicho puesto al microscopio por sus señorías, para estudiar mis movimientos, mis reacciones. Seguramente, en algún momento, hasta habrán exclamado sorprendidos ¡Miren, colegas, también mueve las patitas! Pero creo que su mayor sorpresa habrá sido, a no dudarlo, comprobar que no soy tan bruto como parezco. ¿Qué qué, como dice que dijo? ¿Me ofrecen una disculpa? Ah caray, bueno, así ya cambia la cosa, no´mbre así hasta da gusto que lo metan a uno al bote, digo, metafóricamente hablando, no se lo vayan a tomar muy a pecho. ¿Qué les estaba diciendo? Ah, sí, de las revistas. Había una que a mí me gustaba particularmente; Fantomas, la amenaza elegante, ambientada en la ciudad de Paris, un ladrón elegante y osado que ponía a temblar a cada rato a la policía francesa y no olvidemos a las famosísimas Memín Pinguin, Lagrimas risas y amor, ambas, creaciones de la magnífica escritora Yolanda Vargas Dulcé. ¡AH! Rolando el rabioso, como no. Por supuesto, toda la gama de revistas gringas de ese entonces: El llanero solitario, Gene Autry, Hopalong Cassidy, Tarzán de los monos, Lorenzo y Pepita, La pequeña Lulú, ¡Ufff! Sería cuento de nunca acabar el mencionarlos a todos. Deben saber, que a la par que las revistas de entretenimiento, existían otras, preocupadas por brindar conocimiento, acercándonos a las obras literarias más reconocidas, así, por ejemplo, la editora de periódicos y revistas La prensa, sacaba a la calle un colección muy económica llamada "Bolsilibros la Prensa" y una revista llamada "Clásicos ilustrados" gracias a las cuales pude leer: Viaje al centro de la tierra, La guerra de los mundos, El hombre invisible, La máquina del tiempo, 20 mil leguas de viaje sub marino, Dr. Jekyll y Mr. Hayde y muchas otras que francamente ahorita no recuerdo. También estaba Editorial Novaro, que publicaba una revista llamada "Joyas de la mitología" y que no me perdía por nada del mundo, describía con profusión y amenidad los orígenes de la cultura griega, gracias a esa maravillosa publicación conocí de primera mano a los personajes con los que después, pude volver a deleitarme.

¿Será suficiente con eso, señores ministros? Sin ánimo de parecer un patán engreído, creo que podemos abordar casi cualquier tema del que quieran preguntarme... Si repito constantemente algunas palabras, algunas expresiones, se debe a que esa es mi forma de hablar, son... como se dice... modismos, modismos personales, propios de mi forma de ser. Pero no hablo el cabroñol, ahora tan de moda en todas partes. Aunque los chavos parece que prefieren más el bueyonil, que es de frases más cortas, casi monosilábico.

¿Cómo dice? ¿Qué no tengo acento? ¡Oh! Ja, ja, ja, ja ¡Eso estuvo bueno, de veras! Un gol a cero a su favor ¿De modo que ustedes piensan, como una gran mayoría de gente, que todos los chilangos nos expresamos de la misma manera? ¿Qué todos usamos el mismo tiplecito para hablar? ¿Y qué me dicen ustedes de los de su propia clase social? Es tanto o más chocante que el de nosotros, porque el nuestro ha sufrido una evolución constante al paso de los años, pero en su gente puede ser más criticable porque está imbuido de un esnobismo ramplón ¿Veees?.... ¡Gooool!

Ríase bien, señor ministro, con ganas, sin importar nada más, total, las formas, creo yo, hace un buen rato se perdieron y ninguno nos dimos cuenta de ello, pero, como verán, nada ocurrió, no hubo una debacle, no se nos vino el mundo encima y eso se debe a que, estarán de acuerdo conmigo, estos encuentros son necesarios, saludables, diría, para limar asperezas y unificar criterios y también, para decirnos nuestras verdades, para escuchar los reclamos que cada uno tenga en contra del otro. Para darle salida a nuestras fobias, a nuestros recelos. Ustedes y nosotros conformamos una mitad cada uno, una mitad de este compuesto social que es nuestro país y es más que evidente que ninguna mitad puede vivir por sí misma sin el complemento de la otra, sin su vitalidad y sin su virtud.

Querían conocer mis motivos y mis razones, querían adentrarse en mis pensamientos más íntimos, hurgar en el fondo de mi alma. La revuelta que hubo durante la manifestación de Reforma, fue un pretexto para traerme ante sus excelencias, lo supe desde el principio y si, tuve miedo, lo confieso, pero no quise que el miedo me traicionara y ustedes tomaran ventaja de ello y empezaran a manipular las cosas a su favor. Eso no hubiera resuelto nada (Esto tampoco, pero, en fin) seguiríamos cada uno en su nicho sin que las cosas cambiaran en absoluto y estarán de acuerdo conmigo.... Esto tiene que cambiar, no podemos seguir así, indefinidamente, cada quien con sus intereses, con sus mezquindades mientras el país se va por un caño.... ¿Qué, a que creo que se debe nuestra miseria social, me preguntan? ¡No lo sé, en verdad! A lo mejor, tal vez.... Pudiera ser que, en el fondo, seguimos siendo un país de esclavos, sí, eso puede ser:

"¡Oh pueriles cerebros!
Para no dejar fuera la cosa capital,
Hemos visto de todo y sin jamás buscarlo,
Desde el principio al fin de la fatal escala
El tedioso espectáculo de la culpa insistente:

La mujer vil esclava, orgullosa y estúpida,
Seriamente adorándose y amándose sin asco;
El hombre disoluto, duro y libidinoso,
Esclavo de la esclava, arroyo de albañal;

El gozo del verdugo, el sollozante mártir,
La fiesta que sazona y perfuma la sangre,
El veneno del mando enervando al tirano
Y el pueblo enamorado del látigo brutal;

Múltiples religiones iguales a la nuestra,
Todas trepando al cielo; incluso la santidad,
Como en lecho de plumas se huelga un refinado,
Buscando en crin y clavos su voluptuosidad.

Charla la humanidad borracha de su genio,
Y loca en estos tiempos, como siempre lo fue,
Increpa a Dios en medio de su agonía furiosa:
"¡te maldigo, señor, mi detestada imagen!"

Y los menos estúpidos, de la locura amantes,
Huyendo del rebaño que apacienta el destino,
Buscan en la extensión de las drogas su refugio
-Tal es de todo el globo, constante, el boletín."

¿Les suena conocido, tiene alguna relación con lo que estamos tratando aquí, sus señorías? Es de mí admirado, loco, borracho, sifilítico, excelso, Baudelaire. No, no, no, su señoría, es solamente una parte del poema llamado "El viaje", el cual consta de treinta y seis versos divididos en ocho secciones, la parte que les acabo de recitar corresponde a la sexta sección y me parece que no ha perdido su frescura y que es tan actual como lo fue en la época en que fue escrito, porque casi nada ha cambiado desde entonces, salvo la forma de ejecutar nuestras ruindades. Estoy convencido que tendríamos que reinventarnos y partir prácticamente de cero, para enderezar todo lo que está chueco o torcido, para deshacernos de toda la podredumbre que nos atosiga y no nos permite escapar del marasmo en el que nos encontramos, pero también creo que esto no será posible en el corto tiempo, porque estamos hechos a la banalidad, porque estamos acostumbrados a las medias verdades y al oropel de la lisonja. Porque comenzar de cero implicaría renunciar a nuestros privilegios, a nuestra sacrosanta impunidad mal disfrazada de derechos. Somos y seguiremos siendo un país de esclavos, no importa que el Padre Hidalgo haya decretado la abolición de la esclavitud en Guadalajara hace doscientos años, ya que, en realidad, se trató de una abolición virtual, como si dijéramos; esto es, nunca nos dieron las herramientas, los instrumentos jurídicos necesarios para hacernos sentir hombres en verdad libres, ciudadanos de pleno derecho, pero sobre todo, sus señorías, porque como individuos, como entes sociales, no hemos sabido aquilatar el valor inconmensurable, el significado salvador de la palabra No... No a la infamia, no a la mentira, no a la injusticia, no al comportamiento canalla de los políticos, no a la manipulación interesada de los medios de comunicación, no a la docilidad convenenciera con que inclinamos la cerviz. No, en toda su magnificencia, en todo su esplendor.

En verdad, seguimos siendo esclavos: De nuestras propias debilidades, de nuestros vicios, de nuestra ignorancia sin límites. Lo más dramático del asunto es que nos sentimos a gusto en esta cárcel de infamia y mediocridad en la que estamos prisioneros por nuestro propio gusto; si alguien nos abriera la puerta, no sabríamos que hacer, no sabríamos que camino escoger, que rumbo tomar. Estamos hechos al látigo, como dice Baudelaire, necesitamos que alguien nos diga que hacer y cómo hacerlo porque eso nos evita tener que pensar, aún en los trabajos más ordinarios, aún en nuestra rutina cotidiana, si no escuchamos la voz del amo, no nos movemos. Esa es la mitad de nosotros que nos domina, nuestra otra mitad permanece oculta, agazapada, esperando una pequeña oportunidad para manifestarse y si eso ocurriera, si eso fuera posible ¡Oh Señor, Dios mío, qué clase de país seriamos!

¿Perdón, señor ministro presidente, sentarme? No, muchas gracias, estoy bien así, me siento más vivo y más fuerte que nunca, con una energía que pocas veces tengo oportunidad de disfrutar. Perdón, otra vez, ahora si no escuché, la emoción, sabe usted. Bueno, soluciones, remedios, no se me ocurre nada, por lo menos, nada novedoso, algo que valiera la pena intentar ¿Otra revolución? No por favor, ese no es el camino, no, si están pensando en una lucha armada, cruenta, salvaje, como todas las que hemos padecido. No, por una sencilla razón, en nuestro país las luchas armadas siempre han sido el trampolín para que vivales se adueñen del poder y mantengan las cosas igual, eso no resolvería nuestros problemas, en cambio.... ¿De pura casualidad, vieron la película Batman? Me refiero a la primera, a la que dirigió Tim Burton con Michael Keaton en el protagónico y Jack Nicholson en el papel del guasón. Bien, en una escena importantísima de tal película, Batman le pregunta a su antagonista, porque quiere destruir Ciudad Gótica y la respuesta del guasón es que la ciudad es una verdadera porquería de infamias y calamidades y dice abiertamente que lo que necesita Ciudad Gótica es una enema y que él se la va a poner. Bueno, México no es una ciudad, sino un país enorme que está lleno, atiborrado de mierda, vivimos en medio de ella, la exudamos ¿No me creen? Dense una vueltecita por los Altos de Jalisco, huele a mierda de pollo, por la gran cantidad de granjas avícolas que hay en la región, el olor es tan penetrante que se pega al cuerpo y se aprecia, aún a muchos kilómetros de distancia. En La Piedad, Michoacán huele profundamente a mierda de puerco; en el estado de Hidalgo, en los municipios aledaños al Estado de México, huele a mierda de cristiano, porque por ahí desembocan los desechos de las aguas negras de la capital. Con tal cantidad de mierda dentro de nosotros y a nuestro alrededor, necesitamos con urgencia una lavativota gigante, con un bitoque enorme, marca llorarás entrándonos por el c...... ¡No, no, no por favor! Se me chispotió, se los juro, no quise ofenderlos, era nada más que un ejemplo, ¡un ejemploooo!

Como la primera vez, en este calvario judicial, los polis me cogen por los brazos, me hacen manita de cochino y me empujan a la salida del salón de plenos por una puerta lateral ante la mirada indignada de los señores ministros, pero, de esas cosas que pasan sin explicación aparente, cuando los chotas, tratando de dominarme me dan la vuelta y miro por un instante los rostros de mis juzgadores, cruza por mi mente, como un relámpago, la imagen clara, nítida de esos personajes haciendo ojitos de huevo cocido mientras les van introduciendo tamaño animalón por el trasero. No puedo evitarlo; me convulsiono, me retuerzo al tiempo que, sin que nadie lo espere, una carcajada feroz brota por mi garganta viniendo de lo más profundo de mi ser. Es una risa abierta, insolente, descarada. Ahora las caras de los ministros son de asombro, de estupefacción, no comprenden la causa de mi risa, que, como pelota de pin-pon, rebota en las paredes del cuarto, amplificándose, aturdiéndolos. Los presentes se miran unos a otros con desconcierto y ya van a decir algo, están a punto de dar una orden perentoria cuando, también inexplicablemente, el candelabro situado en el techo, en medio de la sala, se empieza a mover; primero con un movimiento suave, casi imperceptible, después, con una furia incontenible. Los cristales de sus lámparas hacen clink, clink, al chocar entre sí. Los hermosos escritorios de caoba que habían permanecido estáticos al principio, tal vez por el peso, ahora se mueven de aquí para allá sin control; las paredes se sacuden con un grande estruendo al tiempo que el repello se empieza a desprender, levantando nubes de polvo blanco. Pero, lo comprendo de inmediato, no es mi risa la que ha provocado tal caos, está temblando muy fuerte, parece un terremoto, como los que sufre nuestra capital a menudo. La gente que se encontraba presente durante el juicio, corre despavorida en todas direcciones. Algunos magistrados se santiguan mientras otros se zambullen debajo de sus escritorios sin medir el peligro, Los policías que me tenían sujeto por los brazos me sueltan y escapan por algún lado. Ya no me río, como es de comprenderse; estoy atónito, sin saber qué hacer, por un instante cierro los ojos y me parece que estoy inmerso en el ojo del torbellino que arrancó de cuajo el pueblo mágico de Macondo y lo borró de la faz de la tierra. En otro parpadeo, perdida la noción del tiempo, me parece que no es Macondo el que se derrumba, sino la casa grande de La Media Luna la que se convierte en cascajo, igual que su dueño; entonces vuelvo a la realidad por obra del enorme candelabro que, vencidos sus soportes, se estrella en el piso junto a mí, con un estrépito ensordecedor. Súbitamente me acuerdo de la entrada principal: No corro, pese a todo, me dirijo con paso firme a la salida. Después de dos o tres intentos, logro por fin abrir una de las pesadas hojas del portón que da a la calle. Inopinadamente, hay poca gente afuera, a lo mejor por la hora tan avanzada. Aspiro profundamente una bocanada de aire fresco y volteo la vista, para ver si alguien salió tras de mí, ¡Nada! El terremoto cesa tan intempestivamente como empezó, ¡Pinche susto, me digo! Meto mis manos en los bolsillos del pantalón, hace frio, y me encamino directamente a la calle de la Palma para, torciendo a la derecha salir a Cinco de Mayo y poder alcanzar así la avenida de San Juan de Letrán (me niego rotundamente a llamarla de otra manera). A punto de llegar a la esquina, escucho las notas de una canción que proviene de alguno de los puestos callejeros que venden discos piratas, la rola se llama "Oye como va" en la interpretación inconfundible del maestro Carlos Santana, apresuro el paso tarareando, tratando de emparejarme al ritmo: "Oye como va, mi ritmo, bueno pa´ gozar mulata / oye como va, mi ritmo, bueno pa´ gozar, mulata / ta, ta, ta, ta, ta, ta, ta, ta, ta, ta, taaaaa; tumb, tumb, tumb, tum, tum tum, tum, tum tarará; tumb, tu, tu, tu, tu, tu tu, tarara. Una sonrisa socarrona se dibuja en mi rostro mientras recuerdo todo lo ocurrido en el salón de plenos de la Corte Suprema apenas unos momentos antes y entonces exclamo para mis adentros, convencido… ¡Que poca madre!

NO PUEDES OIRME TOCAR LOS
(ECOS DE MI ONDA)

The Rolling Stons.

Tres años es una buena edad para empezar a aprender. Aprendí a cantar antes que a hablar. La música ha sido, en palabras de mi mujer, mi segunda leche, un nutriente que me ha mantenido en pie cuando parece que voy a derrumbarme. Aprendí a manipular el radio que mis padres tenían en la cocina, para el asombro de todos y la mortificación comprensible de mi madre que veía como, apoyándome en la punta de mis piececitos, lograba trepar en una vieja silla de palma entretejida y batallaba hasta alcanzar mi objetivo. Me fascinaba un programa patrocinado por un comercio español, una vinatería: "La puerta del Sol" y una mueblería "Lerdo Chiquito." El tiempo era cosa aparte, no existía para mí. Una voz varonil me decía desde alguna parte del dial: "Yo soy quien soy y no me parezco a nadie, me cuadra el campo y el silbido de sus aires..." ¡Pedro Infante! Cautivaba a las mujeres, agradaba a los hombres. Montaba a caballo, manejaba motocicletas, aviones. Tocaba muchos instrumentos musicales: era boxeador y carpintero. Hacía películas.

Yo quería ser como Pedro Infante. ¡Soñaba!

¡Mmmjú!... ¡Nala!.... ¡Jugaaando!... ¡Si-i!... ¡No-o!... A los vaquelos... Con mi pitola... ¡Bang, bang!... De chipanin... De chinampinas... ¡Bang, bang! ¡Nooo, tengo mi sombelo, mis boootas, mi caballo... ¿Quieles velo? Nooo, se llama caballo, nomás caballo, siii.

Canto, sí, me gusta cantal, también tengo guitala, sin mi guitala no canto, no se puele, bueno si, un poquito. En los camiones, cuando voy con mi mamá... Con mi tía lica ¿Te

canto?.... ¡Come!!.... Bolas de cane... Sepa... Tabajando...
Hasta la noche... No-o, no lo veo... Pus; estoy domilo ¿no ves?...
¡Sabe!... ¡Alios!

Se acabó el juego de baraja en la panadería, después de lo
ocurrido a maese Juanito, el encargado decidió que ya era
suficiente, no es que fuera necesariamente supersticioso, pero
creía firmemente que nos había caído la sal. La mayoría de
los repartos se habían cambiado a la competencia y nuestra
producción estaba en picada; de doce bultos de harina que
se hacían en el turno nocturno, para el pan blanco, ahora se
procesaban nada más que cuatro. La plantilla de panaderos se
redujo a la mitad y del gran bullicio que se armaba cuando se
levantaban las cortinas del despacho para poner los repartos, no
quedaba sino el recuerdo. Ahora, los dependientes entraban en
silencio al amasijo para hacer su trabajo y se retiraban lo más
aprisa que podían, sin saludar apenas.

Se respiraba un ambiente tenso, ingrato, solo el radio nos
distraía un poco de nuestros pensamientos y nos hacía más
llevadera la jornada. Muy pronto comenzaron los roces personales;
las pesadas bromas que anteriormente se sobrellevaban con buen
humor, ahora eran la causa de un sinfín de disputas e insultos que
casi siempre se zanjaban a golpes.

Me estaba hartando, veía como las cosas se complicaban a mi
alrededor cada vez más, en lugar de mejorarse. Lo peor de todo
es que me sentía atrapado en una red, como un pez que no tiene
escapatoria posible porque su destino fue sellado al momento de
caer en la trampa. Todo me parecía una calamidad insufrible. Sin
ninguna razón, me imaginaba que las cosas se conjuraban en
mi contra para hacerme desesperar. Con grandes trabajos había
terminado la secundaria y ya no sabía qué hacer, cómo continuar.
La preparatoria me parecía un sueño imposible. Empecé a caer
en la cuenta que, a lo mejor, Marquitos debió sentirse igual que
yo, atado a una situación que nosotros no habíamos pedido,
inmersos en un caos del que no éramos responsables. No había

modo de cambiar nada, debíamos continuar, como el burro atado a la noria, hasta el límite de nuestras fuerzas. Nuestras vidas serían una rutina permanente, sin más cambios que los sustos provocados por la falta de dinero para subsistir. ¿Eso era vida, acaso? Cuando te encuentras prisionero de una cárcel como esa, sin barrotes, sin custodios, pero sin la más remota posibilidad de escape ¿Qué se puede hacer? ¿A quién se puede recurrir? No eres nada, no eres nadie, solo queda la resignación.

¡Resignación! ¿Por qué? ¿A cambio de qué? Me sublevaba la idea de tener que resignarme a mi suerte sin hacer nada para tratar de evitarlo. Tenía que pensar, tenía que decidir y pronto, antes de empezar a convertirme en un amargado sin remedio, antes de que la frustración acabara con mis sueños y el tedio y el abandono de mí mismo hicieran su nido en mi alma. Pero... ¿Por dónde empezar?

Ya no recuerdo cómo fue que ocurrió, pero empecé a rolar turnos en la panadería; a veces en la noche, a veces en la mañana: No importaba, la rutina no reconoce horarios. Cuando no se tiene nada que hacer, el tiempo es lo de menos. Mi madre me observaba sin decir nada, sin hacerme reproches de ninguna índole y eso aumentaba aún más mi malestar. Me hubiera gustado que me gritara, que me dijera algo, para así tener un buen pretexto para iniciar una pelea y poder reprocharle, sin remordimientos posteriores, el terrible viacrucis en el que me había puesto sin pedirlo, sin merecerlo.

Pero mi madre siempre fue más inteligente que yo; me conocía muy bien y estaba consciente de que mi estado de ánimo tenía una causa y que esa causa era ella. Sabía, sin necesidad de que se lo recordara, que mi mal humor, mi desasosiego evidentes, eran el resultado de las decisiones que había tomado unos cuantos años atrás, en mi nombre, sin consultarme, motivada por la miseria en la que estábamos inmersos.

Me tragaba mi coraje, mi indignación que yo consideraba fundados y trataba de estar en mi casa lo menos posible. Si por alguna razón me quedaba sin dinero, me iba a caminar a alguna parte. Empecé la manía de tomar camiones que fueran para cualquier lado y me bajaba del vehículo hasta que llegaba a su terminal; andaba de un lado para otro como perro sin dueño, no porque me interesara conocer lugares que antes ignorara, sino porque intentaba alejarme lo más posible de los problemas que me atormentaban y que pensaba irresolubles. Intenté involucrarme lo menos posible con las cuestiones de la familia y no me daba cuenta que esa conducta hacia sufrir a mi madre y que su dolor se magnificaba por la incertidumbre de no saber en qué pasos andaría o el franco temor de que algo malo me fuera a pasar.

Me volví introvertido, casi autista. A mis resquemores anteriores, se unían ahora la inseguridad por el futuro y la conciencia plena de mis propias limitaciones y de mi incapacidad para superarlas. Por primera vez y en serio, tuve que reconocer el tamaño de mi ignorancia, matizada apenas por algún conocimiento elemental. Me daba perfecta cuenta que no sabía nada, que desconocía todo lo que era verdaderamente importante saber para sobresalir. Empecé a valorar plenamente el lastimoso sentimiento de la orfandad y fue ese sentimiento de soledad irremediable el que me hizo aquilatar el enorme vacío interior que significaba la ausencia de mi amigo Marcos. Sin un padre que me guiara, sin un amigo que cuidara de mí, estaba completamente perdido.

Descubrí, no sin cierta aprehensión, que odiaba a la gente, tanto o más de lo que pudiera odiarme a mí mismo. Los odiaba a todos por igual, sin distingos, Odiaba al gobierno por abusivo, manipulador y corrupto. Odiaba a los ricos, por tener sin esfuerzo todo aquello de lo que yo carecía, pero, sobre todo, por mirar con desdén o con franco desprecio a la gente que no era de su misma condición.

Odiaba a los pobres, por el terrible delito de serlo, me decía, a manera de justificación, que ellos tenían la culpa de lo que les pasaba por su apatía, por su autocomplacencia, por su insultante resignación ante el cúmulo de calamidades que se les venían encima ya que, decían, los males que les aquejaban no tenían solución porque estaban dictados desde alguna parte a la que ellos no tendrían acceso jamás. Ese odio inexplicable, confuso, nacido de mi propia inseguridad, de mis tabús mal entendidos, de mis fobias mal disimuladas, de mis rencores acumulados, me convirtió, paulatinamente y casi por accidente, en un observador puntual de los actos de mis congéneres. Aparte del cine, me gustaba ir a los parques más conocidos de la ciudad para matar el tiempo; al parque de los Venados, al parque Hundido, al parque Lira, al parque México, a la alameda de la Santa María La Rivera, a la Alameda Central, a Chapultepec. Ahí, cómodamente instalado en alguna banca metálica, mientras las manecillas del reloj avanzaban con su acostumbrada monotonía, me dedicaba a estudiar el comportamiento de la gente; me divertía viendo sus reacciones, sus gestos, sus ademanes, sus tics, sus manías. Muy pronto me convertí en un crítico acucioso de la conducta humana: descubrí, no sin asombro, como la gente era capaz de cometer los mismos errores una y otra vez sin inmutarse, sin darse cuenta apenas que había algo de ilógico en muchos de sus actos, sus torpezas, abonadas por la imprevisión, su falta de sentido común para resolver las situaciones más triviales y simples con las que se topaban a cada rato, su caminar en círculos para tropezarse no una, sino infinidad de veces con la misma piedra, porque no eran capaces de hacerla a un lado para que no les estorbara. A fuerza de ver, de comparar, fui descubriendo sus debilidades, sus taras más evidentes, sus constantes yerros, la frivolidad de sus charlas y comentarios, y eso me hacía feliz, porque también me di cuenta que mi actitud contemplativa no estaba guiada por ningún afán de conocimiento positivo, sino por la ruin y banal intención de contar con mejores argumentos que me permitieran burlarme de todos, con toda la saña que fuera capaz de expresar. Para poder reírme de sus absurdos y de la falsa mansedumbre tras la que escondían su estulticia. Me sentía superior a la mayoría de la gente con la que me topaba, si bien no hubiera podido explicar en qué consistía mi superioridad. Fue tanto mi empeño y le dediqué tantas horas a este novedoso y excitante pasatiempo, que hubo momentos en que me pensé un moderno Siddhartha, amante del silencio y la soledad: analítico, insensible y cruel.

El dolor, la angustia ajena, dejaron de importarme; no entendía que, en la medida que mi rencor hacia los demás se hacía patente, ellos me pagaban con la misma moneda.

Sin darme cuenta, me volví antipático a los ojos de mis congéneres que me miraban con desprecio, cuando descubrían que los estaba analizando.

-"Cholín" ¿Qué chingaos, significa ese apodo?

   -Bueno, si tú que lo sabes todo, no sabes esto, yo te lo voy a explicar: A ver, ¿Cómo se les dice a los Franciscos en nuestro país?

   - Panchos; respondí.

   -No, quiero decir, cariñosamente...

   -Panchitos.

   -¡Bien... y ¿ más cariñosamente, todavía?

   -¡No sé, no se me ocurre nada!

   -Bueno, creo que debemos singularizar... A un Panchito le decimos más cariñosamente Pancholín... ¿lo captas?

   - ¡Es cierto! ¿Cómo no me di cuenta? Cholín es, digamos, el diminutivo del diminutivo de Pancho... De todos modos... ¡Pinche apodo tan feo!

Como a las dos semanas de ésta explicación y siendo las veinte horas con treinta y cinco minutos del día nueve de noviembre de mil novecientos y tantos y mientras nos encontrábamos haciendo una tanda de pambazos para la hora de la cena, se apersonó el tal

Cholín, haciendo gala, como siempre, de su buen humor y actitud despreocupados. Todos lo conocíamos bien y nos regocijábamos con sus chanzas y ocurrencias. Entró saludando a todo mundo, con su sonrisa franca iluminándole el rostro. Al pasar junto a mí, me dio un pequeño golpecito en la espalda con la palma de la mano, pero en seguida, me dio un piquete en el culo con su dedote de ginecólogo. ¡Santos respingos Batman! Sentí que se me nublaba la vista, no porque no me lo hubieran hecho antes, pues era costumbre entre los pananos andar tocando puertas, sino porque, como siempre sucede en situaciones así, inesperadas, recordé lo que mi madre me había dicho muchas veces, respecto de mi masculinidad, a saber; que yo era un machito calado y que, para asegurarse de ello, al nacer me había puesto un pequeño sello de garantía en salva sea la parte.

Como la duda es siempre muy cabrona, cierto día en mi casa, aprovechando que me encontraba solo, me fui al baño armado con un espejo pequeño, de esos que las damas usan para retocarse el maquillaje y, una vez con los calzones bajados y en posición de chivito mirando al precipicio, me di a la ingrata tarea de comprobar si mi madre me había dicho la verdad. No tardé mucho en comprobar que era cierto; allá, al fondo de mi ser, divisé el sellito de marras, sonrosado, inocente, pequeño y estoico. Pero descubrí algo más que llamó mucho mi atención y me llenó de inquietud: En letras diminutas, casi microscópicas y al centro del tal sellito, sobresalía un pequeño letrero que decía algo así como "Rómpase en caso de necesidad extrema"... ¿?... ¿What?... ¿Cómo dice que dijo?... ¡Maaadres, pus´qué!

Tal vez por eso y antes que el agresor acabara de pasar junto a mí, tomé el palo con el que estaba aplanando los pambazos y le sorrajé tremendo garrotazo en la bola de los piojos. Sorprendido por la agresión inesperada, el susodicho se volvió hacia mí, solo para recibir un nuevo cate que le aflojó los dientes y le floreó el hocico de manera por demás aparatosa.

-¡Chale cabrón! ¿Qué te pasa? –Me gritó uno de los compas que había presenciado toda la maniobra. Pero no hubo respuesta de mi parte, estaba temblando, tanto por el coraje inicial, como por el resultado de mi innoble reacción.

Lo único que hice fue continuar con mi labor, poniendo oídos sordos a los improperios y comentarios reprobatorios de mis camaradas.

El ofendido se fue al baño para enjuagarse la sangre y después se retiró sin despedirse de nadie. Nuevamente el silencio, espeso como nata de humo, se hizo en la panadería. Yo veía el disgusto reflejado en el rostro de mis compañeros por mi mal comportamiento, pero fingí demencia para no tener problemas con nadie más.

Pasaron algunos días, lentos, monótonos, insufribles. Llegábamos a la hora de entrada, las seis de la tarde y, si éramos escogidos para chambear, simplemente nos metíamos a la tahona; nos cambiábamos la ropa por la del trabajo y empezábamos nuestra labor maquinalmente. Solo el eterno sonsonete del radio se escuchaba imperturbable.

Pretendiendo calmar un poco los ánimos y aprovechando una falta de personal en el turno matutino, le pedí a maese Juanito que me diera chance y, a regañadientes, porque conocía la historia que ya le habían contado, me aceptó por una semana.

Creí que todo estaba olvidado... me equivoqué.

Era sábado, los rayos del sol se filtraban alegremente por las alargadas ventilas de la parte alta de la construcción, iluminando los diminutos copos de harina que danzaban en el ambiente como blancas mariposas de alas invisibles. Los panaderos charlaban animadamente, comentando los momios de las peleas de box, anunciadas en los periódicos para esa noche en la Arena Coliseo. El run-run de las máquinas, el silbido ligero y continuo de los quemadores en la boca de los hornos, mientras los calentaban, preparándolos para la cocción, la tibieza del aire que se filtraba por la puerta principal, el olor de las masas preparadas, la suavidad de la música, invitaban a la armonía y a la tranquilidad. Entonces, entró el Güero; era primo en segundo grado del Cholín y decían que era jarocho, si bien no tenía ni el aspecto, ni el acento de un porteño. Era un poco más alto que yo, aunque no se notaba a simple vista, también era más robusto y más osado.

El primer golpe me sacó el aire; el segundo me hizo ver estrellitas, el tercero me mandó de nalgas al piso con la nariz sangrando de manera escandalosa y después no supe cuántos cates más recibí, pero al levantarme, ayudado por algunos camaradas, me dolían hasta las anginas. Una vez consumada su hazaña, el tal Güero salió corriendo del amasijo. Como un acto reflejo, alcancé a tomar una de las pesas de la báscula y la arrojé con todas mis fuerzas sobre el infeliz. La pesa le pasó zumbando la tatema y fue a estrellarse contra la pared del pasillo que daba hacia el despacho; a Dios gracias, que si se la atino, posiblemente lo hubiera matado.

Igual que los demás, antes de mí, me fui al baño para enjuagarme la cara y tratar de contener la hemorragia nasal que no me permitía respirar adecuadamente. Después de un buen rato salí nuevamente al amasijo; maese Juanito me preguntó cómo me sentía y continuó su labor, yo también. Una vez más, se hizo el silencio en la panadería, el encargado ni siquiera se asomó para preguntar qué había ocurrido, pues se estaba acostumbrando a los pleitos entre nosotros y ya no hacía caso ni le importaba lo que pudiera ocurrirnos. Nos despreciaba y no se molestaba en ocultarlo.

Me quedé pensativo, analizando lo ocurrido desde el momento en que tuve la mala ocurrencia de descontarme al Cholín, hasta su resultado posterior... y final; decidí.

Me costó un gran esfuerzo emparejarme al ritmo de los otros panaderos, me dolía todo el cuerpo y sentía que la cabeza me quería estallar. El Güero me había lastimado en serio, pero más que el cuerpo, había magullado mi orgullo. Como pocas veces en mi vida, sentí una vergüenza inexplicable y una tristeza infinita se anidó en mi alma.

Al terminar el turno, como a las tres de la tarde, esperamos en la calle a que el maestro hiciera sus cuentas con el encargado para que nos pagaran la labor. No recuerdo cuanto recibí ese día, me embolsé el dinero y me alejé rumbo a la parada del camión, pero no me fui a mi casa; mientras esperábamos el pagamento, había decidido que eso era todo y me alejé con la intención de no regresar jamás, ni a la panadería ni con mi familia, así, simplemente me largué.

Los camiones que cubrían las rutas de la delegación Álvaro Obregón, llegaban unos, a Chapultepec; otros iban hasta el centro, algunos paraban en la calle de Ayuntamiento, a una cuadra de San Juan de Letrán, otros daban la vuelta en Isabel La Católica y regresaban al punto de origen. Me dejé llegar hasta Ayuntamiento y, una vez ahí, me dediqué a recorrer las calles sin poner atención en nada. Iba de un lado para otro y me devolvía, sin pensar, sin mirar realmente los lugares por donde pasaba, una y otra vez, sin un plan, sin una idea de lo que quería hacer, simplemente dejándome llevar; cuando me abrumaba el cansancio, simplemente me dejaba caer en cualquier lado, en las banquetas, en los quicios de los comercios, en alguna banca desvencijada y sucia por el abandono. Se hizo tarde…. Se hizo de noche mientras seguía con mi trajín de loco; no tenía hambre, si acaso, un poco de sed, sentía las piernas acalambradas de tanto caminar, pero no le di mayor importancia. Cuando las calles se empezaron a vaciar de gente y los comercios empezaron a cerrar sus puertas y solamente el ruido de los motores de los vehículos que pasaban raudos hacia alguna parte era todo lo que quedaba, me entró la inquietud por no saber en dónde dormiría. Hasta ese instante recordé que no había probado bocado en todo el día y, como si hubiera abierto una puerta cerrada, el hambre se me presentó con una fuerza inusitada, me gruñían las tripas y un ligero dolor en la boca del estómago me reclamaba por algo de alimento.

Me dirigí al Teatro Blanquita, las veces que fui con Marquitos, según recordaba, habían una gran cantidad de puestos de tacos, tortas y fritangas esperando la salida de los asistentes, pero, para mi decepción, esa noche el teatro estaba cerrado, no era temporada y todo el lugar se veía como abandonado, la acera sucia, con la basura dispersa por todos lados y sin luz ni siquiera en la marquesina, algún farol alumbraba con su resplandor mortecino alguna parte del lugar, dándole un aspecto más bien siniestro al conjunto. Con paso presuroso, crucé la avenida y me dirigí entonces a la Plaza Garibaldi, dos cuadras abajo; ahí el ambiente era muy distinto, riadas de gentes pululaban por todo el cuadro, muchas otras, sentadas en las bancas del pequeño jardín, descansaban o se deleitaban con las notas del mariachi o de un trío, o de los conjuntos jarochos que entonaban sus sones con desparpajo y gracia. Los ricachos en cambio, estacionaban sus coches a un lado de la banqueta y, sin bajarse llamaban al grupo de su preferencia para que les cantaran las canciones solicitadas; por las portezuelas se adivinaban las estolas de las damas y el negro lustroso de los esmokings de los caballeros.

Me dirigí al mercado de comidas sin prestar demasiada atención a nada, el hambre apresuraba mis pasos. Una vez dentro, me dediqué a recorrer los puestos en busca de algo económico, pero no encontré nada que se aviniera a mis deseos: birria, pozole, tostadas, jericayas, todo caro, todo con un aspecto comercial que francamente no me convenció. No me quedó más remedio que aguantarme, mientras me sobaba la panza tratando de atemperar las punzadas. Salí del mercado y me quedé un buen rato por la plaza, observando el trajín de los grupos musicales que corrían hacia la calle cuando veían detenerse un vehículo, o se acercaban a la gente que iba llegando al lugar; me di cuenta que hay muchas formas de ganarse la vida: globeros, organilleros, vendedores de chicles, de cigarrillos, muñequitas de vinil vestidas con trajecitos regionales, muñecos de peluche, fotógrafos ambulantes, etc. Todo el piso estaba sembrado de colillas de cigarro, de chicles masticados que se adherían a la suela de los zapatos, de escupitajos, de manchas de orines y vómitos añejos.

Como a las tres de la mañana me fui de ahí. A la urgencia del hambre se sumaba ahora la presencia de un sueño incontenible. Me acordé que, en sentido contrario a la Avenida San Juan de Letrán, pasando el Salto del Agua y ya sobre Niño Perdido, se encontraba la terminal de los autobuses foráneos de Tres Estrellas de Oro, la mejor línea de autobuses del país en ese entonces, tenían una gran sala de espera y en la calle se ponían puestos de comida y chucherías. Encaminé mis pasos hacía allá. Como si todos se hubieran puesto de acuerdo ese día, esa noche por mejor decir, no había ni vendedores de comida, ni de ninguna cosa. En el interior de la terminal todo era monotonía; algunos pasajeros que esperaban su llamado para abordar, se arrellanaban en los asientos de la sala de espera, los cargadores, con sus diablitos, conversaban por lo bajo apoyando los pies en las paredes y fumando displicentemente mientras miraban de vez en cuando hacia la calle desierta esperando el milagro de gente que los requiriera. Entré y salí de inmediato del local, no era buena idea sentarme a dormir fingiendo que era un pasajero en espera de su salida, los vigilantes me habrían echado de inmediato al darse cuenta de mis intenciones.

Con gran desaliento volví sobre mis pasos lo más lentamente que me fue posible.

Cerca del Teatro Blanquita, se encontraba el Café Súper Leche, que abría sus puertas a las seis de la mañana... Me senté en el quicio de la entrada encogiéndome sobre mis rodillas tanto cuanto me era posible para descansar y esperar la hora de la apertura; hacia un frio terrible; ese año el invierno se presentaba con una crudeza inusitada y el aire gélido se colaba por entre la ropa y aguijoneaba el cuerpo como un millón de agujas hipodérmicas; como había estado trabajando en el turno matutino en la panadería, para lo cual debía levantarme a las cinco de la mañana, traía puesta una chamarra corta con forro de borrega con la cual me protegía de las inclemencias del tiempo, pero de la cintura para abajo el frio calaba tanto, que me dolían las corvas. Tenía unas ganas tremendas de un buen café caliente con pan que me devolviera las fuerzas; no reparé en lo irónico de la situación, pues antes, el café y el pan eran gratis y podía hartarme si quería: en verdad, nunca se me pasó por la cabeza que ese sería mi último alimento decente por mucho tiempo. Después del desayuno me fui a Chapultepec para tirarme a dormir en el pasto sin que nadie me molestara. Busqué un lugar no muy apartado, cerca del Castillo, hice una cama con las hojas desprendidas de los cipreses y me tiré a descansar. Pero no pude conciliar el sueño como pretendía, porque el bullicio de los paseantes que empezaban a llegar al bosque me lo impidió: para acabarla de amolar, un grupo de niños, que iban de excursión de algún colegio, intrigados por mi posición en el suelo y viendo que no me movía, empezaron a lanzarme pequeños guijarros, creyendo que tal vez estuviera muerto; al levantarme intempestivamente, buscando el origen de la agresión, los chamacos salieron disparados en todas direcciones, asustados.

Cambié el sitio de mi reposo por uno más apartado del paso de la gente, pero el sueño me había abandonado y ya no pude dormir como era mi intención. Me levanté y empecé a recorrer el bosque de un lado para otro, tomando breves descansos. Nuevamente el hambre se hizo presente, pero el poco dinero que me quedaba me detenía de comer algo sustancioso; así, busque a los vendedores ambulantes de tortas y me compré dos, una para ese momento y la otra la guardé para más tarde. Una buena torta sobaqueada, pensé. También compré un vaso de agua fresca, me interesaba paliar el hambre y nada más, porque en realidad, esas tortas dejaban mucho que desear, tenían embarradas las tapas con una brizna de mayonesa, una rebanada transparente de jamón o queso de puerco, dos rebanadas pinchurrientas de jitomate y cebolla y algún chilito en vinagre, pero eran muy baratas, un peso con cincuenta centavos, creo.

Después de devorar mi frugal alimento, me senté en una banca para meditar en lo que haría hasta la llegada de la noche. No se me ocurrió nada, pero mis pensamientos se encaminaron por sí mismos hacia mi casa. Recordé, sin proponérmelo, a mis hermanos y a mi madre y me pregunté que estarían haciendo, como habrían tomado mi ausencia del hogar ¿estarían preocupados? ¿Me buscarían? ¿Estarían pensando en mí? Me levanté bruscamente de mi asiento, no quería pensar, no quería saber. Sin meditarlo mucho, encaminé mis pasos a la estación de trenes de Buena Vista, atardecía y esperaba poder quedarme en ese lugar por un buen rato. Al llegar, descubrí un gran movimiento de gente que entraba y salía de la inmensa nave donde se ubicaban la sala de espera, las taquillas y los módulos de información. El bullicio del interior me distrajo por un buen rato de mis pensamientos. El silbato de las locomotoras que llegaban o partían, el ruido inconfundible del metal de las vías, gente entrando y saliendo de los andenes; cargadores, intendentes, afanadoras, extraños que se acercaban a los pasajeros para proponerles un taxi que los llevara a su destino final, personas que platicaban o hablaban por teléfono, chiquillos correteando por todos lados ante la pasividad de los padres. Busqué y encontré una banca en la que me dejé caer para descansar... y me quedé dormido. Era noche ya, cuando desperté. El ruido había mermado notablemente convirtiéndose en un cuchicheo apenas perceptible. De nuevo el hambre, puntual, insistente. Me encaminé hacia la cafetería y compré un refresco para comerme la torta que aún continuaba en mi sobaco. Salí a comérmela a la calle para aspirar un poco de aire fresco, pues el olor a desinfectante de la sala de espera de la estación era tan penetrante, que al poco rato de estarlo oliendo daban ganas de vomitar. Después de terminar la torta y el refresco di algunas vueltas por los alrededores de la terminal y volví a entrar para seguir durmiendo, nadie me prestaba atención, así que di rienda suelta al sueño acomodándome en la banca lo mejor que pude.

Cuando desperté, me dolía todo el cuerpo por la posición en la que había pasado la noche y, una vez más, el estómago me recordó que debía satisfacerlo pronto. Me apersoné en la cafetería y compré un cuartito de leche y unas galletas, tardándome lo más que pude para terminarlas; de pronto se me ocurrió una brillante idea, al salir nuevamente a la sala de espera, busqué con la mirada pasajeros que trajeran cargando maletas o bultos para ayudarles con su carga y que me dieran a cambio algunos tlacos, pero no funcionó del todo bien porque muchos no aceptaban mi oferta, otros solamente me daban las gracias, creyendo que mi ayuda era desinteresada y pocos, muy pocos en realidad, me daban alguna moneda. El negocio está adentro, pensé, en los andenes, cuando la gente acaba de bajar del tren y busca cargadores para sus bultos. Estuve mucho rato al acecho, esperando una distracción de los vigilantes para poderme colar hacia las vías, sin que nadie se diera cuenta. Fue entonces que hice un descubrimiento que me sacó de onda por completo; los trenes que llegaban a la Ciudad de México, venían repletos de gente humilde, de campesinos pobres, de indígenas venidos de todas partes del país: de Oaxaca, de Chiapas, de Veracruz, de Hidalgo, de Puebla, de Guanajuato, de Tlaxcala, del Estado de México, de todas partes, pues. Gente que no traía nada más que lo puesto, o bultitos de ropa que se colgaban al hombro. El interior del país escupía pobres a discreción y lo hacía en el único lugar en donde esas humildes gentes pensaban que tenían una pequeña oportunidad de supervivencia. Me desmoralicé, pero al mismo tiempo empecé a comprender. Resulta que en la capital se estaba produciendo un fenómeno cada vez más notorio, dos fenómenos, mejor dicho, a saber: La aparición espontánea y casi milagrosa, de un día para otro, de ciudades perdidas, construidas con cartón y plástico o sabanas viejas, en los inmensos terrenos baldíos que entonces abundaban en la capital y cuyos dueños originales debían resignarse a perder porque las autoridades eran incapaces de intervenir para evitar o detener el despojo. Esas ciudades perdidas, nacidas de la nada, estaban organizadas y controladas por grupos de poder al interior de algunos partidos políticos, principalmente del PRI, y servían como punta de lanza para obtener beneficios políticos y económicos, por medio de la presión y el chantaje, presentándose a sí mismos como promotores sociales interesados en ayudar al prójimo sin recibir nada a cambio, decían. Esos lugares paupérrimos, nacidos por generación espontánea, en los que la carencia de servicios elementales como agua, drenaje y electricidad, por no hablar de calles mal trazadas o de laberintos inescrutables en los que se acumulaban el polvo y la basura, parecían no existir para las autoridades capitalinas, que, justo es decirlo, se vieron avasalladas por una marabunta de seres humanos que se les vino encima sin ningún aviso. El ingenio popular los bautizó como paracaidistas, porque aparecían súbitamente en lugares en los que el día anterior no había más que campo raso, como si hubieran caído del cielo la noche anterior. Pronto se hizo evidente que al gobierno no le interesaba poner orden en el caos urbano que se estaba generando. Los cerros, las barrancas, las hondonadas, empezaron a cambiar su imagen de manera irreversible. Una vez más, los árboles fueron talados, los huecos fueron rellenados y las barrancas se saturaron de desperdicios y olores nauseabundos. Las hermosas fuentes brotantes del bosque de Tlalpan, fueron cegadas criminalmente para construir unidades habitacionales; El Cerro del Judío, Contreras, El Ajusco, dejaron de ser sitios de recreo para convertirse en zonas conflictivas y peligrosas. Lo mismo ocurrió con los tiraderos de basura de Santa Fe y los alrededores del aeropuerto, las zonas de Iztapalapa y el Valle de Aragón. Los políticos estaban felices, decían a voz en cuello, que eso era una muestra evidente, palpable, de las libertades que gozábamos los mexicanos. El centro histórico se llenó de vendedores ambulantes y basura, tanto, que María Félix afirmó, en una entrevista por televisión, que las autoridades tenían convertido al sitio más representativo de la capital en un verdadero muladar y eso que no se dio una vueltecita por los alrededores. Pronto, la polución hizo acto de presencia; el ruido ensordecedor, el esmog, se posicionaron de la que, hasta hacia muy poco era tenida por "la región más transparente del aire".

El otro fenómeno de características sociales de gran magnitud, fue la aparición de "las marías" en las calles de la ciudad. Al igual que las colonias irregulares, pronto lo llenaron todo con su presencia. Campesinas verdaderamente humildes, sentadas en el suelo, pidiendo limosna descaradamente, solo estiraban sus brazos morenos curtidos por el sol, o bien, ponían un mantelito de periódicos y encima de éstos, montoncitos de naranjas, cacahuates, chicles y dulces o chucherías; la mayoría iban descalzas, otras, las menos, usaban chanclas viejas de hule, de la marca "Sandak", o sus típicos huaraches de suela de llanta con correas de cuero, pero su característica principal la constituía su vestimenta; enormes faldones de holanes increíbles y de colores chillantes y llamativos: sus largas trenzas, anudadas a la cabeza, no dejaban lugar a dudas de su origen y condición. Un enjambre de chiquillos, descalzos, desnudos a veces, con los mocos escurriéndoles por la nariz, las acompañaba siempre y lo usual era que estas mujeres cargaran a un niño de brazos al que amamantaban mientras ofrecían su producto. Como una plaga incontenible, de un día para otro aparecían invadiendo los espacios peatonales. Se apropiaban de las esquinas, de las calles, de las plazas, de las entradas al metro. Era una imagen chocante, sin duda y no había forma de evadirla. La mayoría de la gente intentaba pasar de largo, ignorándolas, pero su presencia era, sin duda, no un recordatorio, sino una constancia vívida de la descomposición acelerada en la que estaba inmerso nuestro país. Hubo quien les compusiera alguna sentida canción; pero no faltaron los que repelaran insistentemente de su presencia, aduciendo que afeaban la ciudad y daban una imagen falsa y degradante del país en el extranjero, no sé por qué, pero a muchos de nuestros políticos y representantes de los estratos sociales más elevados, siempre les ha preocupado lo que digan de nosotros en otras partes del mundo, como si dependiéramos de eso para vivir.

Sea como fuera, después de mi descubrimiento precoz de ésta invasión silenciosa, pronto comprendí que no iba a poder ganarme el sustento diario cargando maletas en la estación y tontamente me fui de ahí. Anduve vagando por la Zona Rosa, por Garibaldi, por Chapultepec, muy pronto me quedé sin dinero y sin saber cómo hacer para aplacar el hambre que parecía pretender quedarse a vivir dentro de mí para siempre. Me creció el pelo que me llegó a los hombros, el bigotillo, ralo y escaso acabó por aparecer a plenitud, lo mismo que los tres o cuatro pelos de la barba que ahora florecía como si la hubiera cultivado con abono. Era otro, muy distinto del que abandonara el hogar hacia algunos meses. Al pasar por la vidriera de un escaparate, no pude evitar contemplarme a plenitud, dada mi nueva apariencia, por un momento me pensé un George Harrison, aunque si hubiese tenido unos lentes redondos me habría gustado más asemejarme al maestro John Lennon. La chamarra con la que me protegía del frio empezó a desgarrarse, primero por las axilas, después por el cuello y los puños y al final con el forro de borrega que ahora colgaba en girones. Si antes pasaba desapercibido para la mayoría de las personas, ahora casi todos volteaban a verme, ya bien, intrigados, o bien molestos con mi presencia, mi voz también sufrió un cambio drástico; de la tiplosa y aniñada vocecita de mi mocedad, ahora hablaba con un acento grueso, casi ronco, lo que le daba un cierto aire de severidad a mis palabras. Pero todo esto carecía de importancia para mí, sumido en un perpetuo estado de semi-inconsciencia, iba de un lugar a otro sin rumbo fijo y sin planes de ninguna especie, simplemente dejaba que el tiempo transcurriera, hasta que llegaba la noche y tenía que buscar un lugar donde dormir. Estaba flaco, como una caña y mi rostro se había vuelto anguloso y pálido, como el de un muerto, pero juro que nunca, ni en mis momentos de mayor depresión, consumí ninguna clase de droga, ni por curiosidad ni por error, Dios es mi testigo en este asunto. Sobrevivía apenas, acercándome a los puestos de tacos o las tienditas que encontraba en mi camino y, después de consumir lo ordenado, simplemente me echaba a correr, por esta razón procuraba no pasar dos veces por el mismo lugar.

Cierto día, andando por los rumbos de Tacuba, me topé con unos compitas que estaban entrándole con fe al cemento, se me quedaron viendo, calándome, sopesando mis posibilidades, yo me acerqué sin inmutarme y me dejé caer en una banca que estaba junto al grupo; uno de los chavos se me acercó y me habló sin rodeos, -¿Qué onda ñero, en que la giras?

-Nomás; contesté.

-¿Andas pacheco?

-Nel, dije con firmeza.

-¿Quieres un pasón?

Negué con la cabeza, los demás del grupo se me acercaron, rodeándome, pero a las claras se veía que su intención no era agredirme, sino entablar un buen cotorreo con un desconocido recién llegado y tan sui géneris como yo.

No bien acabábamos de romper el hielo, cuando dos patrullas se detuvieron en la acera, muy cerca de donde nos encontrábamos mis nuevos camaradas y yo. De los autos bajaron cuatro policías mal encarados que, sin pensarlo mucho, se dirigieron a nosotros con palabras altisonantes. Nos miramos los unos a los otros, sorprendidos y sin saber que actitud tomar. A empujones, los uniformados trataron de llevarnos a las patrullas, pero yo me negué alegando que no había hecho nada malo... Mala decisión, dos de ellos sacaron sus toletes y me empezaron a golpear despiadadamente, lo mismo que al compa con el que había iniciado la conversación y que trató de intervenir para evitar que los polis me lastimaran. De los cinco o seis integrantes del grupo, solamente tres fuimos subidos a los carros y remitidos a una delegación, por el rumbo de Azcapotzalco; una vez ahí, nos introdujeron en una pequeña celda, sin camastros ni sanitario, solamente las paredes pintadas con colores opacos y descoloridos y piso de cemento. Todo el lugar era un fiasco, se notaba sucio, descuidado, un fuerte olor a excusado repleto se esparcía por todos lados ofendiendo el olfato. Mis compañeros y yo, nos dejamos caer en el suelo, pegados a una de las paredes de la celda, preguntándonos porque estábamos ahí. El Cabuches y el Hules me comentaron que, a veces, la policía acostumbraba hacer ese tipo de redadas para cubrir una cuota de detenciones exigida por los jefes y que en realidad, era una especie de juego, pues los soltaban a todos después de los tres días de rigor que marcaba la ley, solo para volverlos a detener al cabo de un cierto tiempo. Me hicieron saber que, en verdad, los policías nos tenían ubicados a todos y sabían muy bien dónde encontrarnos cuando fuera preciso, que no nos habían remitido a todos porque nada más necesitaba a tres, en esa ocasión.

La explicación, siendo comprensible, me pareció una farsa cruel y entonces empecé a preguntarme qué chiste tenía para la ley estar encarcelando muchachos a los que después soltaba, para volver a detenerlos otra vez. Estuve un rato en silencio, sumido en mis cavilaciones al tiempo que me masajeaba las partes del cuerpo donde me habían caído los garrotazos que me dieran los tiras. Higinio, que así se llamaba en realidad el Hules, me miraba con sorna; estaba curtido en estos menesteres y le hacía gracia mi inocencia, por decirlo así, en los asuntos policiacos.

Como a las dos horas de estar enjaulados, una voz estentórea nos sacó de nuestros pensamientos devolviéndonos a la realidad.

-¡Órale, mugrosos, a bañarse! En el acto, mis compañeros de infortunio comenzaron a desvestirse haciendo bultitos con sus andrajos y colocándolos en un rincón, junto a la reja, yo los imité lo más rápidamente que me fue posible y, una vez en cueros los tres y colocados en el centro de la habitación, vimos aparecer por entre los barrotes la boquilla de una manguera de bomberos. El chorro nos alcanzó a todos, enviándonos, trastabillando, contra la pared del fondo. El agua estaba helada y por lo menos yo, sentí como si me estuvieran volviendo a tundir. Al terminar el baño nos apresuramos a vestirnos nuevamente, mientras tiritábamos de frio. En pie, pues el piso estaba completamente mojado, les pregunté a mis amigos a que se debía tal acción; el Hules me contestó, con una buena dosis de sarcasmo en su respuesta: -Es que nos quieren limpiecitos para nuestra presentación. -Nuestra presentación de qué, se me ocurrió preguntar. –Nuestra presentación en sociedad, ¡ja, ja, ja, ja! ¡cómo serás güey, carnal, ja, ja, ja, ja; me cai! No pude evitar reírme también, ante la feliz salida de mi camarada.

Nos la pasamos platicando un rato, hasta que nos dieron unos trapeadores y un balde para que secáramos el piso; al terminar, nos sentamos nuevamente en un rincón y continuamos la cháchara. –¿Y tú, cómo te llamas? –me preguntó el Hules. Por primera vez, en muchos años, dije mi nombre verdadero y no mi apodo... Juan, respondí sin titubear, -¿Cuál Juan? – El que te cogió en el zaguán, respondí. -¡Ja, ja, ja, ja, que rápido te desquitaste, carnal, me pasa un resto tu onda, chido, me cai!

Eran pasadas las seis de la tarde cuando nos sacaron a la calle, con unas enormes y pesadas escobas de varas, para que barriéramos; al terminar, nos volvieron a nuestra celda y poco después, introdujeron unos pocillos con café negro y unas galletas de animalitos que devoramos en un instante, pues era el único alimento que habíamos probado en todo el día. Más o menos como a las nueve de la noche apagaron las luces y

entonces, nos acomodamos para tratar de dormir. Al día siguiente, amaneciendo, nos dieron los mismos pocillos de la noche anterior, pero ahora contenían una mezcla parecida al atole, desabrida y repugnante y un bolillo frio y tieso, que también comimos sin hacerle el feo. Después del desayuno nos sacaron de la cárcel y, llevándonos a un patio trasero del cual no sospechábamos que existiera, nos ordenaron que nos trepáramos en una camioneta y nos llevaron por el rumbo del Chivatito, cerca de Los Pinos. Ahí comprobamos que éramos alrededor de veinte compas llevados de varias delegaciones para mantener limpia la zona donde despachaba el señor presidente. De regreso a la cárcel y mientras descansábamos de la joda de estar barriendo las calles, vimos que entró un tipo de mala catadura; vestía un traje corriente, de color café desteñido; gruesos lentes oscuros cubrían sus ojos, dándole un aspecto siniestro, un bigote mal recortado adornaba la parte superior de su boca de labios gruesos y crueles tras los que se adivinaban unos dientes amarillentos y sucios. Se acercó al celador que estaba de guardia y le dijo en voz baja...
-Necesito dos patos. El aludido le indicó con un ligero movimiento de cabeza, el lugar donde nos encontrábamos nosotros y al poco rato ambos salieron al exterior, para seguir su plática sin que pudiéramos escucharlos.

Aproveché ese instante para jalar a mis compañeros a un rincón y sin más les comenté la mala espina que me daba ese comportamiento tan poco sutil por parte del recién llegado. –Nos quieren enchiquerar, les dije. –Máaas, contestó el Cabuches. –En serio, repuse, nos quieren colgar un muertito. –Nel, volvió a replicar mi camarada, no somos de ésos, a nosotros nomás nos quieren pa´ barrer; sin embargo, la inquietud que se apoderó de mí, a partir de ese momento, ya no me dejó estar en paz. Me pasé la noche preguntándome que significaba todo aquello, en qué terminaría la cosa, no me convencía la explicación recibida de parte del Cabuches; sobre todo, el comportamiento del trajeado me llenaba de incertidumbre y no me permitió conciliar el sueño. No podía apartar de mi mente la figura del tira hablando casi en secreto con el policía, pidiéndole dos patos y la seña de éste dirigiéndose hacia donde nos encontrábamos encerrados; algo no marchaba bien. En mi fuero interno estaba seguro que algo especial nos esperaba al día siguiente, algo serio y grave: podría haberlo jurado, sobre todo, tomando en cuenta que estábamos bajo la égida de un gobierno que sentía un placer casi animal por la persecución y asesinato de estudiantes y el encarcelamiento inmediato y sin soporte jurídico de gente acusada de ser "sospechosa de ser sospechosa". Un gobierno amparado en la impunidad, que se cebaba en ciudadanos indefensos para utilizarlos como chivos expiatorios por medio de una policía inescrupulosa y gangsteril. NO se me olvidaba; no se me podía olvidar, la amarga experiencia de maese Juanito sufrida hacia bien poco a manos de éstos uniformados de mala madre y el escarnio y la burla de las que fue objeto por parte de la ley.

Al día siguiente se repitió la rutina del atole y el pan intragables y la subida a los vehículos para llevarnos al sitio en el que efectuaríamos la limpieza de las calles. En ésta ocasión nos llevaron a las afueras de la Basílica de Guadalupe, distribuyéndonos convenientemente para que cada uno abarcara un buen trecho de calle. Remiso, hice como que barría, pero estaba atento a cualquier descuido de los guardias para escaparme. No sé si sería un milagro, pero el descuido ocurrió. Resulta que, a poco de haber llegado y una vez distribuidos convenientemente los detenidos, los polis se acercaron a un puesto de fritangas para desayunar y, al ordenar, dejaron momentáneamente de prestarnos atención, lo que aproveché para largar la escoba y echar a correr como nunca antes lo había hecho en mi vida. Corrí sin parar, atravesando calles, avenidas; esquivando coches y peatones y todo aquello que se interpusiera entre la libertad y yo.

   No paré hasta llegar al barrio de Tepito y, una vez a buen resguardo, empecé a recorrer sus callejones y recovecos buscando un lugar seguro en donde poder reponerme del esfuerzo titánico que había significado mi carrera. Me temblaban las piernas y, por un momento creí que el corazón iba a escapárseme por la boca.

Anduve deambulando por el barrio hasta muy tarde, al caer la noche, el hambre se volvió insoportable. Volví sobre mis pasos, a los pasillos donde los comerciantes ponían sus puestos y divisé uno pequeño, de tacos, el olor a carne asada era insoportable y doloroso. Había tres o cuatro personas esperando ser atendidas y yo pasé varias veces por el frente, aspirando en cada pasada, esperando que con el puro olor pudiera calmar mi hambre, hasta que no pude contenerme más. Tímido, nervioso e inseguro, acercándome lo más que pude al puesto y hablando en voz baja, tratando que los clientes no me escucharan, me dirigí al taquero, –Patrón... ¿Podría regalarme un taquito?... Tengo hambre... El taquero se me quedó mirando escrutadoramente al tiempo que preguntaba -¿eres ratón? –no, respondí. -¿en qué la rolas?, volvió a preguntar... -Soy panano, le dije. -¿en dónde?, continuó, - Por el rumbo de San Ángel, respondí. –Andas muy lejos, mi buen; pero al decir esto, estaba ya colocando tres tacos surtidos en un pedazo de papel de estraza, mismos que me ofreció, alargando el brazo. No sé si sería mi aspecto lastimoso o el tono suplicante de mi voz lo que lo conmovió, pero me di cuenta que me creía. Sentí algo muy raro en la boca del estómago, al recibir mi comida, algo que me cimbró por dentro, como una sacudida inesperada. Era la primera vez que mendigaba en mi vida y eso me hizo sentir mal, pero, haciendo caso omiso de tal sensación, preparé mis tacos y empecé a devorarlos a toda prisa. El taquero entonces me alcanzó un oranch cronch, al tiempo que decía, -¡Órale, no se te vayan a atorar!

Terminé mis tacos y mi bebida, prolongando lo más que pude la terminación del líquido, me limpié la boca con el dorso de la mano y le di las gracias al buen hombre, antes de retirarme. Éste solamente me respondió, -¡Cuídate! Y se me quedó viendo mientras me alejaba del lugar.

Me alejé de Tepis lo más aprisa que pude, porque de todos los chilangos era sabido que los tepiteños conforman una sociedad cerrada y vigilante, que no admite extraños en sus dominios y menos de noche, no quería, ni otra corretiza, ni otra madriza como las que ya me había chutado. Encaminé mis pasos a Chapultepec pero, ya casi para llegar, se soltó un aguacero de ésos que hacen época e inundan la ciudad en un instante. Corrí para guarecerme debajo de la marquesina del cine Diana, esperando a que escampara, pero la lluvia no tenía para cuándo y creí que me la pasaría en ese lugar toda la noche. Como si fuera mi día de suerte, estaba mirando cómo se formaban los charcos de agua en la banqueta, cuando se me acercó un chavito como de quince años, sucio y desarrapado como yo. Traía un envoltorio debajo del brazo y, sin voltear a verme, dijo... ¿está cabrona la agüita, verdad? –Simón, contesté. Volvió a hablar, esta vez, recorriéndome con una ojeada rápida, de arriba abajo, pero era la suya una mirada de curiosidad, más que otra cosa. Terminada su inspección, volvió a decir: -Va a hacer mucho pinche frio al rato y sonrió ligeramente, satisfecho de su certero pronóstico climático; entonces fui yo el que se le quedó mirando un instante, analizándolo. Tenía el pelo cortado casi a rape y las puntas de su cabello semejaban púas esparcidas aquí y allá, sin ningún orden ni concierto. Su labio superior estaba ligeramente fruncido hacia arriba y hacia afuera, producto, a lo mejor de una cirugía mal hecha, para cerrar su paladar hendido, razón por la cual arrastraba las eses al hablar, como si silbara. Se acercó un poco más a mí, cautelosamente, como un perrito que buscara la protección de un nuevo dueño. Pero, mis sorpresas continuaban, con las manos metidas en sus bolsillos me dijo, como no queriendo la cosa, -Si quieres, puedes llegarle con nosotros, pa´dormir. No contesté, masticando cautelosamente lo que acababa de escuchar; un cúmulo de ideas encontradas se agolpaba en mi cerebro. No acababa de entender a que se debía ese encuentro, a toda vista casual, pero extraño, y menos aún la invitación, hecha así, de pronto y sin razón aparente, sobre todo, porque ese pequeño mamarracho no me conocía, pues no nos habíamos visto nunca.

El compita, tal vez comprendiendo mi incredulidad, completó su información. −Semos varios, nos juntamos en las noches, aquí, a la vuelta, detrás del cine; de día, cada quien agarra su onda por su lado. Va a´star grueso al ratón, yo digo, si quieres. Hablaba ahora con precaución, como si entendiera que había sido demasiado franco conmigo y quisiera corregir su entusiasmo original. Intenté ser más amable al preguntarle -¿Cuántos son? -¡Uuta, pos como ocho! -¿No habrá pedo, con uno nuevo? −Nel, no hay fijón, entran y salen cuando les da la gana, si quieres, sígueme. Echamos a correr a espaldas del cine, por la calle de Rio Lerma, me parece. Antes de llegar a la esquina con Mississipi, nos detuvimos, acercándonos a una barda muy alta de ladrillo blanqueado con cal; en el piso había un registro de Luz y Fuerza, con una tapa metálica como de un metro por lado; mi compañero se agachó y silbó una tonadita corta y aguda, casi al instante, la tapa del registro se corrió hacia un lado, dejando ver la entrada, oscura, como boca de lobo, de la guarida. Nos metimos rápidamente, porque el aguacero estaba en todo su apogeo y los que ya estaban adentro no querían que el lugar se encharcara. Una vez a salvo de la lluvia, mi chompanier hizo las presentaciones, pero nadie nos peló. El lugar era asombrosamente grande y espacioso, pese a lo que pudiera creerse desde el exterior; una vela de cebo mal iluminaba el espacio reflejando las figuras de los presentes como si fueran sombras chinescas. Un fuerte olor entre agrio, acedo y a meados, castigaba el olfato y los ocupantes del lugar apenas se movían, ocupados en sus propios menesteres. Todos hablaban en voz baja para no llamar la atención de los transeúntes, aunque, para la hora que era y con ese clima, era muy improbable que alguien se detuviera, si de casualidad llegaban a escuchar algún ruido; de todos modos, me dijo mi compa, uno nunca sabe.

El chompis me señaló un rincón y me aconsejó que me acomodara, por si llegaban más ñeros al rato, no fuera a ser que me lo ganaran. Haciéndole caso me acurruqué lo mejor que pude, la lluvia nos había empapado la ropa y era muy difícil conciliar el sueño en estas condiciones, pero por primera vez me sentí completamente protegido y a salvo en ese lugar habitado por extraños.

No supe a qué horas me venció el sueño, pero debo haber dormido muchísimo más tiempo del acostumbrado porque cuando desperté era ya muy entrada la mañana. Estaba fresco, adentro, casi helado, sentía el cuerpo entumido y me dolían las coyunturas. La penumbra de la noche anterior se había desvanecido, la luz que se filtraba por las hendeduras del registro iluminaban la cloaca de manera natural. Estaba solo, todos los compas que se refugiaban en ese sitio se habían ido a su rutina. El lugar era verdaderamente un chiquero, cascaras de plátano y naranja, migajones de pan, pedazos de papel esparcidos por todos lados y una hilera de latas de diferentes tamaños, arrinconadas en una de las paredes del fondo, daban un aspecto de abandono y suciedad al lugar. Había también una gran cantidad de trapos de aspecto irreconocible, pero una rápida inspección de mi parte me hizo saber que era la ropa que usaban mis nuevos camaradas, si bien eran hilachos, más que ropa. Después de inspeccionar cada rincón de la lobera, me acuclillé en cualquier parte; no tenía ganas de salir al exterior y, aunque el hambre hizo nuevamente acto de presencia, preferí ignorarla. Busqué un balde o un garrafón con agua para beber, pero no encontré nada, así que decidí seguir durmiendo para paliar un poco mis necesidades corporales. Como a las seis y media de la tarde, escuché correrse la tapa del registro y me levanté para ver de quien se trataba. Eran mi chompis, y dos chavitos más, seguidos de una mujer de aspecto enteco y rostro patibulario, aunque indescifrable, tenía el cabello largo y enmarañado y sus labios delgados y fruncidos, esbozaban una mueca, a manera de sonrisa, que dejaba ver la ausencia de los dientes centrales superiores cuando hablaba. Tendría alrededor de veinte años, pero parecía prematuramente envejecida, cualquiera diría que rondaba los treinta o más.

Al verme, el Chompis fue a saludarme y enseguida me presentó con la "Tiliches", el "Dientes" y el "Chicles". Estos dos últimos no eran más que escuincles de diez o doce años. Haciendo un mohín de desagrado, la Tiliches escupió, –Por fin se despertó el príncipe. Ni el Chompis ni yo le hicimos caso y ella fue a arrellanarse en un rincón del cubil con sus críos. Mi compañero y yo hicimos lo propio, pero en sentido contrario, así, aunque frente a frente, en realidad no nos veíamos las caras, ni escuchábamos lo que el otro decía.

Una vez acomodados en el suelo, con las piernas estiradas y la espalda recargada contra la pared, el Chompis metió su mano mugrienta en la bolsa del pantalón y sacó una maltratada bolsita de papel que contenía en su interior unos churros apelmazados y deformes. -¿Y eso?, pregunté. –Es nuestra cena, respondió complacido, también sacó de su pantalón dos naranjas pequeñas, ofreciéndome una y procediendo a pelar la suya. –Yo lo que tengo es un buti de sed, le espeté. Sin decir nada, mi amigo se levantó de su lugar y fue a hurgar en uno de los ductos de los cables de alta tensión, que corrían a lo largo de las paredes. ¡Quién lo hubiera pensado!, me dije. Sacó un frasco de cristal como de un litro lleno de agua limpia y me lo ofreció. Después de beber una buena porción del refrescante líquido, se me ocurrió preguntarle... -¿Qué onda con la chava? Mi compañero se sonrió y me dijo... -Es la jefa... -Cómo la jefa, volví a preguntar... -Si, ella es la que descubrió aquí y nos ha traído a todos, de uno por uno; pero no se mete con nadie, cada quien hace lo que quiere, pero si ella nos pide un favor, pus... hay que atorarle. Al decir esto, el Chompis se volvió a sonreír. Por un momento tuve la impresión que se estaba burlando de mí, pero no dije nada, prefería observarlos a todos y analizar las palabras que acababa de escuchar para sacar mis propias conclusiones, aunque, a decir verdad y sin darme completamente cuenta de ello, había comenzado a dilucidar la conducta de mi amigo, casi desde el instante en que me abordó, a las afueras del cine Diana y su posterior inexplicable invitación para que viniera con el al refugio. Me parecían algo burdas, pero obvias, sus pretensiones. Recordé a Marcos y la admiración que sentía por el, tanto por ser mayor que yo, como por su desenvoltura sin inhibiciones y el trato deferente que me prodigaba. Pero, si el punto de la cuestión era ese, el Chompis no podía estar más equivocado con respecto a sus intenciones y mi respuesta tajante en ese sentido, pues yo no pretendía, ni mucho menos, constituirme en el guía de nadie, en el mentor de nadie y menos en las circunstancias actuales. Debía ser muy claro en éste asunto; pero me abstuve de decirle nada de momento, no quería herir su susceptibilidad siendo franco con él; por lo menos no, de esa manera, no quería parecer un desagradecido y, por otra parte, no sabía cómo se tomaría mi negativa. Poco a poco fueron llegando los compas que faltaban, cuando entró el último, la rejilla del registro se aseguró por dentro con un pedazo de varilla doblada por los extremos. El lugar se llenó de voces, de murmullos, de cuchicheos, la mayoría de los recién llegados volteaban a verme con insistencia, pero al notar que yo no hacía nada por acercarme, terminaron por olvidarse de mí. Aprovechando la penumbra, algunos destaparon las latas que estaban esparcidas a lo largo de una de las paredes y comenzaron a drogarse. Estaba atento, no quería que, ya pasado, alguno de esos gandallas, me quisiera desconocer. Volee a ver al Chompis, pero estaba recargado en la pared con la cabeza vuelta hacia mí, completamente dormido y con una mueca de satisfacción en su rostro. Al rato, yo también dormía.

Cuando amaneció, los chavos empezaron a despertarse y a abandonar el cubil casi de inmediato, ¿En dónde comen? Pensé, pero me quedé con la duda porque el Chompis también abrió los ojos y, después de desperezarse bostezando repetidas veces, me dijo... -Tons´ qué, vente a chambiar conmigo- -¿A dónde, pregunté? –Aquí cerquitas, por la Liverpul. -¿En qué la giras? Pregunté. Se ruborizó ligeramente al contestarme, -Echo lumbre por la boca con unos palos y tantito petróleo; rápidamente agregó, -Pero sale algo de feria, si uno le echa ganas, nomás hay que chingarse con los tiras pa´que no te bajen la lana, son bien culeros y a veces hay que correr. Me quedé meditando en la propuesta de mi amigo y luego de un instante le respondí. Dame chance por hoy, tengo algo que hacer, pero me cai que mañana si te acompaño... ¡sale! Respondió.

Por supuesto, lo de hacer algo, era mentira, pero no quería comprometerme así como así con mi joven maestro, porque era evidente que me tendría que enseñar los secretos de su oficio. Cuando se fue, aparentemente convencido de mis palabras, decidí que saldría a dar una vuelta por los alrededores para conocer el lugar donde la andaría rolando por algún tiempo. Al regresar al refugio, me sorprendí enormemente al descubrir que no estaba solo, uno de los chavos que habían llegado de último el día anterior, estaba sentado en el suelo; tenía el pene de fuera y, como si fuera un viejo conocido que lo hubiese agraviado enormemente, lo sacudía con una mano y con la otra le daba bofetadas mientras lo increpaba acremente... -¡Pendejo, hijo de la chingada, eres un pendejo, eres un pendejo bien hecho! ¿Qué pensastes, que no m´iva a dar color? ¡Me las vas a pagar, cabrón te voy a matar! Y, al decir esto, lo sacudía y lo retorcía con una furia inusitada. Me quedé a la expectativa, impresionado por esa escena inesperada y absurda pero real, con la que no esperaba encontrarme, por si tenía que intervenir para evitar alguna situación de mayor calamidad. Era evidente que el muchacho estaba completamente encementado y que miraba a su sexo como a un extraño y un rival al que debía cobrarle alguna ofensa. Estoy seguro que de haber tenido a la mano una navaja o unas tijeras, ese compa se hubiera cercenado el pito. A lo mejor fue por cansancio, pero al poco rato, el pacheco se quedó tendido en el suelo, completamente inmóvil y con su flácido enemigo de fuera.

Por la tarde, cuando regresaron los demás, solamente arrimaron al pobre a una pared y ahí lo dejaron.

El Chompis regresó como a las nueve de la noche, antes que él, había regresado la Tiliches, con sus críos, esta vez no me dijo nada, ni se dignó mirarme, como si no existiera, se acomodó en su lugar y sacó algo que traía envuelto en un periódico, lo repartió con sus acompañantes y se pusieron a comer. Yo los veía mientras se me hacía agua la boca, afortunadamente, cuando por fin llegó, mi amigo también traía algo consigo, eran unos filetes de pescado, de esos que bañan en harina líquida con sal y royal para que esponjen y luego fríen en aceite y los despachan con salsa de botella y mitades de limón; muy sabrosos, por cierto y baratos, que es lo mejor. También traía dos boings de a cuartito. Después de devorar los pescados, le comuniqué mi decisión a mi protector, lo que lo puso inopinadamente feliz: en verdad, no alcanzaba a comprender que cosa veía en mí como para sentir ese afecto inusitado que yo no había hecho nada para merecer. Sin embargo, debo confesar que me agradaba la compañía de ese muchacho franco y confiado, sobre todo, su manera de hablar; me parecía simpática su forma de arrastrar las heces y la entonación, completamente chilanga, que daba a sus palabras. Nos dormimos y al día siguiente nos fuimos a "camellar" cerca de la Glorieta de los Insurgentes.

Desde el principio me instruyó en lo que debía hacer, como pararme, como impregnar las baquetas con petróleo para luego encenderlas con un cerillo y pasárselas mientras él, parado enfrente de los vehículos, hacia sus piruetas y se llevaba los palitos encendidos muy cerca de la boca que, llena previamente con un buche de petróleo, soplaba con todas sus fuerzas para producir una larga lengua de fuego que se apagaba casi al instante. Yo debía entonces acudir con los conductores y solicitarles una pequeña contribución; lo que fuera su voluntad, lo que ellos quisieran darnos. Los trataba de patroncitos, de jefecitos o jefitas, en caso de que fueran mujeres. Muchos conductores sin embargo, nos ignoraban, otros de plano subían los cristales de sus carros para que ni siquiera intentáramos acercarnos a sus vehículos; aun así, ese día nos fue de maravilla, según palabras de mi cuaderno, de tal manera que dejamos de chambear temprano, guardamos las cosas en la base del semáforo que tenía la tapa de los cables suelta y nos fuimos a recorrer la glorieta para ver si salía algún otro bisnes, de lo que fuera, dijo mi amigo. Como no hubo nada, buscamos un lugar tranquilo para platicar: me interesaba sobre todo saber algo de la Tiliches, me intrigaba esa mujer que tenía un comportamiento tan extraño para con sus camaradas de desventura. Era parca en sus actitudes y no hablaba, salvo que la ocasión lo ameritara, pero el hecho de que llevara vaguillos a su guarida y los tolerara sin reconvenirlos de ningún modo, sin impedirles que se drogaran con todo lo que se les ocurriera y les permitiera quedarse sin dar nada a cambio, sin siquiera preocuparse por mantener medianamente limpio el lugar donde pernoctaban, como sucediera conmigo, por ejemplo, eran cosas que me intrigaban sobre manera.

El Chompis se me quedó viendo un rato y después carraspeo varias veces, no tanto a causa del petróleo que, evidentemente le tenía irritada la garganta, más bien, como si le resultara muy penoso lo que pudiera decirme. Después de unos momentos de estarlo pensando, me dijo... -Nel, mejor después te digo algo, horita no tengo ganas. Acepté su explicación sin reparos y, después de un rato, decidimos ir a comprar lo que cenaríamos en la noche. Cuando llegamos a nuestra guarida, los otros ya estaban ahí. Saludamos y nos fuimos a nuestro rincón, sin hablar, sumidos en nuestros pensamientos.

Varios días después, empero, obtuve por casualidad la respuesta que el Chompis no había querido darme. Resulta que, estando en plena faena, se nos acabó el petróleo y entonces mi socio pensó que, mientras el compraba más en la petrolería, yo fuera por una reserva que tenía escondida en los mismos ductos del refugio donde guardaba el agua para tomar. Me dirigí rápidamente a la leonera, levanté la rejilla de la entrada y penetré al interior.

Al acercarme a los ductos eléctricos e iluminados parcialmente por la claridad que entraba por la tapa de la entrada, descubrí a la Tiliches y a uno de sus retoños, el Chicles: Ella tenía la falda remangada hasta la cintura, el chamaco estaba completamente en cueros y estaba trepado en ella. Estaban cogiendo, pero, drogados como estaban, no hicieron caso de mi presencia y siguieron en lo suyo incluso después que salí, volviendo a poner la tapa de la entrada. No sé si hice ruido, pero no creo que les hubiera importado. Dada la pequeña experiencia que tenía como observador, pude concluir fácilmente que la Tiliches se conchababa chavitos callejeros para que la satisficieran cuando le llegaban los apuros y para que ninguno se le fuera a revelar, simplemente los drogaba y también ella lo hacía, seguramente para sentir más placer, dado el tamaño de las perinolitas que recibía.

Cuando, nuevamente me reuní con mi cuate, le solté la novedad, sin andarme con rodeos. El Chompis no se mostró sorprendido por lo que escuchó pero, agarrado en curva, como se dice, no le quedó otro remedio que contarme la verdad, al menos, la que él conocía. La Tiliches, me dijo, es de por el rumbo de Cuajimalpa, sus papaces son muy... ¿cómo se dice? –Estrictos, le ayudé. –Siii, pero no, digo, cuando son así como muy... que les gustan las tradiciones y eso... -Conservadores, dije. -¡Eso, si, así es la cosa! Bueno pos son muy conservadores y entonces cuando la Tiliches, nooo, se llama Lupita, en realidad, pus, cuando la Lupita tenia quince años, tenía un novio con el que se quería el resto y pus, se metió con él y ándale que sale premiada, panzona, pues y pos como creo que alguna de sus hermanas ya había salido con su domingo siete, pos que la corren sus papaces de ella. Le dijeron que no querían más putas en su casa y tal cual, con lo puro que traiba puesto la despidieron de su chante y ella sin saber qué hacer, buscó a su novio, para que le hiciera el paro, pero el muy puto se mostró culero con ella y le dijo que no la quería volver a ver, ni a tener ningún trato, ni nada. Entonces, la Lupita, desesperadamente, se vino a la capirucha y aquí no faltó quien se aprovechara de ella y creo que la violaron, esto no lo sé bien a bien porque no lo cuenta con todas sus letras y uno tiene que adivinar como pasaron las cosas pero el chiste es que no la querían en ningún lado, por eso de la panza y anduvo de un lado pa´otro viviendo de la caridá y robando pa´no morirse de hambre, hasta que se le vino el chamaco y no sé, pero creo que se le murió; entonces luego que se alivió pus de plano se dedicó a la pirujeada pa´ganarse unos fierros, pero muchos hombres son muy cabrones y en vez de pagarle la madreaban. Hubo uno que le dio tal golpiza que le tumbó todos los dientes de arriba. Estuvo en un hospital un buen de rato y cuando salió pos ya no quiso seguirle en su negocio, nadie le quería dar un jale decente por su aspecto, una ñora, de plano le dijo que si no le daba vergüenza andar con los tiliches que traiba puestos y fue así como se le quedó el mote. Anduvo vagando por todos lados hasta que encontró el refugio donde estamos y pus recoge chamacos pa´no sentirse sola de al tiro. Nosotros le pagamos con cuerpomático de vez en cuando y pus... no hay pedo ¿o sí? -Pero, niños, objeté, escéptico, -simón, no quiere andar con mayores pa´que no la vayan a agandallar otra vez. Después de algunos momentos, mientras intentaba digerir la información recibida, se me ocurrió preguntar... ¿y, no se ha vuelto a embarazar? La respuesta me dejó perplejo: -Simón, dos veces. -¿y los niños?... –No sé, creo que los regala, o los bota, los deja en cualquier lugar y ya está. Antes que sigas, agarra la onda que esos chavitos están mejor en donde están ahora que con su mamá, imagínate como andarían orita. Me le quedé viendo, su pragmatismo me producía escozor. Al darse cuenta de mi mirada reprobatoria, me dijo algo que me sacudió por dentro, -¡chale, carnal, no todos andamos en la calle por gusto!

-Por ejemplo el Chicles, al que encontrastes hace rato dándole a la Lupita; su jefa, desde que era bien chiquito, lo mandaba a la calle con una caja de chicles pa´que los vendiera, si de casualida no vendía nada o si vendía poco, no lo dejaba entrar a su cantón, hasta que terminara la caja, ora que si vendía la caja pronto, entonces la ñora le daba otra caja y otra vez a la calle, ¡pinche vieja! ¡Chale! Al decir esto, el Chompis escupió al piso con desprecio, luego se quedó mirando al suelo, pensativo, compungido, tal vez porque su propia historia era muy similar a las que me acababa de contar. Por mi parte, yo levanté la vista al cielo tratando de encontrar una respuesta (como ya era mi costumbre desde entonces) para el cúmulo de infamias que surgían de todas partes y de todo tipo de gente. Pero, al igual que en ocasiones anteriores, tampoco aquí hubo respuesta.

Un día, prosiguió el Chompis con su relato, la Lupita se encontró al Miguelito; así se llama el Chicles, estaba llorando gacho, porque ya era muy noche y hacia frio y no había tragado nada en todo el santo día y no podía regresar a su chante porque su jefa lo´íba a correr, porque no había vendido nada y entonces la Lupe se lo jaló con ella y le dio su comida y lo acostó junto a ella, pa´calentarlo y desde entonces se lo jala pa´todos lados.
–Los apodos... -¡chale, esos nos los ponemos nosotros mismos! Son pa´que nadien nos reconozca, pero, también son... como te dijiera, pos más apropiados con nuestra nueva vida, no queremos usar los que nos pusieron en nuestras casas, no queremos nada de la socieda, que solo nos quiere pa´estarnos chingando. Tenía razón mi compa, indudablemente; después de su relato, la Tailiches ya no me pareció tan anodina como antes y hasta comencé a verla con cierta simpatía, aunque en mi fuero interno persistía un cierto resquemor por su afición para inducir a los chavitos a que se drogaran y a tener sexo con ella. Por más que lo hiciera de buena onda, no dejaba de haber un algo de perverso en su actitud.

Pasaron muchos días, después de nuestra conversación con el Chompis, nos habíamos avenido muy pronto en nuestra actividad de traga fuegos y en algunas ocasiones nos iba bastante bien, pero yo no aceptaba mi parte de las ganancias, se lo dejaba todo a mi socio y dejaba que el dispusiera del dinero como mejor le placiera, pero no era avaricioso y solamente conservaba un poco, para su propio vicio; le entraba con fe a la maruja, pero procuraba tronárselas en donde nadie lo viera, a lo mejor para no tener que compartirla. Nunca se me ocurrió preguntarle en donde la conseguía. Yo compraba cigarros, pues desde que nos ganábamos una lana soplando lumbre, me volvieron las ganas de fumar. Lo demás, se lo gastaba en comida para todos los miembros del clan; "El clan de la Tiliches", sonreí, al llegar a esta conclusión.

Una madrugada, gélida y triste, a finales de noviembre, nos despertamos sobresaltados por unos ruidos espantosos que provenían de un rincón del refugio. Arrimamos la vela de cebo, casi consumida y descubrimos que uno de los compas estaba convulsionando; se trataba del mismo chavo que se había peleado tiempo atrás con su miembro y que se la pasaba, encementándose, completamente evadido de la realidad, andaría por los quince años y nadie sabía nada de él, se había colado al refugio en una de tantas ocasiones en las que la mayoría del clan entraba en bola, sin fijarse en quien era cada cual y cada quien pensó que era el otro el que lo había invitado a quedarse; como no se metía con nadie, nadie lo pelaba. Todos nos arrimamos para tratar de ayudarlo, pero él se estiraba y se ponía tan tenso, que era imposible ponerlo en una posición cómoda; cuando le entraban los espasmos, estiraba los brazos y engarruñaba las manos clavándose las uñas en las palmas: se retorcía de una manera espantosa y un espumarajo apestoso brotó de su boca al tiempo que un hilillo de sangre comenzaba a escurrirle por la nariz. Súbitamente, sus ojos se voltearon al revés quedando completamente blancos, al mismo tiempo que arqueaba el cuerpo; de su garganta escapaba un ruidajo, como si tuviera un enjambre de grillos dentro del pecho. Estábamos impactados sin saber qué hacer. A l poco rato, el pobre muchacho moría. La Tiliches estaba como ida y los demás la contemplábamos esperando alguna indicación de su parte para saber qué actitud asumir, ninguno se movía, estábamos petrificados por el susto y por la impresión, para la mayoría, era la primera vez que miraban la muerte tan de cerquita.

Pasaron unos minutos largos, eternos. La Tiliches se puso en pie y, acicalándose el cabello revuelto, ordenó... -Hay que sacarlo de aquí... ¡Pronto! -¿Así? Preguntó el Chompis... -¿Quieres amortajarlo, acaso? Respondió fúrica, la matriarca. Hasta ese momento, yo había permanecido callado, pero de pronto, levantándome de mi posición, les dije a mis compañeros... -La jefa tiene razón, hay que deshacernos de éste compa de alguna manera, mientras más pronto, mejor, si nos quedamos sin hacer nada, después va a ser muy difícil moverlo. La Tiliches sonrió satisfecha por el tratamiento que acababa de darle y, por primera vez, desde que nos presentaron, se dirigió a mí de manera directa... -¿Cómo le vamos a hacer? Preguntó. Me quedé pensando unos instantes y después dije: -Hay que salirnos dos, para recibirlo afuera jalándolo de los brazos, los otros, deben mantenerlo parado y cargarlo, empujándolo hacia nosotros. Todos aceptaron la propuesta y, poniendo manos a la obra, el Chompis y yo nos salimos a la calle para esperar a que asomara el muerto y poder sacarlo como habíamos acordado, antes de empezar la maniobra, me agaché por la boca del registro y les dije, en tono perentorio... -Nada de ruido, esto debe hacerse totalmente en silencio ¿entendieron? Todos los del interior contestaron afirmativamente y entonces, procedimos a la maniobra de sacar el cuerpo del difunto, lo que pudimos lograr, después de varios intentos fallidos. Una vez en la calle, la pregunta siguiente era ¿Y ahora, para donde lo llevamos?... – Hay que apurarnos, les dije, no sea que vaya a pasar alguna patrulla o un coche y nos vean en actitud sospechosa. Vamos a parar a éste compa y el Chompis y yo lo cargamos por los hombros, La jefa que se vaya delante de nosotros, para que lo sostenga por si se nos suelta; los otros atrás, todos, sin hacer boruca, muy cerca, para echarnos una mano cuando les digamos. Increíblemente lo cargamos durante un trecho tan largo, que fuimos a parar a la colonia San Rafael, milagrosamente, las calles estaban desiertas, si de casualidad pasaba algún carro junto a nosotros, lo hacía muy rápido, sin detener la marcha, a lo mejor algunos de los que iban en el interior pudieron pensar que se trataba de una bola de borrachos pretendiendo seguir la parranda y se seguían de largo, ignorándonos. Finalmente, dejamos a nuestro compa recargado en un poste de luz, con los brazos colgando a los lados de su cuerpo y cuando estuvimos seguros que no se caería, nos alejamos a toda prisa, pero sin correr y sin voltear a ver al difunto, ni siquiera para darle el último adiós. Más tarde, en la guarida, sentados todos en el piso de cemento cada quien se dedicó a lidiar con sus propios pensamientos, nadie pretendió dormir, las emociones dominaban el ambiente, después de un buen rato, el Chompis se arrimó junto a mí y me dijo... -Que mala onda, ñero ¿verdá? -Simón, le respondí; es muy gacho morirte así, como perro; sin que nadie se conduela de ti, ni te rece, ni te dé cristiana sepultura. Es muy triste morirse sin que a nadie le importe, sin que haya nadie que te llore o te rece un Padrenuestro, o piense que le vas a hacer falta. Volvimos a quedarnos en silencio y esperamos a que esclareciera, para continuar con la inutilidad de nuestras vidas.

Cuando por fin nos decidimos a salir, ya bien entrada la mañana, yo ya tenía una resolución tomada. No pensaba seguir durmiendo en donde había habido un muerto. Detuve a mi amigo sujetándolo por un hombro y le dije: - Adelántate, te alcanzo en un rato, -Que vas a hacer, me preguntó, -un bisnes, respondí. Se me quedó mirando inquisitivamente, pero no descubrió en mi rostro nada que delatara mis intenciones; así que echó a caminar rumbo a la calle de Sevilla, donde teníamos escondidos nuestros cachivaches, volteando de vez en cuando para ver si hacía algo inusual. Pronto lo perdí de vista y entonces yo hice lo propio, encaminándome a

Reforma, mi plan era regresar a Chapultepec, para seguir con mi vagancia por mi cuenta. No dejaba de pensar en el compa que acababa de pirarse pero, sin proponérmelo, lo asociaba con la espantosa muerte de Marquitos, lo que me producía un gran malestar. Llevo dos difuntitos en mi libreta, me dije, uno es mucho; dos, es demasiado. No podía soportarlo porque ninguna de esas muertes era natural; eran dos muertes no contempladas, bueno, la del drogo tal vez, dado el estado en el que el mismo se había puesto. Aun así, me parecía terriblemente injusto morirse de esa manera, como perro: me repetía una y otra vez, como pinche perro ¡carajo!

Al llegar a la altura de la Diana Cazadora, instintivamente, torcí hacia la derecha y enfilé por la avenida Rio del Consulado; apenas me di cuenta de mi cambio de rumbo, pero no me importó y no me detuve, ni corregí la dirección de mis pasos; continué caminando porque caminar era la única manera de evadir mis pensamientos. Cuando por fin me detuve vine a caer en la cuenta que estaba ¡otra vez! En Tacuba. Me dejé caer pesadamente en una banca del jardincito, aspirando pausadamente para reponerme del cansancio, solo hasta entonces descubrí que no llevaba mi chamarra conmigo, la había dejado en la leonera, lo peor, era que no recordaba en qué momento me la había quitado, ni con qué propósito, pero de algo estaba completamente seguro, no iba a volver por ella, de todos modos, me dije a manera de consuelo, ya era una pura garra. Volví a mi antigua costumbre de deambular de aquí para allá, sin ton ni son, pero sin salirme de un perímetro que considerara seguro. Se hizo tarde y con ello, las pequeñas ráfagas de aire frio se hacían cada vez más constantes, me alborotaban el pelo y me punzaban el rostro; será una noche gélida, pensé, la temperatura bajaba rápidamente; tanto, que empecé a arrepentirme de no haber regresado por mi borrega, pero el mal estaba hecho y tenía que apechugar. "A lo hecho, pecho", me dije. Ya entrada la noche, las tripas me recordaron que no había probado bocado alguno y la resequedad en la garganta clamaba por un poco de agua, para refrescarse. Los comercios empezaban a cerrar, se escuchaba el estrépito de las cortinas metálicas al ser bajadas con prontitud, la gente caminaba en todas direcciones, dispersándose; pronto, todo quedó en calma, algún transeúnte tardío se apresuraba para alejarse hacia su destino mirándome apenas de reojo. Metí las manos en las bolsas del pantalón, porque sentía los dedos entumecidos, un tenue vaho escapaba por mi boca cuando soltaba el aire, me entretuve un rato mirando como las diminutas volutas se difuminaban en el espacio, frente a mí. Cuando ya no me sentí capaz de resistir, me levanté del lugar en donde estaba sentado y empecé a caminar en círculos, debía moverme, para no helarme. Entonces, lo vi. Era un hombrecillo tosco, enjuto, con la ropa desgarrada por todas partes, tenía puesto, sobre la cabeza, un gorro de esos que se fabrican algunos operarios en sus oficios con papel periódico y que, con la punta levantada, semejan barquitos de juguete, pero que al ser doblada ésta sobre uno de los costados, se convierten en un ingenioso artificio que protege el cabello del polvo y la suciedad propios de cada trabajo. Éste hombre, digo, presumía unas cejas muy pobladas, aunque su rostro denotaba tantas arrugas como las de un pergamino antiguo, traía puesto un saco muy desgastado que le colgaba ridículamente por encima de las rodillas, sus pantalones, raidos, enseñaban remiendos por todos lados, hechos con telas de diferentes colores y tamaños, sus zapatos estaban rotos de las puntas y por ellas asomaban unos dedos grotescos y torcidos con las uñas gruesas y mugrientas: de día, cualquiera podría haberlo confundido con un payasito callejero; de noche, se veía más bien siniestro. No sabría explicarlo, pero su figura me recordó instantáneamente al Tiricias, sentí un vuelco en el estómago al hacer esta observación. Estaba recargado en la cortina de un negocio, que, por su aspecto descuidado, se notaba que no abría en mucho tiempo. Crucé rápidamente la calle para encontrarme con él, frente a frente; el hombrecillo ni se inmutó al notar mi presencia, levantó su rostro macilento y me observó por un instante, fijamente. Una gran decepción se apoderó de mí, no era quien había supuesto. Vacilante, el tipejo, levantó su mano derecha, en la que sostenía una bolsa de papel, tan arrugado como su cara y en cuyo interior se dibujaba el contorno de una botella...-¿Quieres? Me preguntó sin vacilar. Dudé un instante, desconcertado, tanto por la decepción de comprobar que no se trataba de quien yo creí, como por el ofrecimiento espontaneo. -¡Ándale, insistió, es güeno pa´l frio! Mecánicamente tomé la botella que se me ofrecía y me la quedé mirando por un momento; el sujeto insistió... -¡Échate un trago, pa´que entres en calor! Obedecí, llevándome la botella a la boca, tomé un trago, al instante sentí como si una llamarada me recorriera la garganta, quemándome, mi estómago también lo resintió. El hombrecillo me miraba burlón, al tiempo que agregaba... -No te preocupes, compa, el primer trago siempre es así de pesado, con el segundo, casi ya no se siente igual y al tercero, pos al tercero cada quien su gusto. Se sonreía, evidentemente su salida le parecía ingeniosa; le hice caso y nuevamente me empiné la botella para un nuevo trago. Tenía razón, el hombre, ésta segunda vez, el golpe fue menos abrumador que el primero, pero igual sentí que me abrazaba por dentro. –Otro, me dijo, ese es el mero güeno. Haciéndole caso al viejo, me llevé la botella a los labios y tomé un tercer trago. Le devolví el chínguere al vagabundo; mágicamente, el frio había desaparecido, una sensación de tranquilidad y plenitud empezó a invadirme y entonces, el hombrecillo alargó su otra mano hacia mí y me dijo... -Coopérate pa´l otro pomo, mi buen. Le respondí con sinceridad –No traigo feria. Como si no esperara esa respuesta, el tipo se me quedó viendo muy serio y después me dijo... -Voooy, eso me hubieras dicho al principio, pinche gorrón de mierda, como no me sentí con ánimos de estar escuchando las pendejadas del vejete, di media vuelta y me alejé de él, pero al hacer esto, una ráfaga intensa de aire me obnubiló los sentidos al tiempo que sentía cómo un volcán, a punto de hacer erupción, crecía dentro de mi estómago. Rápidamente crucé la calle y me dirigí al jardincito, dejándome caer atrás de la banca donde había estado sentado por la tarde. Como no había ingerido alimento alguno, lo único que arroje fue una babaza amarillenta y espesa, pero en tal cantidad, que por un momento creí que me estaba vaciando por dentro. Después de un buen rato, que me pareció eterno, intenté levantarme, pero todo giraba a mi alrededor a velocidad vertiginosa t entonces, se me nubló la vista y no supe más de mí. Serían pasaditas las cinco de la mañana cuando desperté, mejor dicho, cuando el frio inclemente me despertó, lo sé de cierto, porque los vehículos empezaban a pasar por la calzada con un gran alboroto de sus motores, varias personas se arremolinaban en torno a la parada de los camiones esperando su transporte. Con grandes dificultades logré ponerme en pie, todavía me sentía mareado, pero estaba lo suficientemente lúcido como para comprender que me estaba congelando: no sentía los dedos de los pies y mis manos estaban amoratadas y no respondían cabalmente a mis intenciones de moverlas. Volee la vista para todos lados para ver si alguien me observaba, pero todos estaban ocupados en sus propias cuestiones y no hacían caso de mi presencia, estaban acostumbrados a que esa zona fuera frecuentada por vagos y borrachines como yo. Miré hacia la pequeña iglesia del pueblo, al otro lado de la calzada y con paso inseguro me dirigí hacia allá. Milagrosamente, las puertas no estaban cerradas con llave, abrí una hoja cuidadosamente, para evitar que rechinara y delatara mi presencia y me introduje a la nave. El recinto estaba casi en penumbras, la luz votiva de unas velas, cercanas al altar, al pie de unas imágenes religiosas, daban un aire de solemnidad al ambiente. Las paredes laterales de la construcción estaban casi desnudas, salvo unos pequeños cuadros con las escenas de la pasión, que comenzando en la entrada y terminaban cerca del altar, no contenían más nada. Era una iglesia pobre, sin duda.

Adentro también hacía frio, pero era mucho menos intenso que en el exterior, sobre todo, porque no se colaban las ráfagas inclementes de la calle. Casi a tientas, me acerqué a una de las bancas delanteras y me dejé caer pesadamente. Me sentía exhausto y débil, sin embargo, la quietud del lugar poco a poco me fue tranquilizando. Después de algunos minutos, empecé a recorrer con la vista todo el sitio, escudriñando con cuidado cada rincón, cada objeto que pudiera llamarme la atención... Entonces lo vi. Estaba clavado en la cruz; dolido, lastimado cruelmente, flagelado, con su corona de espinas hundida en el cráneo... Agonizante. Sin embargo, sus ojos tristes me miraban con una infinita ternura, con un amor como nunca nadie ha sabido expresar, con una misericordia tan profunda, que algo dentro de mí, se rebulló. Sin poder apartar mis ojos de los ojos de ese Cristo doliente, empecé a acordarme, como si rebobinara una cinta, de todo lo que había hecho, de todos los trances por los que había pasado, hasta el momento de alejarme de la panadería con la intención de no volver. Me acordé del Chompis, de la Tiliches, del chavo muerto por sobre dosis hacía tan poco. Me pregunté, hasta entonces, por la suerte que habrían corrido el Cabuches y el Hules a manos de ésos judiciales ojetes que irían por nosotros al terminar de barrer las calles de la Basílica y de la cárcel de Azcaptzalco y de Garibaldi y Chapultepec y la estación de trenes de Buena Vista. Finalmente, me acordé de mi familia... de mis hermanos... de mi madre y, sin darme cuenta o sin que me importara, empecé a llorar; primero, con un llanto tenue y silencioso, después, con un llanto convulso y espasmódico: era mi llanto un llanto incontenible, como un manantial de lágrimas que se abriera al infinito sin que lo pudiera contener y resbalara por mis mejillas hasta alcanzar mi ropa, empapándola.

Repentinamente, una mano suave y cálida se posó en mi hombro y una voz serena y amable me preguntó... -¿Qué te pasa? ¿Quién eres? Alcé la vista, llorosa. Era el párroco de la iglesia, se trataba de un hombre mayor, casi anciano, que me miraba con curiosidad. Intenté levantarme, pero su mano me sostuvo en mi lugar. ¿Quién eres? Repitió... -Yo, eeeste. Intempestivamente me levanté y sin más le dije... -Perdóneme, padre, quiero que me dé su perdón, ¡por favor!... –¿Perdonarte? ¿Por qué?... –Porque he pecado mucho, porque he hecho muchas dagas, mucho daño, porque he lastimado mucho, a gente que me quería, que confiaba en mí. Porque soy un cabrón mal agradecido y tonto, ¡por eso!

El sacerdote me escuchaba con atención, sin dejar de observarme. A cada palabra, a cada explicación de mi parte, el solamente movía la cabeza, negativamente. Después de un rato de estarme escuchando, impasible, me miró fijamente y me dijo... -No te puedo perdonar, lo siento; no podía creer lo que estaba oyendo -¿Cómo, por qué? –Porque para poder otorgarte el perdón, debes estar arrepentido y no lo estás... -Pero, si lo estoy... - No es así, te he estado observando desde que entraste, verás, yo me levanto a las cinco de la mañana y lo primero que hago es venir al sagrario para ver si todo está en orden; resulta que no eres tú el único que ha entrado de éste modo a la iglesia: seguido me encuentro gente extraña durmiendo en las bancas y está bien, después de todo, esta es la casa de Dios y puede entrar el que quiera, por eso no cierro la puerta con llave; pero resulta que en muchas ocasiones, solamente se meten a robar, aunque, como podrás comprobar, no hay aquí nada que valga la pena. –Yo no entré a eso, padre... -Lo sé, viniste a refugiarte del frio... y a llorar, pero no ha sido por arrepentimiento, eso, te lo puedo asegurar. –Sí estoy arrepentido, padre, usted no sabe... -Y, ¿qué debo saber que no me diga tu conducta? Entras aquí y te pones a llorar como una nena a la que le hubieran arrebatado su muñeca favorita.... –No me diga eso padre, yo no soy una niña... -Lo sé, pero no es porque estés arrepentido que lloras, lo haces porque no sabes cómo continuar en el camino que tú mismo has elegido, ¿sabes? Podría apostarte que si no fuera por el hambre y el frio, no hubieras entrado a ésta iglesia, bueno; ni a ésta ni a ninguna otra... - No es verdad... -Si lo es. Eres el tipo de persona a la que, apenas se le cierran las puertas, lo único que sabe hacer es llorar... Eres un cobarde y un manipulador... -Tenga cuidado, padre, no se pase de listo, no me ofenda... - Que, ¿piensas golpearme? ¿Acaso hablarte con la verdad es ofenderte? ¿Desde cuándo es eso? No sabía cómo contestar, solamente alcancé a balbucir... -No

soy un cobarde... E l sacerdote me miró, severo, tenía ganada la
partida y lo sabía, no pensaba darme tregua. –Dejaste tu casa, de
seguro, y a lo mejor tu trabajo, aquí no hay más que dos sopas: o
te hartaste o quisiste conocer el mundo y, simplemente mandaste
todo al diablo (al decir esto se santiguo) ¿Qué fue? No contesté,
con la vista gacha, escuchaba la reprimenda, me sorprendía el
enorme conocimiento que ese cura tenía de la vida... -Sea como
fuere, lo que hiciste es un acto de cobardía, eso no tiene vuelta
de hoja. Botaste tus responsabilidades a un lado y te dedicaste
a vagar y ahora, cuando ya no sabes cómo seguir, vienes aquí,
lloriqueando y crees que recibirás una palmadita en la espalda y
que te van a decir, no te preocupes, síguele así, pero, ¿sabes una
cosa? Dios no se deja engañar, no se deja manipular, Él, que todo
lo ve, que todo lo sabe, sabe muy bien que lo que te trajo aquí,
no es el remordimiento, no es el deseo de redimirte, ni mucho
menos, sino la situación en que ahora te encuentras, Puedo
asegurarte que, una vez vencido éste pequeño contratiempo, vas
a continuar haciendo lo mismo, porque para las personas como
tú, es más fácil hacerse las desentendidas que afrontar los retos
que la vida nos da.

Lo miré al párroco, verdaderamente admirado por su
increíble y certera descripción de mis motivos. Compungido, le
dije... -Perdóneme, padre, por favor, por lo menos écheme su
bendición... -No puedo, dijo el sacerdote... -¿Por qué?... –Ya te
lo dije, no estás verdaderamente arrepentido... -Deme entonces
una penitencia, al menos... algo.

Me sujetó por los hombros con firmeza... -¿Crees que con
rezar se resuelve tu problema? ¿Piensas que un Padre nuestro
y dos Ave Marías son la solución? ¡Qué necio que eres!...
-¡Por favor, padre, se lo estoy pidiendo de corazón, neta!... –Si
de verdad quieres expiar tus culpas, si es cierto que quieres
remediar el mal que has hecho, entonces... Imponte tú mismo
tu penitencia... -¿Cómo? ¿Cómo dice usted?... –Ya me oíste,
si quieres el perdón de Dios, imponte a ti mismo tu penitencia...
-¿Cuál será, padre?... –Tú sabrás cuál es la que necesitas, la que

mereces, usa tu criterio. Imponte una y llévala a cabo, hasta sus últimas consecuencias.... -¿Por cuánto tiempo?... –Por el que sea necesario... -¿Cómo podré saber cuándo haya cumplido? ¿Quién me lo dirá?... -Cuando logres estar en paz contigo mismo, cuando tu conciencia no te importune con reclamos, sabrás que terminó.

Permanecí un instante en silencio, pensativo, asimilando lo que aquel extraño acababa de decirme con tanta claridad, con tanta exactitud, le dije... -Entonces, eso es todo... -Así es, respondió. Di media vuelta y me dirigí a la salida. A punto de alcanzar el portón, su voz me detuvo nuevamente, se acercó a mí con paso firme y, cuando estuvo a corta distancia, extendió su brazo y colocó un billete de veinte pesos en la palma de mi mano. Lo miré sorprendido, pero habló antes que yo pudiera decir nada... -Primero, come algo, la mente se aclara más con la barriga llena. Asentí, con una inclinación de cabeza... -Ve con Dios, agregó. Salí a la calle, extrañamente reconfortado; el hambre, la cruda y el sueño habían desaparecido momentáneamente, sin embargo, la idea de un reconfortante caldo de pollo me hizo salivar con fruición. Al pasar por el mercado, en una esquina, un viejecito diminuto, encogido sobre sí mismo, con su cabello alborotado por el viento de diciembre, con un morralito de nailon colgando de uno de sus hombros y la mirada triste y suplicante, extendió su mano arrugada por los años hacia mí, diciendo... -¡Por favor, por favor, una caridá! Pretendí seguir de largo, ignorándolo, pero a los pocos pasos me detuve, me regresé y deposité en la mano del anciano el billete que a su vez acababa de recibir. El viejito me miró, agradecido; sin esperar a otra cosa, me alejé de él, lo más aprisa que pude. Iba contento, feliz, y, en medio de mi felicidad, una idea se abrió camino de golpe ¡La Merced, el mercado de La Merced! Encaminé mis pasos hacia allá, no me importaba cuanto tuviera que caminar, estaba acostumbrado.

Cuando llegué, era pasado el medio día. Un gran barullo me recibió: Autos, taxis, haciendo sonar sus cláxones, camiones de todos tipos, tráileres, entrando y saliendo de las boca- calles donde se encontraban las enormes bodegas, atiborradas de productos y mercancías. Gente desplazándose en todas direcciones, entrando y saliendo de las naves con bultos, con canastas, con bolsas llenas de las compras que habían mercado, el ruido era constante y contagioso; cargadores empujando sus diablitos, cargados o vacios, entraban o salían de todas partes. Pocos lugares del país podían darse el lujo de presumir una actividad tan febril todos los días y a todas horas como ése enorme mercado de abastos. Sin pensarlo mucho, me introduje en la nave mayor, oteando el movimiento para encancharme. Regresé a la calle, al poco tiempo, volteando para todos lados en busca de mi primer cliente. No tardé mucho en descubrirla, era una matrona algo pasada de peso que arrastraba con dificultad una arpilla de naranjas; se detenía de vez en tanto, para secarse el sudor con el dorso de la mano. Me le acerqué decidido... -Jefita, permítame, le dije, al tiempo que echaba sobre mis hombros el bulto de naranjas. Le ayudé a conseguir un taxi y una vez acomodada en el asiento posterior, sacó su mano regordeta por la ventanilla y me dio unas monedas. Me persigné con ellas y, una vez que la vi alejarse, continué con mi labor. No todos aceptaban mi ofrecimiento de ayuda, algunos, los menos, debo decir, de plano me ignoraban, pero pude comprobar con gran júbilo de mi parte, que la bolsa de mi pantalón se hacía cada vez más pesada.

Cerca de las cinco de la tarde, después de ayudar a un matrimonio de jóvenes a subir sus compras en la cajuela de su coche, sentí la punzada del hambre que nuevamente me atosigaba... -Ahora sí tengo pa´quererte, me dije, indeciso de entre ir a la parte de atrás, al mercado de comidas, o buscar un restaurantito cercano, me acerqué a la nave central. Había un hombre maduro, no muy alto, tenía puesto un delantal blanco obviamente sucio por la faena del día; tenía las manos en la cintura, en jarras, mirando con insistencia en alguna dirección, estaba parcialmente calvo del centro de la cabeza y su coco brillaba con la luz del sol, como bola de billar. Estaba parado junto a una gran cantidad de bultos, cuidándolos y esperando. Lo medí con la mirada por unos instantes, tratando de adivinar sus intenciones, pero algo me decidió a abordarlo... -Necesita ayuda, patrón; le dije. El hombre se me quedó viendo unos instantes y después, despectivo, me contestó... -Estas muy ñango. Haciendo caso omiso del adjetivo y sin darle oportunidad de repelar siquiera, cogí por la parte superior un pesado bulto de papas: Haciendo palanca, lo subí a mis rodillas y de ahí, al hombro. Sorprendido, el hombre me señaló con el dedo un pesado camión de redilas, de ésos de cuatro toneladas, estacionado junto a la banqueta, como a treinta metros de donde nos encontrábamos. Presuroso, antes de que el hombre se fuera a arrepentir, me dirigí con mi carga al vehículo, que tenía las rejillas de atrás quitadas y con extremo cuidado, como si se tratara de un cargamento valioso, lo deposité en el piso de la troca. Me volví por otro bulto, ya el hombre me tenía preparado uno, éste, repleto de cebollas. Cuando regresé al camión, me di cuenta que, en la parte de la defensa, tenía pintada con letras negras e irregulares, una pequeña frase, aunque incompleta, que rezaba: "Por atrás se toca... Sonreí, en ese tiempo era común que, en los vehículos de carga, los dueños pintaran pequeñas e ingeniosas frases en las defensas, ya sea de atrás para adelante, o a la inversa. Pude comprobarlo al observar a varias unidades que circulaban por la avenida con esos letreros en la parte baja: "Me ves y sufres", rezaba uno de ellos; "Ahí te dejo un recuerdito... pa´que te acuerdes de mí", "El hombre es lumbre, la mujer, estopa... llega el diablo y sopla". Uno por uno, los pesados fardos fueron cambiando de lugar. Cuando terminé, no pude evitar la tentación de ver que decía la frase completa y fui a verificar que así fuera. La leí con delectación: Y por adelante se despacha". Después de satisfacer mi curiosidad, regresé a la parte posterior del camión y me subí a la batea, para acomodar adecuadamente la carga, una vez terminado mi trabajo, bajé de un brinco al suelo... - Eres bueno, vale, me dijo el hombre, satisfecho ¿Cómo te llamas?... –Juan, patrón, le contesté...

-Disculpa lo que te dije hace rato, pero la mera verdad, el que te vea así, como yo, pensaría que no puedes ni con tu alma... -No se preocupe, patrón, no hay fijón... -¿Para dónde va? Se me ocurrió preguntarle... -Está un poco retirado; a San Juan Teotihuacán, por el rumbo de las pirámides, que... ¿me quieres acompañar, te animarías?... -La mera verdad, no sé, está muy lejos... -Ándale, me animó, te doy tus centavos, necesito descargar la camioneta cuando llegue y por ahí no hay quien quiera ayudarlo a uno, se hacen mucho del rogar, ¡anímate, pues! Era una oferta tentadora, pero pronto se haría de noche y tendría que ver cómo me iba a regresar, sin embargo, contesté... -Está bueno, vamos.

Nos trepamos a la cabina y antes de arrancar, el tipo me extendió la mano... - me llamo Wenceslao Martínez, a tus órdenes. ¿De dónde eres, Juan?... -De aquí, patrón, soy chilango... -No pareces, no tienes el tiplecito. No hice caso a su observación, atento a las calles y avenidas que cruzábamos a buena velocidad, Don Wenceslao era un buen conductor, se notaba... -Disculpa que te haya sacado de tu chamba, pero el canijo del Fermín me la volvió a hacer... -¿Quién es Fermín? Le pregunté... -Es mi ayudante, pero es un desobligado de marca, le gusta empinar el codo y se me desaparece cuando menos lo acuerdo. Me gustaría correrlo, pero lo conozco desde chiquillo y, además, no me sentiría a gusto quitándoles la comida a su mujer y a sus hijos, ellos no tienen la culpa de que el padre sea como es. Platicando, platicando, me contó que tenía muchos años de casado, que su esposa se llamaba Jovita. Buena mujer, agregó, noble, hacendosa, buena para la cocina. Me hizo saber que tenían una hija, -nomás una, Dios no nos quiso dar más a mi mujer y a mí; resulta que cuando encargamos, el embarazo se puso difícil y mi vieja por poquito y no lo cuenta, tuvieron que operarla para sacarle a la niña, mi'ja nació antes de tiempo; siete-mesina y al principio nos dio mucha lata, pero logramos sacarla adelante y ahora, ya tiene veintitrés años, ya está en edad de merecer... Se llama Emma, como mi mamá. Al decir esto, Don Wenceslao me miraba de reojo, para ver mi reacción, yo fingí no darme cuenta y no aparté los ojos de la cinta asfáltica, delante de nosotros. Cuando menos acordamos, estábamos llegando al domicilio del patrón. Era una construcción amplia, de dos pisos, sólida, maciza, grandes ventanales adornaban la fachada superior, estaba pintada de blanco, con franjas anaranjadas en cada una de las esquinas. Un potente foco iluminaba la entrada y una buena porción de calle, frente a ella. Sin que Don Wenceslao me dijera nada, apenas terminó de orillarse, me bajé y, sacando las rejillas de la puerta, posterior del vehículo, me puse a descargar los bultos, que, por indicaciones del dueño, llevaba hasta una pequeña bodega, situada al fondo de su negocio. El negocio era grande, ocupaba todo el piso inferior y estaba bien surtido con toda clase de mercaderías, en uno de los costados del inmueble, se ubicaba la recaudería, con sus enormes artesas casi vacías de vegetales. Como si nos estuviera espiando, apenas terminada la faena, su mujer salió a recibirlo con grandes muestras de cariño, a mí me saludó con deferencia. Doña Jovita era una mujer menudita, simpática, vivaracha, se anudaba la mata de pelo en una especie de chongo que se anudaba por encima de la nuca; no usaba afeites, sus manos eran largas y delicadas y gesticulaba mucho al hablar, traía puesto, encima del holgado vestido que le cubría, por debajo de las rodillas, un suéter gris de algodón, igualmente largo, que le llegaba hasta las caderas; calzaba unos choclos viejos, aunque, al parecer, cómodos para el diario trajín.

Bueno, patrón, creo que eso es todo, dije, dirigiéndome al dueño de la casa.

-¿Qué, no nos acompañas a cenar?

-No patrón, como cree, es mucho encaje.

-Ándele joven, quédese, a nosotros no nos visita nadie... casi no tenemos amigos, dijo la señora con un cierto tono de amargura en la voz.

-Es que no quiero abusar, de veras.

-Que abuso, ni qué nada, total; comes y te vas.

No sé por qué, pero me parecía haber escuchado esa frasecita con anterioridad, en alguna parte, probablemente dicha por alguien intrascendente, si bien, me parecía recordar que había sido expresada de manera insidiosa, a cierto personaje importante. El patrón insistió... -Entonces, en qué quedamos, ¿nos acompañas?

-Me gustaría mucho, señor, pero también ando bien mugriento y la mera verdad, no me gustaría incomodarlos con mi mal olor.

-Bueno, si ese es el problema, pues báñate y listo... insistía Don Wenceslao.

-Si joven, lo secundó su esposa; el agua está caliente, siempre tenemos el boiler encendido, para no andar a las carreras después.

-Pero, me defendí todavía un poco, ni ropa limpia traigo.

-Ese tampoco es problema, ¿verdad Jova? Tenemos un primo que estuvo viviendo con nosotros un tiempo, pero se fue a los Estados Unidos, quesque a probar fortuna y no se llevó sus cosas, yo creo que, si te las pruebas, te pueden quedar, algo flojitas, tal vez, pero están mejor que lo que tres puesto, esto dicho sin ofender.

-No me ofendo, patrón, pero es mucho encaje, en serio.

-Ya te dije que no es encaje, nosotros somos los que te estamos convidando y además, ya no me digas patrón, no me gusta. Me llamo Wenceslao, pero puedes decirme Don Wences, o Wences, a secas. Ándale, Jovita te va a enseñar donde está el baño, cuando salgas, ya va a estar servida la cena, para que no se te vaya a hacer tarde.

No pude seguir negándome, ante tanta insistencia, aunque un cierto escozor me invadió al pensar en la cantidad de mugre que saldría de mi cuerpo cuando empezara a caer el agua.

Doña Jovita había pensado en todo; me había arrimado toallas limpias, calzones, calcetines, pantalón, camiseta y camisa de manga larga y un como suéter de lana color caqui. Al quedar completamente desnudo, en ese baño inmenso y azulejeado con mosaicos color salmón, me acerqué al enorme espejo oval, (al parecer, todo en esa casa era enorme) colocado encima del lavabo, para verificar los cambios producidos en mi rostro por las mal pasadas y la intemperie. La enorme melena, la barba y el bigote abundantes, no lograban disimular apenas los estragos. Patas de gallo partían de la comisura de mis ojos y una arruga enorme, en forma de ese muy alargada, coronaba mi frente. Eres un Dorian Grey a la inversa, me dije, aquí, los cambios van a quedar grabados en tu cara a perpetuidad, es obvio que el espejo, en cambio, va a seguir tan inmaculado como siempre una vez que dejes de contemplarte. Pero en ese momento recordé mi discusión con el sacerdote y al instante comprendí cual era la penitencia que debía llevar a cabo... Regresaría con mi familia, con mi madre, con mis hermanos ¡a mi casa! Les pediría perdón, de rodillas si fuera preciso y haría todo lo que fuera necesario para conseguirlo. Iba a compensarlos por el sufrimiento, por los tragos amargos que les había hecho pasar, por mi abandono, por mi desamor, por mi desinterés hacía cada uno de ellos. Saldríamos adelante juntos, unidos, fuertes. Teníamos que escapar de algún modo, de la miseria en la que estábamos inmersos y que nos carcomía la ilusión y la esperanza. Estaba seguro que lo lograríamos. Cuánta razón tenía el cura, pensé: hasta ése momento, me había comportado como una nena débil y quejumbrosa, valiéndome de pretextos pueriles y tontos para no encarar mis propios problemas, que, vistos ahora, a la distancia, no eran ni tan graves, ni tan sin solución como en un principio creí. Entonces, me dije, voy a ponerle remedio a ésta parodia incongruente y risible que he vivido hasta ahora, voy a conseguir un trabajo seguro, un trabajo de planta, un trabajo que me permita hacer planes y ahorrar y voy a estudiar, no sé qué cosa, pero voy a estudiar, para paliar mi ignorancia y empezar a salir adelante; ya estuvo bueno de andar en la vagancia. Voy a seguir el ejemplo de mi madre, que es entrona, constante y decidida y no me voy a rajar, venga lo que venga.

Cuando por fin salí del baño, efectivamente, la cena estaba servida.

Una vez acomodados a la mesa, que era de estilo chip and dale, de muy mal gusto estético, por cierto, Don Wenceslao me presentó por fin a Emmita, su hija. ¡Ay, era fea, la pobre! Fea en serio, fea a más no poder. Parecía como si todas las fuerzas de la naturaleza se hubieran conjuntado para crear algo completamente opuesto a la belleza femenina conocida hasta entonces. Emma, la buena Emma, era esmirriada, diminuta, esquelética. El escaso cabello dejaba adivinar algunos huecos en su asimétrica calavera, los pómulos de su cara sobresalían, ocultando apenas sus pequeños ojos de mochuelo, opacos y sin brillo. Sus labios, delgados y sin color, parecían más los de una muerta que los de una muchacha veinte añera, pero, ¡el colmo! Era mustia hasta la desesperación. Nunca levantaba la cabeza, manteniendo la vista clavada en el piso o en cualquier objeto en el que se posaran sus ojos inertes y contestaba siempre con monosílabos, sin hilvanar una sola frase completa. Esto, para desconsuelo de sus papás, que hubieran preferido que su niña fuera menos huraña y torpe de lo que era. Durante la cena; unas deliciosas verdolagas con carne de puerco, con tortillas calientitas y agua de Jamaica, Don Wenceslao no paró ni un instante de ponderar las ocultas cualidades de su primogénita, pero, además, insistió mucho en el tema del matrimonio y de las ventajas que tal compromiso representarían para el probable cónyuge, en caso de concretarse una unión. Fue muy incisivo al comentar que, pues Emma, era hija única, era la lógica heredera de todos los bienes que el matrimonio había logrado acumular hasta entonces. Yo lo escuchaba con atención, fingiendo un gran interés por lo que me decía, de vez en cuando, me permitía un pequeño comentario, una discreta observación, de alguna cosa, para que el Don no fuera a pensar que me aburría su plática.

Al terminar la cena, nos levantamos todos, casi al mismo tiempo y, después de dar las más cumplidas gracias, a todos los miembros de esa pequeña familia, salimos a la calle, para la despedida... -Bueno, Don Wences, entonces, me retiro...

-Espera, muchacho, por favor, disculpa, no pienses que lo había olvidado, o que me estaba haciendo guaje. Al decir esto, el buen hombre metió la mano en la bolsa de su pantalón y sacando la cartera, me ofreció varios billetes, a ojo de buen cubero, calculé cómo ciento cincuenta pesos... -¡Nooo, Don, cómo cree, es mucho dinero! Le dije, rechazando lo que se me ofrecía... -Nada, nada, replicó Don Wenceslao, te los has ganado, tómalo... -Por supuesto que no, insistí, con la ropa, el baño y la comida estoy más que bien pagado... y en deuda con ustedes, agregué... por todas sus atenciones... por su gentileza... les agradezco mucho el haberme abierto las puertas de su casa sin conocerme... eso no puede pagarse con nada, le dije. El buen hombre me miró fijamente y, devolviéndome el dinero, me habló en éstos términos: -Tu compañía nos sacó de la rutina el día de hoy, nos devolvió la esperanza, así que estamos a mano. Estreché su mano con efusión, conmovido por sus palabras y después di media vuelta y me alejé de ahí con paso firme. Cuando iba como a quince metros de distancia, Don Wenceslao me gritó... -La siguiente semana, que vaya a la Merced, te voy a buscar... ¿Estarás ahí? Me detuve, al mismo tiempo que volteaba a ver al viejo y, haciendo bocina con las palmas de mis manos, le contesté desde donde estaba... -Claro que sí, Don Wences, de todas formas, no se preocupe... ¡"Nunca falta un roto para un descocido"! y seguí mi camino, rumbo a la parada del camión.

ALGO TONTO
Frank y Tina Sinatra

Mientras pergeñaba algunas notas para este libro, un debate se iniciaba en La Suprema Corte de Justicia de la Nación, un falso debate, debo agregar. Un debate cuyo eje central giraba en torno a la constitucionalidad o no, de las reformas hechas a las constituciones locales de los estados de Baja California Norte y San Luis Potosí. En otras palabras, el debate se estableció para analizar la legalidad o la ilegalidad de tales reformas.

Esos cambios, promovidos a puerta cerrada y llevados a cabo por los congresos de esos sufridos estados, convierten en un acto criminal el aborto y a las personas que se atrevan a practicarlos, principalmente las mujeres. La idea base, la idea que originó todo el embrollo, es la defensa de la vida desde la concepción.

Consumados los cambios en las leyes estatales, el caso fue llevado a la Suprema Corte por la Comisión Estatal de los Derechos Humanos de Baja California Norte, por considerar dichos cambios en su legislación, violatorios de los derechos humanos, sobre todo de las mujeres potencialmente expuestas.

El ministro encargado de dilucidar la cuestión, presentó una ponencia en la que claramente manifestaba su desacuerdo con la validez de las reformas hechas a las constituciones de esos estados (primordialmente la de Baja California). Para ese entonces, los medios de comunicación, enterados de la trascendencia del evento, acudieron en masa a la sala de plenos donde se ventilaba el incordio jurídico. Según las normas y procedimientos de la corte, la ponencia debía llevarse a votación. Se requería de un total de ocho votos, de once posibles, para validar o invalidar la tesis que zanjara definitivamente el asunto. El día del sufragio, la opinión pública, contagiada de incertidumbre y esperanza, estaba expectante, por fin la Suprema Corte de Justicia de la Nación haría honor a su nombre y nos regalaría, a todos los mexicanos, con una resolución que la reivindicara a los ojos de los escépticos y aún los maledicentes, como yo.

Como siempre, nos equivocamos. El primer día, la votación quedó siete a tres. En otras palabras, siete ministros se pronunciaron por la inconstitucionalidad de las reformas y tres ministros votaron a favor de ellas; faltaba un voto, el decisivo, el voto que inclinaría la balanza hacia uno u otro lado, pero ese voto quedó en suspenso; se dejó para el día siguiente agregándole un toque de teatralidad al asunto, que en verdad, no era necesario. "Cosas veredes Sancho".

Siendo honestos, la cuestión que se estaba debatiendo, trascendental y todo, no era tampoco nada del otro mundo. Bastaba con aplicar un poco, solo un poco, de sentido común.

Si la Constitución General no contempla ciertos temas, por anacrónicos o francamente anodinos, las constituciones estatales no los pueden introducir en sus articulados porque se colocarían entonces, por encima de la legislación federal, quedando ésta en entredicho y en desventaja por la proliferación de meta constituciones locales que la rebasarían. Pero hay algo más que obviaron nuestros sabios jurisconsultos, la dignidad humana no puede ponerse a votación

Como sea, al día siguiente la mesa estaba puesta para la continuación del show. El ministro que faltaba de emitir su voto, consiente del protagónico que le tocaba desempeñar. Acudió puntual a la cita, debidamente maquillado y pulcramente vestido. Impertérrito, se aclaró discretamente la voz, antes de comenzar su alocución. Todos esperábamos una disertación sagaz, inteligente y documentada de sus motivos. Una explicación límpida y clara que nos convenciera de su razonamiento y, por ende, la aceptación de su voto en uno u otro sentido, pero todo lo que escuchamos fue una retahíla de artículos sacados de todas partes para dar sustento a su decisión de votar a favor de las malhadadas reformas.

No hubo ningún razonamiento jurídico, ningún razonamiento filosófico o teológico, que convalidaran esa grosera lista de incisos y apartados con la que pretendió avasallarnos. Pero, al terminar su perorata, el ministro se veía satisfecho, tal vez en su fuero interno pensó que había hecho la tarea de manera excepcional y que por lo tanto, había logrado darnos atole con el dedo.

Tramposamente, omitió reconocer que todos los artículos contenidos en su lista, sacados de las diversas leyes, tratados y convenios que encontró, fueron puestos ahí con un sentido y una finalidad muy diferentes de los que él mañosamente utilizó. "Con la vara que mides, serás medido". Lo malo de la cuestión es que, encima de sus constantes ofensas sociales, todavía tienen el descaro de estirar la mano para recibir los sueldos escandalosos que les pagamos.

Ante estas afirmaciones, que muchos pueden calificar de temerarias, es evidente que habrá, que debe haber, necesarios desacuerdos. Algunos fruncirán el ceño con desdén, otros ignorarán el contenido, y otros más, podrán sentirse agraviados. Algunos tal vez, pretendan saltar a la palestra para rebatir, palabra por palabra, lo aquí expresado. Todos tendrían razón; algunos podrían estar equivocados. Permítanme por favor, una pequeña aclaración: Para las personas sensatas, para las personas de buena fe, ya sean de derecha o de izquierda o que se ubiquen en el centro del abanico político, es obvio que las reformas legales, motivo de la controversia, tienen un trasfondo religioso que no se puede negar: "La protección de la vida, desde la concepción" es una cuestión eminentemente teológica, que solo los necios se atreverían a negar. Esta ambigüedad ideática, nacida del deseo de controlar situaciones que competen exclusivamente al ámbito de la laicidad, no es nueva, ni es unigénita. Forma parte de toda una serie de propuestas con las que se intenta conducir, legalmente, la participación de las mujeres en nuestra sociedad. "El agua, al agua"; los dogmas religiosos se refutan con los mismos principios y no con vagas generalidades. Tal vez para no meterse en camisa de once varas, los argumentos esgrimidos en la corte fueron tan tibios y ramplones, que dejaron el camino preparado para lo que se veía venir. Es como si los ministros hubieran intentado resolver una ecuación matemática con los datos imprecisos del pronóstico del tiempo. Tal vez han olvidado lo que significa sentar un precedente, hacer jurisprudencia, o tal vez, simplemente, no se quieren comprometer.

"Tanto peca el que mata la vaca, como el que le agarra la pata." Al convalidar las reformas a las constituciones de los estados aludidos, la Suprema Corte convalidó, de facto, las agresiones y los agravios de que nuestras mujeres son objeto. El menosprecio con el que las tratamos tendrá carta de naturalización: Las violaciones, los golpes para someterlas. Las amenazas para lograr que se prostituyan, los asesinatos en masa... "Ellas se lo buscan", según declaraciones a la prensa de un afamado procurador. Los señores ministros no pueden alegar que todos estos, son temas distintos entre sí, cuya competencia debe dilucidarse en otros ámbitos judiciales, porque todo viene en el mismo paquete; todo forma parte de la maquinaria destinada a socavar los pilares republicanos que tanto molestan a algunos grupos de radicales ultra conservadores. Para muy pocos, yo incluido, el voto final emitido al día siguiente no representó ninguna sorpresa, sino la confirmación del desencanto, pero, como dicen en mi pueblo: "La túnica no hace al monje".

Pero los guardianes del pudor y las buenas maneras no descansan, esos espíritus indomables y magníficos, salvaguardas del honor y la religiosidad de los otros, están siempre insatisfechos con sus logros. Quieren más, lo quieren todo y no están dispuestos a reconocer o aceptar opiniones o comportamientos distintos de los suyos. Así, su siguiente paso va a consistir, con toda seguridad, en buscar y por lo visto conseguir, la castración legal de los genitales femeninos para evitar que sientan placer a la hora del coito. El último eslabón de la cadena será imponer el regreso de los cinturones de castidad, que solamente podrán ser abiertos con fines reproductivos y con la debida autorización de la iglesia o de algún personaje impoluto de reconocido prestigio, tal vez un ministro de la Suprema Corte de Justicia de la Nación.

Ahora bien, ¿por qué ese afán de criminalizar a las mujeres que se atreven a abortar? Con Baja California y San Luis Potosí, suman ya diecinueve los estados que han introducido cambios en sus legislaturas, que proveen acciones penales en contra de esas mujeres. La explicación se antoja simple, aunque mezquina; en México (es el único país que me interesa aquí) no consideramos a las mujeres como seres humanos, como compañeras. No las reconocemos como la otra mitad de nosotros, sino como entes aparte, ajenas, extrañas, incomprensibles, distanciadas completamente de nuestros modos y formas de ser y pensar. Por eso los ultrajes sin fin; las golpeamos, las insultamos, las asesinamos. Las metemos a la cárcel. Podemos hacer con ellas lo que nos plazca, porque no solamente las consideramos inferiores, sino, para ser francos, meros objetos a nuestro servicio. Objetos que cuando nos aburren; se vuelven incómodos. Obviamente, no tienen derechos, solamente obligaciones; para una gran mayoría de varones de mente estrecha, en este país, las mujeres son simples receptoras de fluidos masculinos y máquinas de hacer bebés y no otra cosa. Al fin máquinas, tienen la obligación de entregar un producto terminado (un niño) de no ser así, entonces no sirven para nada.

Si una máquina cualquiera se descompone o no cumple las expectativas por las que la adquirimos, la desechamos, Si una mujer, en tanto máquina no cubre los requisitos deseados, también puede ser desechada. A una máquina convencional la podemos botar a la basura. A una mujer máquina, la podemos meter a la cárcel sin remordimientos de conciencia.

Las personas que han promovido y conseguido este feliz retorno a las épocas del oscurantismo, basan su argumentación en un concepto ancestral, pero válido; la defensa de la vida desde la concepción. Yo preguntaría... ¿Por qué mejor no desde antes? Digo, ya puestos en ese camino...

Sin embargo, nunca nos han podido aclarar, cabalmente, en que preciso momento comienza la concepción. Para ayudarles en su evidente encrucijada, me permitiría sugerirles que, una vez inseminadas directamente por un varón, a nuestras mujeres máquinas, les sea introducido, en la cavidad uterina, un endoscopio con cámara inalámbrica portátil, a fin de poder verificar el instante preciso de tan maravilloso suceso, "ya encarrerado el gato".... Se puede dejar dicho endoscopio in situ, hasta comprobar que el producto está debidamente formado, no vaya a ser la de malas. Ahora bien, la misoginia tiene sus desventajas, como la tienen también la ignorancia, el fanatismo y los afanes revanchistas de ciertos sectores sociales a los que les gusta conducir la vida de los demás, sin preocuparse apenas por sus propias vidas que son, en un gran número de casos, un verdadero desgarriate y que a final de cuentas no son ni de chia ni de limonada. Pero, pueden objetar estos magníficos representantes de la moral y las buenas costumbres; "la intención es la que cuenta"... Cierto, agregaríamos nosotros... "De intenciones y cabrones, están llenos los panteones."

Sin embargo, para no restarle seriedad a tan espinoso asunto y toda vez que es asombroso el número tan elevado de personas que se manejan con este criterio, debemos intentar ser más objetivos y menos puntillosos en el tema. Así pues... Créanlo o no, la idea de la defensa de la vida, desde la concepción, me parece respetable, por eso considero que se debe ir más allá en la cuestión, para no dejar puntos obscuros que ensombrezcan nuestro pensamiento. Si en verdad creemos en lo que decimos, si nuestra preocupación es auténtica, no debe haber resquemores en la investigación a profundidad de nuestras creencias. Esto nos permitiría contar con una argumentación documentada que impida que nuestros propósitos se tomen a chunga, como siempre ha ocurrido. Debemos atrevernos, tanto como sea preciso.

Si estudiáramos al microscopio, a los dos elementos básicos en la formación de un ser humano, encontraríamos dos verdades irrebatibles: Una, que el óvulo femenino no es un ente vivo, sino un conglomerado de elementos bioquímicos en estado latente. Dos, que el espermatozoide si es un ser con vida propia, moviéndose alegremente y sin descanso en un océano seminal. El espermatozoide fecunda al óvulo una vez que ha logrado penetrarlo y la combinación de ambos, la mezcla de ambos, hace posible el milagro de la concepción. Pero... chin, siempre hay un maldito pero.

Pero, como en todo, hay sus asegunes. Resulta que en muchísimos casos, más de los que nos pudiéramos imaginar, el óvulo femenino no está dispuesto a dejarse fecundar y se revela, matando al intruso que pretende transformarlo en algo distinto de lo que es. La entidad nosológica se denomina HUEVO MUERTO RETENIDO y una vez establecida, constituye una emergencia médica de extrema gravedad que solo se puede resolver mediante un acto quirúrgico. El huevo muerto retenido puede tener hasta nueve (9) semanas de gestación. Lo paradójico del asunto, es que todas las mujeres que pasan por este doloroso trance, pretendían llevar su embarazo a buen término. Luego entonces y siguiendo el mecanismo de pensamiento de los defensores de la vida desde la concepción, esas mujeres no tendrían culpa alguna del desaguisado, en cambio, la actitud abortiva del ovulo debe ser castigada con todo rigor. Proponemos para el efecto, que una vez extraídos del lecho uterino, éstos óvulos asesinos sean encerrados en frascos de cristal con barritas pintadas alrededor de los mismos, simulando una cárcel y por el tiempo que determinen las leyes estatales aprobadas, con una leyenda, a modo de sentencia, que los identifique. "Por interrumpir arteramente el sagrado derecho a la transformación."

Como no creemos que sea suficiente y en virtud de que los paladines de la verdad y la justicia nunca descansan y tratando de allanarles el camino, para congraciarnos un poco con ellos, proponemos voltear la mirada hacia los representantes del sexo masculino que se masturban. ¡Oh, sí! La masturbación es un acto abortivo per se. Todos los masturbadores, están cometiendo el delito de asesinato en masa con vías de hecho, pues al eyacular, mandan al bote de la basura, o al retrete, o los estampan impúdicamente contra las paredes, a miríadas de diminutos seres vivos llamados espermas, impidiendo con esto que cumplan su sagrada misión de fecundar óvulos y hacer niños. Y si queremos ser todavía más incisivos y llegar al fondo de la cuestión, deberíamos propugnar porque los consumidores de huevo sean llevados a juicio, pues, al degustar unos sabroso huevos rancheros o la mexicana, o en omelet, estamos truncando un acto de la naturaleza y ¿Por qué no? Divino, al impedir que esos indefensos productos de ave, se conviertan en pollos.

Pero, me dirán, -un huevo no siente ¡Ah, parece que empezamos a entendernos!

Que las leyes que criminalizan el aborto, son un insulto a la inteligencia y a la sociedad toda, ni duda cabe. Que son una ofensa terrible a Dios, es más que evidente. En primerísimo lugar, estos perpetradores mal informados, utilizan el nombre de Dios para justificar sus mezquindades. En segundo lugar, hacen trampa con su argumentación teológica. Afirman, sin inmutarse, que sus afanes son disposiciones celestiales que ellos están dispuestos a llevar a cabo hasta sus últimas consecuencias. Convenencieramente olvidan lo que es de sobra conocido...

"Y Dios creó al hombre a su imagen y semejanza, y se sintió satisfecho de su obra, pero al poco tiempo descubrió que el hombre estaba triste y abatido y era porque estaba solo. Y Dios dijo, está bien, démosle una compañera."

Y entonces, extrajo una costilla del cuerpo del hombre y con ella formó a la mujer y, hecho esto, le dijo: "Hombre, aquí te entrego a ésta mujer para que te acompañe y sea tu guía y tu soporte; cuídala, protégela, sé uno con ella" ¿Esclavizar a las mujeres es un designio divino?

Nuestros ayatolas autóctonos, también se pasan por el arco del triunfo la facultad más sublime que Dios, en su infinita sabiduría, nos otorgó... El libre albedrío... Analizando, incluso someramente el asunto, podemos entender que Dios nos concedió el derecho pleno de obrar de acuerdo a nuestros propios intereses y principios. De manera individual, nosotros y solamente nosotros sabemos cuál es o debe ser el límite de nuestros alcances y solamente nuestra propia conciencia nos puede indicar en qué punto debemos detenernos.

Pero esto no importa, con sus actos, los hipócritas persignados de siempre nos dan a entender que, en sus afanes, incluso Dios, tras el que se escudan, les vale madre.

Si alguna vez, algún despistado preguntara, ¿Por qué representamos a Jesucristo clavado en una cruz? Deberíamos ser capaces de responderle con sinceridad... Son nuestros infinitos pecados, nuestras culpas impías, nuestro abyecto comportamiento, los que lo mantienen donde está y seguirá ahí por mucho tiempo, quizás hasta el fin de los tiempos, porque no nos interesa desclavarlo.

THE END
THE BEATLES

Los últimos dos discos de los Beatles, fueron LET IT BE y ABBEY ROAD, en ese orden; en LET IT BE, no solo la película, el disco mismo y el concierto posterior, en la azotea del edificio de APPLE, nos muestran a unos Beatles maduros, seguros de sí mismos, en dominio total de su arte. También nos muestran sus desencuentros, su mal disimulada apatía, su cansancio evidente.

LET IT BE representa, en todos los aspectos, la cumbre de la cumbre que querían alcanzar. Sus rolas son el ejemplo más acabado de calidad y destreza con la que nos regalaron a lo largo de su vida productiva como grupo. Cada tema es una obra maestra del rock simple y sin artilugios que los hizo famosos y en la que la participación del organista Billy Preston (el quinto Beatle) fue clave: Con éste disco, el cuarteto de Liverpool quiso volver a sus orígenes, esto es, componer y grabar rolas con la sencillez de sus instrumentos básicos; guitarras, bajo, batería y piano, sin complicaciones electrónicas, ni aderezos tecnológicos, salvo los estrictamente necesarios para darle el toque de acabado preciso a su trabajo. Cuando se dieron cuenta de que el órgano era un complemento indispensable para varias de sus composiciones, no dudaron en llamar, por medio de George, al mejor ejecutante de órgano Hammond del mundo, en palabras del maestro Ringo; Billy Preston.

DEJALO SER, obtuvo el Oscar como mejor tema para una película y la misma causó sensación a nivel mundial por lo novedoso del tema y por tratarse de los personajes que en ella aparecían: Los Beatles componiendo, Los Beatles grabando, Los Beatles dando un concierto en vivo, Los Beatles peleándose entre ellos, distanciados, extraños, a punto de derrumbarse, Los Beatles como expresión y sentimiento de una generación de jóvenes que habían dejado de serlo después de acariciar el sueño del amor y la paz universales, Los Beatles como origen y fin de una época, Los Beatles guías, Los Beatles gurús, Los Beatles genios.

Existen una infinidad de malentendidos y desinformación acerca, tanto de éste acetato, como de ABBEY ROAD, en verdad, el último de su producción discográfica. Mucho de este enredo desinformativo se debe a la pasión, más que a la mala fe, con la que los promotores de la misma tratan de aderezar su propia interpretación de los hechos, pero en una gran mayoría de los casos, esa pasión los lleva a los excesos y, por ende, a los absurdos más increíbles que uno pueda imaginar. No faltará quien objete que así es como se forman las leyendas, pero yo les diría que Los Beatles son una leyenda desde que comenzaron y que no necesitan infundios para ser lo que son; los máximos exponentes del pop de todos los tiempos.

Uno de los malentendidos con menos sustento en este enjambre de suposiciones, gira en torno al tema LARGO Y SINUOSO CAMINO, de sir Pul McCartney. Se trata de una pieza delicada y sutil, adornada con el acompañamiento magistral de una pequeña sinfonía coral que, brotando desde el fondo de la melodía, va in crescendo dulcemente, hasta estallar como una marejada, que inunda los sentidos de los oyentes y en la que los platillos de la batería del bien amado Ringo Starr; suaves, pausados, como un suspiro, marcan el compás.

Su grabación, la forma final de la grabación, para ser precisos, fue inspiración del maestro Lennon, que, una vez más, con un simple acorde de su lira, le señalaba el ritmo, la pauta a maese McCartney, que estaba empeñado en sacarla al estruendoso ritmo de un rock pesado (a la manera tal vez de un ESQUELETOR) Por eso McCartney admiraba a John, porque con un guiño le indicaba por donde debía ir la cosa. El arreglo instrumental fue el complemento ideal para este tema y es debido a la habilidad y conocimientos de otro Beatle muy poco reconocido y escasamente señalado cuando se habla del grupo, el señor George Martin, su productor musical. Si Los Beatles o alguno de ellos, llegaban al estudio con una idea preconcebida de lo que querían hacer, George Martin se encargaba de hacerla posible. Siempre receptivo, siempre serio y profesional, siempre al pendiente del trabajo de los muchachos, nunca fue o se mostró mezquino con ellos aunque en ocasiones el grupo hiciera o dijera cosas con las que él no estaba de acuerdo. El sello de calidad de Los Beatles, tiene un nombre... George Martin, sin él, posiblemente el cuarteto no hubiera sido lo que es o les hubiera costado más trabajo conseguirlo.

Los Beatles siempre se ponían de acuerdo en la forma final de sus grabaciones, por eso es absurda la especie de que maese Paul, al volver de un supuesto viaje, armó un gran escándalo por lo que habían hecho los otros con su rola. Sin burdas e innecesarias polémicas, podemos afirmar que solo un necio o un tonto, se inconformaría por el resultado final de tan espléndido trabajo y maese McCartney no es, ni necio, ni tonto. Pero somos volubles por naturaleza, siempre estamos buscando el pelo en la sopa y si de casualidad lo encontramos, decimos entonces que la sopa es una porquería; para situaciones así, en las que los puntos de vista pueden parecer irreconciliables, podemos intentar la máxima del bardo español: ¿Jorge Manrique? ¿Pedro Calderón de la Barca? ¿Ramón de Campoamor? Algunos inclusive la atribuyen al inglés William Shakespeare, que podría zanjar, de manera definitiva, todas estas cuestiones francamente chocantes: "Nada es verdad ni es mentira, todo es según el color del cristal con que se mira."

LET IT BE, la película, nos muestra momentos claves de lo que se veía venir y que Los Beatles ya sabían, ¿presentían? pero que ninguno mencionaba en público o en privado. También nos muestra el nacimiento de dos rolas que serían grabadas en su siguiente y último disco; ABBEY ROAD, nos referimos a EL JARDIN DEL PULPO de maese Ringo y EL MARTILLITO DE PLATA DE MAXWELL, de Paul McCartney.

Cuando Ringo, sentado al piano, intentaba los acordes para su composición, George Harrison se le acercó y le enseñó como hilvanar las notas, para que éstas se escucharan mejor, con más congruencia musical. En otra secuencia de la película, vemos a maese Paul intentando la letra del MARTILLITO, pues la melodía estaba ya, definida en su cabeza. Después de un receso de algunos días para descansar del ajetreo de la grabación, Los Beatles regresan con más ánimos al estudio, más relajados, sonrientes; al rato, Ringo está sentado nuevamente al piano y comienza a tocar los primeros acordes de su composición, ante el beneplácito de sus compañeros que se acercan para animarlo, gratamente sorprendidos por lo que escuchaban, el resultado final, es asombroso.

LET IT BE, es un compendio de temas excelentes de entre los que destacan, amén de la rola que da nombre al disco y la citada LARGO Y SINUOSO CAMINO, la extraordinaria ATRAVES DEL UNIVERSO, en su, ¡por fin! Versión definitiva y la rola del más puro estilo rockero, UNO DESPUES DEL NOVECIENTOS NOVENTA Y NUEVE.

En ABBEY ROAD, todas las piezas son una joya musical sin excepción, comenzando por la majestuosa SOMETHING del entrañable George Harrison y en el que maese John nos regala con un tema nada convencional, provocativo y ligero, muy a su estilo, VENGAN JUNTOS, que fue, no solamente bien recibida por la crítica, sino que fue retomada por algunos grupos y rockeros solistas, que la incluyeron en su repertorio, caso concreto el de Michael Jakson.

Cuando terminaron la grabación de LET IT BE, Los Beatles sabían ya, que ese era el final para el grupo, sin embargo, se convencieron unos a otros y convencieron al Beatle George Martin, que habiendo quedado tantos temas pendientes en la valija, debían hacer un último esfuerzo y terminar el trabajo. Así nació ABBEY ROAD. No quiero detenerme a desmenuzar el contenido del disco, pieza por pieza, porque me resulta particularmente doloroso. Solo puedo decir que el final musical del acetato, EL FINAL, final del tema del mismo nombre, ejecutado con la lira de John Lennon, no es solamente el final de una rola, sino una declaración exacta, contundente, diciéndonos a todos que eso era todo. No había vuelta atrás, no había retorno posible.

Cierto día, un domingo para ser preciso, trabajando en la panadería y durante un pequeño descanso (ahora los descansos en la tahona eran muy frecuentes) recuerdo que estaba leyendo el diario ESTO, al pasar a la sección de espectáculos, una nota en primera plana me conmocionó: "El Beatle Paul McCartney, acude a los tribunales ingleses para solicitar su separación legal del cuarteto de Liverpool"....

> Uno es el hombre, dice Sabines,
> Uno camina a trompicones por la vida,
> Mientras va sembrando cosas.
> Los amores fortuitos de nuestras
> Noches sin sueño.
>
> Los adioses repetidos como una letanía.
> Las promesas que jamás se cumplieron
> Porque nos quedamos sin tiempo y sin ganas de
>   cumplirlas.
> Uno es el hombre y en veces, buscamos
> El calor de los amigos, nomás para no sentirnos tan
>   solos.
>
> Nuestros recuerdos son como
> Una cobija hecha con retazos de memoria,
> Y si algo nos incomoda lo diluye la rutina,
> Pero nos faltan palabras para no quedarnos mudos
> Y un poquito de llanto
> Para lavar nuestras culpas.

Muchas veces consideré desechar mis notas, porque me abruma la enorme cantidad de material escrito acerca de Los Beatles, me ha detenido, sin embargo, la vaga noción de que no se ha dicho todo, al menos no, en estos términos. Después de meditar por largo tiempo mi decisión, me atreví por fin a seguir adelante, esperando no caer en los excesos que critico en los otros, pero siempre procurando ser honesto en mis apreciaciones. Así las cosas, me tuve que detener varias veces para preguntarme, ¿Qué son Los Beatles? ¿Qué representan, en realidad? ¿Cuál fue su aportación a la humanidad en general y a la juventud en particular? ¿Por qué causaron tanto revuelo en su momento? ¿Por qué aún se les escucha con tanto interés? ¿Por qué, a pesar del tiempo transcurrido, siguen teniendo tantos seguidores?... Son muchas preguntas para contestar y se corre el riesgo de que la superficialidad o el fanatismo, o ambos, hagan su presa en nosotros y perdamos la objetividad. Yo crecí con ellos, me formé con ellos y de muchas formas, ellos tuvieron siempre algo que ver en mi vida y para tratar de contestar con alguna congruencia a todas esas preguntas, lo único que se me ocurre decir es lo evidente: Revolucionaron la música juvenil y le dieron contemporaneidad. Nos enseñaron a ser menos ceremoniosos y más espontáneos, más atrevidos y menos conformistas, a ver siempre más allá de lo que los poderosos quieren que veamos y a no claudicar de nuestras ideas. Por todas esas razones puedo afirmar plenamente convencido... ¡Yo, soy un Beatle! y le agradezco a Dios por eso. No constituye ningún mérito afirmar que, al paso de los años, la música de Los Beatles se escucha tan fresca y lozana, como la primera vez que la escuchamos en la radio, porque, como dice el dicho, las cosas buenas permanecen; en cambio nosotros nos hacemos viejos sin remedio y solo nos queda la nostalgia. Pero hemos aprendido sin duda, a ser nosotros mismos. A veces pienso, que así como Los Beatles fueron hechos y conjuntados para crear la música juvenil más esplendida y avanzada de su tiempo, yo fui formado, creo, para tratar de encontrarle un sentido a mis recuerdos.

POSDATA

Cierto día, que su marido llevó a su casa, a un amigo por una invitación para comer, éste descubrió un paquete voluminoso de cientos de hojas de un escrito, encima de una mesita de trabajo y preguntó por curiosidad de que se trataba; Margaret Mitchel, modesta, respondió: "Estoy escribiendo la gran novela americana", se trataba, en efecto, del manuscrito original de la extraordinaria novela "Lo que el viento se llevó." Después de la tertulia, el amigo se despidió, solicitándole a la anfitriona, encarecidamente, le facilitara en préstamo la novela para leerla y darle su opinión. Al poco tiempo, regresó con el matrimonio y sin preámbulos les dijo, concretamente, que se trataba de una novela excepcional, que debía ser publicada lo más pronto posible. Cuando el libro apareció en los anaqueles, fue tanto el furor que causó, que se llegaron a vender cerca de cincuenta mil copias diarias. Margaret Mitchel estaba feliz, tanto, que olvidó volver a tomar la pluma para nuevos proyectos literarios. En alguna de las muchas entrevistas que concedió a la prensa, contó que, en principio, había pensado en un título diferente para su trabajo, que tentativamente se llamaría "Mañana será otro día" y que había comenzado a escribir el mismo por el final. Una anécdota interesante, sin duda, a la cual no le presté mayor atención. También Juan Rulfo tuvo que resolver ese dilema que parece ser un problema de iniciación para algunos escritores noveles; Rulfo pensó en "Los murmullos" como nombre tentativo para Pedro Paramo, pero los murmullos no es el tema central de la novela y está claro que es en el personaje principal en el que giran los elementos de la trama. Años más tarde, después de ver la película "Irreversible", del director franco-argentino Noe, con Mónica Bellucci y Vincent Cassel en los estelares, entendí que era una buena opción comenzar un escrito

por el final, con ello se establece una base sólida que impide
desviarnos de la idea principal, convirtiendo nuestro proyecto en
un enredo sin solución. Se escribe el final y se va siguiendo el
hilo conductor hasta el principio, es como ir enredando la madeja
enmarañada que tenemos entre manos. Sin embargo, no creo
que funcione igual en todos los casos. En el mío, en particular,
siguiendo la experiencia de la señora Mitchel, empecé por la
última parte de mi trabajo. Pero nada es perfecto ¡Qué va! Cuando
creemos que tenemos todo resuelto y que solo es cuestión de
tiempo y paciencia llegar a la meta que nos hemos trazado, la
suerte veleidosa suele gastarnos malas pasadas, a veces tan
crueles, que pueden hacernos capitular mandando por el retrete
nuestros planes. Eso fue lo que ocurrió conmigo en un momento
en el que creí que tenía todo bajo control. Cierto día, a la mitad
de mi jornada, tomé un descanso para relajarme mientras leía
la revista Proceso, después de una ojeada superficial (comienzo
siempre en la sección de cultura) no es esnobismo de mi parte,
créanme, tampoco estoy tratando de adornarme ni nada que se le
parezca, la explicación es sencilla, leer primero esa sección, me
ayuda a digerir lo que vendrá después, en el resto del contenido.
Cuál no sería mi sorpresa al enterarme, gracias al artículo del
maestro José Emilio Pacheco, que alguien había escrito, ya,
un libro con el título "La otra parte de nosotros" que explicaba o
trataba de explicar los motivos de nuestro mal comportamiento
social. ¡Chin! ¿Y 'ora? La angustia, la frustración, la envidia,
fueron mis sentimientos más inmediatos. Sentí ganas de tirarlo
todo a la basura como algo inútil y estorboso, me fui al botanero
más próximo y me empujé unas chelas bien muertas para calmar
mi dolor, cuando regresé a mi casa, mareado pero más relajado y
tranquilo, me estaba esperando mi amigo... El cual, después de
escucharme y comprobar el estado de mi escrito y al enterarse de
mis negras intenciones de quemarlo, me habló con las palabras
más dulces y tiernas que pueden esperarse de alguien tan querido
y cercano a nosotros. -Pt´s, no seas güey, acabalo, quien quita y
pega.

Con esa muestra de apoyo tan sutil me quedé meditando un rato y luego me dije; total, "palo dado ni Dios lo quita" y entonces decidí continuar. Quiero dejar en claro, que odio a los plagiarios; considero indignante que alguien se aproveche de las ideas o el trabajo ajeno, para obtener alguna clase de beneficio, así, éste no sea económico. Así pues, partiendo de éste principio fundamental, afirmo categóricamente que desconozco por completo tanto el escrito como al autor al que hace referencia JEP en su artículo. Por lo demás, sinceramente no creo que mi esfuerzo tenga nada en común con el libro mencionado, a menos que se trate de un extraño caso de inducción telepática, pero, por si las dudas y como agregan en ocasiones en algunas películas y programas de televisión para evitar suspicacias, "Cualquier parecido con otros títulos o con su contenido, es pura coincidencia." Pero, no sé, a lo mejor de último momento me decido y, a la manera de los autores de "Lo que el viento se llevó" y "Pedro Paramo," le pongo a mi escrito otro nombre, menos atractivo que el actual, pero también, menos conflictivo. Y ya que estamos aclarando paradas, reconozco que tuve el atrevimiento de alterar una línea del poema de Baudelaire "El viaje," concretamente, la penúltima línea del sexto verso de la sexta sección. En lugar de dejar "Buscan en la extensión del opio su refugio" escribí: "Buscan en la extensión de las drogas su refugio" con la única finalidad de actualizar el sentido del original; espero que el poeta no me lo tome a mal.

La descripción de las atrocidades del rey asirio Asurnasirpal II, fue tomada del libro "Historia de la civilización" de la magnífica colección de Historia Universal de Time Life. El intento de análisis musical de algunas de las rolas de Los Beatles, es debida a la escuela del maestro José Antonio Alcaraz.

Está claro que desconozco el futuro de éste pequeño no nato hijo mío. ¡Tiene tantos defectos, el pobre! No espero conmiseración ni condescendencia para con él, sin padrinos ni amigos influyentes, creo poco probable que aún pueda ver la luz algún día. Pero, si la garrapata Grenouille pudo sobrevivir en un mundo que le era totalmente antagónico, este pequeño, producto de mis desvelos, tiene entonces una oportunidad; sobre todo si tomamos en consideración que es menos infame y nocivo que aquel.

Ahora comprendo al maestro Rulfo, cuando afirmaba que escribir le causaba mucho dolor. En verdad, el oficio de escribir suele ser tortuoso y difícil, agotador. A diferencia del esquema gringo, en el que sus escritores aspiran a la fama y la fortuna inmediatas. Yo no aspiro más que a ser leído y criticado, por supuesto. Ya estoy viejo y cansado y no estoy dispuesto a salir corriendo como un crio en pos de la notoriedad, por ahora, lo único que deseo es descansar.... ¡Buenas noches!

Abril, Diciembre de 2011 F. RUBI.